Josef H. Reichholf

Comeback der Biber

Josef H. Reichholf

Comeback der Biber

Ökologische Überraschungen

Verlag C. H. Beck München

Mit 20 Abbildungen im Text

Die Deutsche Bibliothek – CIP-Einheitsaufnahme

Reichholf, Josef:
Comeback der Biber : ökologische Überraschungen /
Josef H. Reichholf. – München : Beck, 1993
  ISBN 3-406-37328-3

ISBN 3 406 37328 3

© C.H. Beck'sche Verlagsbuchhandlung (Oscar Beck), München 1993
Satz: Fotosatz Otto Gutfreund GmbH, Darmstadt
Druck und Bindung: Franz Spiegel Buch GmbH, Ulm-Jungingen
Gedruckt auf säurefreiem, aus chlorfrei
gebleichtem Zellstoff hergestelltem Papier
Printed in Germany

Inhalt

Inhalt

Einführung

Biber sind bemerkenswerte Tiere. Sie verdienen allein schon deswegen Beachtung, weil sie sich, allen Umweltschäden zum Trotz, wieder ausbreiten. Ihr Comeback signalisiert jedoch keineswegs verbesserte Lebensbedingungen an unseren Flüssen, sondern eine Änderung in unserer Einstellung zu dieser Tierart. Der Biber darf wiederkommen, weil seine Rückkehr zugelassen wird und von breiteren Bevölkerungskreisen wieder erwünscht ist.

Unsere Haltung zu Tieren und zur Natur beeinflußt oft viel stärker als ökologische Gesetzmäßigkeiten das Leben und Überleben in der Natur, als das den meisten Naturinteressierten bewußt wird. Vor 30 Jahren hätte noch kaum jemand geglaubt, daß es bald wieder gesunde, lebenskräftige Bibervorkommen an einem so geschundenen Strom wie der Donau geben werde, die man der Einheitsnorm des «Europakahns» anpaßte und nicht diesen der Natur des Flusses. Und heute noch halten die meisten Natur- und Umweltschützer die Umweltgifte für die ernsteste Gefährdungsursache der Artenvielfalt. Sie warnen vor dem «Zusammenbruch der Ökosysteme», wenn diese weiter so belastet würden wie bisher.

Um dem drohenden oder schon längst eingetretenen Artenschwund entgegenzuwirken, weisen die Naturschutzbehörden immer mehr Schutzgebiete aus. Bis zur Wiedervereinigung Deutschlands hatte sich ihre Zahl höchst eindrucksvoll vermehrt. Sie stieg auf den rund zehnfachen Wert des Vorkriegsbestandes. Die Zunahme folgte einer exponentiellen Entwicklung; leider ohne nennenswerten Erfolg!

Die «Roten Listen» der gefährdeten Arten nahmen in ganz ähnlicher Weise zu. Noch nie gab es in unserem Land so viel Naturschutz mit so wenig Erfolg wie in den 80er Jahren. Gleichzeitig kam das Wort «Ökologie» in den allgemeinen

Sprachschatz hinein. Alles wurde zu einer ökologischen Frage,
jeder versuchte, sein ökologisches Bewußtsein unter Beweis zu
stellen, und sogar Umweltminister taten etwas «für die Ökologie», obgleich diese gar nichts davon bemerkte, weil der
Minister die Natur gemeint hatte und nicht die Wissenschaft
Ökologie.

Gerade die Wissenschaftler, die sich mit Fug und Recht Ökologen nennen durften, staunten immer mehr, was man alles
unter Ökologie verstehen wollte. Nicht wenig Schuld an dieser
Begriffsverwirrung und inhaltlichen Verflachung der Ökologie
tragen sie selbst. Wer eine Wissenschaft definiert als «die Lehre
vom Haushalt der Natur», so eine der gängigsten Definitio-
nen für die Ökologie im deutschsprachigen Fachschrifttum,
braucht sich eigentlich nicht mehr zu wundern, wenn dann
alles hineingepackt wird, auch solches, was wirklich nicht hin-
eingehört. Die Ökologie wurde über die Ökologiebewegung
zu einer Lebenseinstellung, zu einer Ideologie. Mitunter wird
sie fast wie ein Religionsersatz dargestellt. Das Verständnis dafür, wie die Natur funktioniert, hat diese Entwicklung gewiß
nicht gefördert.

Deshalb kommt es nach wie vor zu zahlreichen Ungereimt-
heiten, Fehleinschätzungen und unzutreffenden Erwartungen
bei der Beurteilung von Vorgängen in der Natur. Allzu schnell
wird «der Naturhaushalt» als Ganzes beeinträchtigt gesehen,
wenn nichts anderes als eine Veränderung des Landschaftsbil-
des eingetreten ist; einer Landschaft, die vom Menschen ge-
schaffenes, das heißt gestaltetes Land war und nicht ursprüngliche, unberührte Natur. Oder ebendieser Naturhaushalt wird
bemüht, um die Notwendigkeit einer Art zu begründen – «Sie
ist ein wichtiger Bestandteil des Naturhaushaltes!» –, oder ihre
Bekämpfung zu rechtfertigen: Krähen dürfen in Bayern abgeschossen werden, wenn sie den Naturhaushalt beeinträchtigen!

Ganz brisant wird es, wenn bei Störungen des Naturhaushaltes das «Gleichgewicht» der Natur außer Kontrolle gerät. Die
Jäger sehen es gewahrt, wenn sich in ihren Revieren viele Fasane, Rebhühner und Hasen tummeln, Greifvögel und Füchse
aber so selten sind, daß sie die Bestände dieser Nutzwildarten

auf gar keinen Fall beeinträchtigen. Falls doch, müssen sie, die Jäger, eingreifen, um das Gleichgewicht wiederherzustellen. Naturschützer argwöhnen, daß die Jäger hier eigentlich Ungleichgewichte meinen, deren Gewichtung ganz stark zugunsten der jagdlichen Interessen verschoben ist.

Der Landwirt meint wohl Ähnliches, wenn er im unkrautfreien, wie auf ein Signal hin blühenden und dann fruchtenden Getreidefeld das Gleichgewicht der Natur gewahrt sieht, während der Naturschützer das Blütenmeer von Ackerwildkräutern als Rückkehr zum verlorengegangenen Gleichgewicht erachtet. Die einseitige Hege von Fasanen und Hasen verurteilt er ebenso als Eingriff und Störung durch die Jäger, wie er den Spaziergänger im Naturschutzgebiet zum Störenfried erklärt.

Könnte man all die widerstreitenden Ansichten und Interessen zusammenbringen, entstünde zwangsläufig das Chaos in Perfektion. Und so chaotisch stellt sich denn auch vieles dar, was als jeweils gutgemeinter, steuernder oder pflegender Eingriff in den Naturhaushalt gedacht war. Die Ergebnisse bleiben oft weit hinter den Erwartungen zurück, oder es treten ganz unerwartete Entwicklungen auf. Aus kleinen Anstößen können große Wirkungen kommen, aber aus großmächtigen Eingriffen auch überraschend subtile Rückentwicklungen in einen naturnäheren Zustand.

Die gute Absicht ist kein guter Führer; schon gar nicht, wenn es um «tragbare Kompromisse» zwischen Interessengruppen oder um umweltrelevante Entscheidungen geht. Der Ökologe soll dann Wunder vollbringen, oder er wird zum fortschrittsfeindlichen Anarchisten gestempelt, je nachdem, wer gegen oder für ihn spricht. Im Schnellverfahren müssen Gutachten erstellt werden, deren Aussagekraft Papierkorbqualität hat, weil die Zeit bei weitem nicht ausreiche, um die Verhältnisse so zu erforschen, daß einigermaßen verläßliche Aussagen möglich würden. Keinem vernünftigen Menschen würde es einfallen, von einem Mediziner ein umfassendes Urteil über den Zustand einer Person im Alter von 70 bis 80 Jahren abzugeben, wenn dem Arzt eine ganz andere im Kindes- oder Jugendalter zur Untersuchung gebracht wird. Bei der Begutachtung

von Eingriffen in den Naturhaushalt wird aber vielfach so verfahren. Eine Schnelluntersuchung im Jahr 1988 mußte die Verhältnisse klären und die Bezugsgrundlage abgeben für das, was
vielleicht zehn oder zwanzig Jahre später, nach Abschluß des
Großeingriffes beim Bau des Flughafens München sein oder
sich eingestellt haben wird. Daß die Natur dynamisch ist und
kein einzelnes Jahr eine sichere Bezugsgrundlage für die Zukunft sein kann, wird nicht beachtet.

Deshalb lohnt es sich vielleicht, anhand von einigen, zugege-
benermaßen recht persönlich ausgewählten Fallbeispielen dar-
zulegen, welche Überraschungen man erleben kann, oder wie
anders die Natur tatsächlich funktioniert, als man erwartet
hatte. Die Fallstudien beziehen sich auf eine Reihe unterschiedlicher Bereiche der Ökologie. Sie können selbstverständlich
nicht das ganze Spektrum abdecken, das die Ökologie umfaßt
oder das ihr untergeschoben worden ist. Soweit es sich um
Interpretationen handelt, lassen sie durchaus auch andere Deu-
tungen zu, vorausgesetzt, die Datenlage verbessert sich. Die
Beurteilungen können nie besser sein als die Fakten, auf die sie
sich stützen.

Es geht aber auch um etwas andere Sichtweisen, weg von
den Klischees, die sich in den vergangenen zwei bis drei Jahrzehnten popularisierter Ökologie eingeschlichen haben. Manche «ökologische Gesetzmäßigkeit» erweist sich bei näherer
Betrachtung als schlichtes Vorurteil oder als Wunschvorstellung, wie Natur sein und funktionieren soll.

Nie wird man sich ganz frei machen können von Vorurtei-
len, von unterschwelligen Erwartungen oder von zeitbeding-
ten Sichtweisen. Das gilt für den Ökologen wie für jeden anderen Menschen auch. Doch wenn man der Natur selbst, den
Tieren und Pflanzen, mehr Eigenständigkeit im «Urteil» zubilligen würde, wäre gewiß mehr als bisher erreicht. Es darf auch
für Ökologen und für engagierte Naturschützer nicht angehen,
daß sie das Urteil mißachten, das aus dem Vorkommen und
Verhalten von freilebenden Tieren und Pflanzen spricht. Wenn
Wasservögel Stauseen mögen, Tagfalter und viele Singvögel
gerne in die Städte kommen, dann ist das eine klare Wahl, auch

wenn das Verhalten dieser Tiere mit vermenschlichenden Worten ausgedrückt worden ist. Wir könnten es auch «objektiver» formulieren: Die Tatsache, daß im Stadtgebiet von München mehr Brutvogelarten und die meisten davon in erheblich größerer Häufigkeit als im Landesdurchschnitt vorkommen, bedeutet, daß auch die Großstadt als Lebensraum für Tiere und Pflanzen beachtet werden muß, und nicht nur naturnahe Hochmoore, Flußauen oder Naturseen. Wenn Rehe in der modernen Kulturlandschaft in zehnfach größerer Häufigkeit als vor 100 Jahren vorkommen, dann heißt das, daß es ihnen wohl hier besser als früher gehen muß.

Wir sollten eben doch – und das in nicht wenigen Fällen – unser Urteil zurückstellen. Es ist eine ganz andere Angelegenheit, ob uns die moderne Kulturlandschaft gefällt, ob wir lieber in der Großstadt oder auf dem Land leben möchten und wohin wir uns zur Erholung zurückziehen wollen. Darüber nachzudenken, dazu sollen die hier zusammengestellten Beispiele anregen. Sie bieten keine Rezepte zu einem besseren Naturverständnis und keine «neue Ökologie».

München, im Januar 1993   *Josef H. Reichholf*

1. Blühen wenn es schlechtgeht

Wachstum, Vermehrung und Fortpflanzung

Ein Häufchen Blütenpollen im Grab eines Neandertalers wird als erste Spur der Vorstellung vom Tod oder von einem Leben danach gedeutet. Schon vor 40 000 Jahren hatten Angehörige der Gattung Mensch im Vorderen Orient die Schönheit der Blumen bewußt wahrgenommen und vielleicht schon ihre Schlüsse daraus gezogen. Es wird nicht lange gedauert haben, bis Menschen entdeckten, daß aus den Blüten Samen und Früchte hervorgehen. Die Pflanzen erzeugen die Blüten zur Fortpflanzung, und mit bunten Farben und auffälligen Formen preisen sie ihre Blüten gleichsam für die Bestäuber an. Vielfach sind es Insekten, welche die Blüten besuchen, den Blütenstaub, den Pollen, auf die weiblichen Blütenteile, die Narben, übertragen und damit den Vorgang der Befruchtung einleiten. Weniger bekannt ist, welch komplizierte Vorgänge ablaufen, bis sich schließlich das männliche Erbgut aus dem Pollen mit dem weiblichen in der Eizelle vereinigt.

Heute wissen wir sehr viel über Entstehung, Bau und Funktion der Blüten, und immer weitere Details dazu werden entdeckt und erforscht. Trotzdem wäre die Frage, weshalb die Pflanzen blühen, nicht vollständig beantwortet mit der Feststellung «zur Fortpflanzung». Blühen und Samen-erzeugen ist eine Form der Fortpflanzung, aber nicht die einzige. Es handelt sich dabei um die geschlechtliche, die generative Fortpflanzung. Trotz größter Verschiedenheiten in Bau und Funktion der Blüten ist der Grundvorgang, der sich bei der geschlechtlichen Fortpflanzung abspielt, stets gleich. Er läuft darauf hinaus, daß sich eine männliche Samenzelle mit einer weiblichen Eizelle vereinigt. Die andere Grundform der Fortpflanzung ist vielfältiger. Sie kann an praktisch allen Teilen des Pflanzenkörpers ansetzen. Die Pflanze produziert dabei Ableger, Ausläufer, Brutzwiebeln, gleich neue Jungpflänzchen an den Blatträndern und so fort.

Es gibt sehr viele verschiedene Formen dieser «vegetativen» Fortpflanzung. Gemeinsam ist ihnen, daß das Erbgut dabei im wesentlichen unverändert bleibt, weil es an der Fortpflanzung nicht beteiligt wird. Die Zwiebeln, die sich aus einer Mutterzwiebel einer Tulpe etwa entwickeln, erzeugen später wieder die gleichen Tulpen. Aus abgerissenen Reisern, die Wurzeln schlagen und so zur Vermehrung beitragen, wachsen wieder die gleichen Büsche oder Bäume auf, weil kein fremdes, von einer anderen Pflanze der gleichen Art stammendes Erbgut bei dieser Form von Vermehrung hinzugekommen ist.

Aber sie funktioniert, recht gut sogar, diese vegetative Vermehrung. Wie Nachwuchsproduktion über Samen überbrückt sie die Zeit von Generation zu Generation. Manche Pflanzen erhalten sich auf diese Weise nach menschlichen Maßstäben die Unsterblichkeit. So wächst der Schilfsproß im Frühjahr aus einem unterirdischen Wurzelstock empor, schiebt sich über die Wasseroberfläche hinaus und erreicht als einzelner Halm mehrere Meter Höhe. Wie ein richtiges Pflanzenindividuum sieht er aus. An der Spitze des phantastisch stabilen Halmes entwickelt sich im Sommer ein Wedel, die Schilfblüte. Sie wird vom Wind bestäubt, und es entwickeln sich viele kleine Samen, die später, wenn sie reif sind, der Wind verbreiten wird. Im Lauf des Spätherbstes stirbt die Schilfpflanze ab, sie wird dürr. Winterstürme brechen viele Halme, aber viele andere bleiben als Altschilf bis zum nächsten Jahr bestehen. Erst im Laufe der Zeit verfallen sie.

Damit ist aber keineswegs der Lebenslauf einer Schilfpflanze beschrieben. Vielmehr bleibt ein unterirdischer Wurzelstock, Rhizom genannt, am Leben. Jahr für Jahr schiebt er Schilfhalme nach oben, aber auch Ausläufer nach den Seiten, so daß mehrere Meter entfernt ein anderer Halm hochwächst, der aus demselben Wurzelstock stammt. Er und all die anderen Triebe gehören zur selben Schilfpflanze, deren Anfang und Ende sich nicht feststellen läßt, auch wenn es über der Wasseroberfläche so einfach aussieht, Halm für Halm zu nehmen. Über Jahre, vielleicht über Jahrzehnte oder Jahrhunderte bleibt der unterirdische Sproß erhalten. Verschwindet er, trat vielleicht an seine Stelle ein anderer, der nichts anderes ist als ein regenerierter Ableger von ihm selbst. So fließen in der einfachen Schilfpflanze die einzelnen Jahrgänge ineinander und erzeugen ein «zeitloses» Gebilde. Dennoch hat es jeden Herbst reife Samen heranwachsen und sie im Winter vom Wind verstreuen lassen. Vegetative und generative Vermehrung greifen ineinander.

Bei vielen anderen, langjährig lebenden Pflanzen kommt als dritte Form das eigentliche Wachstum hinzu. Eichen, Buchen, die Bäume des Waldes, aber nicht nur sie, sondern viele andere Pflanzen auch, wachsen Jahr für Jahr, ohne daß das Produkt eines Jahres abstirbt. Eine Eiche kann viele Jahrhunderte weiterwachsen und ein Alter von mehreren tausend Jahren erreichen, bis sie allmählich zerfällt. Haben aber aus ihrem gewaltigen Wurzelstock neue Triebe hervorwachsen können, geht auch sie nicht zugrunde, sondern lebt direkt in diesen Baumnachkommen aus dem Wurzelstock weiter. Genauso ergeht es einer Erle im Auwald, die geschnitten wird: Aus dem Stock kommen mehrere Triebe hervor und begründen neue Bäume aus derselben alten Wurzel. Obwohl gefällt, endet ihr individuelles Leben nicht.

Das Leben der Pflanzen ist doch sehr verschieden von dem der meisten Tiere und von unserem eigenen. Begriffe wie Individuum oder Generation ergeben, genaugenommen, keinen so rechten Sinn, und gerade die großen, die eindrucksvollen Baumgestalten sind weniger Individuen als wir das glauben möchten.

Wenn aber drei verschiedene Formen der Vermehrung vorhanden sind – anhaltendes Wachstum, vegetative und generative Fortpflanzung: Was veranlaßt dann die Pflanze, eine der drei Möglichkeiten zu wählen? Blühen und Samenbildung müssen eine Veranlassung haben, denn sie «kosten» die Pflanze lebenswichtige Stoffe. Sie könnte diese in Wachstum umsetzen oder Ableger erzeugen. Wenn es ihr gutgeht an dem Ort, an dem sie wächst, müßten doch auch ihre Ableger gedeihen. So könnte sie sich den Standort nachhaltig sichern, sich ausbreiten und ihren Platz behaupten.

Wenn sich Tiere nicht fortpflanzen, erlischt ihre Linie, die sie repräsentieren, sobald sie die Grenze ihrer Lebensspanne erreicht haben. Die allermeisten Tiere – von einigen wenigen, in ihrer Lebensweise pflanzenähnlichen abgesehen – leben als Individuen nur eine begrenzte Zeit. Einzig durch generative Fortpflanzung können sie das Leben weitertragen.

Umgekehrt steht der großen Mehrzahl der Pflanzen zumindest das vegetative Wachstum mit Vermehrung zur Verfügung, und zwar zusätzlich zur generativen Fortpflanzung. Sie haben damit zu entscheiden, wann und wieviel sie von ihrem Wachstum in generative Fortpflanzung investieren. «Entscheiden» ist zwar nicht das passende Wort, denn es handelt sich aller Wahrscheinlichkeit nach nicht um einen aktiven Vorgang und schon gar nicht um einen bewußten; aber andererseits sagt auch nicht einfach ein bestimmtes Programm im Erbgut der Pflanze, wann sie mit der Fortpflanzung auf dem geschlechtlichen Weg zu beginnen hat. Sonst würden alle Pflanzen einer Art zur gleichen Zeit und im selben Umfang blühen und fruchten.

Doch Blüte und Fruchtansatz sind beeinflußbar. Wären sie das nicht, hätte es keine Kulturpflanzenzüchtung geben können. Ein gutes Beispiel dafür liefert ein Apfelbaum im Garten. Bleibt er sich selbst überlassen, wird er, gute Standort- und Düngungsverhältnisse vorausgesetzt, immer weniger Blüten ansetzen. Je länger die Triebe sind, die neu aufwachsen, desto weniger Blüten tragen sie bekanntlich. Wer viele Äpfel ernten möchte, wird den Apfelbaum regelmäßig beschneiden und dafür sorgen, daß sich nur wenige oder keine Langtriebe entwickeln können. Eigentlich ist das doch merkwürdig! Warum sollte ein Apfelbaum gerade dann viele Früchte tragen, wenn an ihm herumgeschnipselt wird? Hängt das damit zusammen, daß unsere Obstsorten gezüchtet und nicht wildwachsende Fruchtbäume sind? Stellen wir diese Frage noch ein wenig zurück und betrachten wir vorher die Vorgänge, die sich beim Wachstum und bei der Vermehrung abspielen.

Zunächst zum Wachstum: Wenn ein Baum wächst, wird er größer und größer. Das bedeutet, daß seine «Biomasse» zunimmt. Biomasse ist das Lebendgewicht eines Organismus, üblicherweise in Gramm oder Kilogramm ausgedrückt. Gemeint ist damit, daß die Masse pflanzlicher oder tierischer Organismen, die ein bestimmtes Gewicht ausmacht, von Lebewesen und nicht von irgendwelchen unbelebten Vorgängen erzeugt worden ist. Beim wachsenden Baum ist der Grundvorgang recht einfach und seit langem bekannt. In den Blättern werden das aus der Luft aufgenommene Kohlendioxid und das von den Wurzeln gelieferte Wasser mit Hilfe der Energie des Sonnenlichtes miteinander zu Zucker verbunden. Dabei entsteht Sauerstoff als Stoffwechselendprodukt. Der für uns und für den ganzen Naturhaushalt so grundlegend wichtige freie Sauerstoff ist also das Ergebnis des Wachstums von Pflanzen, genauer: ihrer Photosynthese. So wird jener chemische Vorgang bezeichnet, bei dem aus Kohlendioxid und Wasser Zucker und Sauerstoff erzeugt werden. Das Blattgrün (Chlorophyll) ist der Katalysator für diesen Vorgang; ohne Blattgrün könnte die Photosynthese nicht ablaufen.

Der weitaus größte Teil der Masse, die beim Pflanzenwachstum entsteht und zunimmt, geht auf die Photosynthese zurück. Sie erzeugt die Aufbaustoffe, denn aus dem Zucker werden von der Pflanze zahlreiche weitere Verbindungen gebildet, wie Zellulose oder Holzstoff (Lignin). Die Photosynthese ist die Grundlage des Pflanzenwachstums. Einen vergleichbaren Vorgang gibt es bei Tieren nicht.

Während die Photosynthese im wesentlichen für das Wachstum ausreicht, genügt sie nicht für die Fortpflanzung. Eine Pflanze kann nicht einfach deshalb blühen und Samen ansetzen, weil sie groß genug geworden ist. Vielmehr muß sie in genügendem Umfang all jene anderen Stoffe angesammelt haben, die für die Fortpflanzung benötigt, von der Photosynthese aber nicht geliefert werden. Es sind dies vor allem Mineralstoffe und Stickstoffverbindungen; also alles Stoffe, welche die Pflanze nicht selbst erzeugen kann. Aus diesen Stoffen bestehen die Eiweißverbindungen und das Erbgut. Erst wenn mehr ange-

Abb. 1   Eine Erfahrung aus dem Obstgarten: Kräftiger Zuschnitt
fördert den Ansatz von Blüten und steigert somit den Ertrag an Früchten
bei Apfelbäumen oder anderen Obstbäumen.

sammelt ist, als für das Wachstum allein benötigt wird, kann die Pflanze diesen Überschuß zur Entwicklung von Samen einsetzen.

Stellen wir uns nun vor, daß die Pflanze durch irgendeine Einwirkung von außen am Wachstum gehindert wird. Was wird geschehen? Wer Obstbäume beschnitten hat, kennt die Antwort: Der Baum blüht stärker und setzt mehr Frucht an. Ein größerer Teil seiner Reserven fließt in die Produktion von Früchten oder Samen, als es im unbeschnittenen Zustand der Fall war. Fragen wir weiter: Gibt es etwas Entsprechendes auch bei nicht kultivierten Pflanzen? Durchaus, nur wird kaum jemals darauf geachtet. Eine Wiese, die immer wieder einmal gemäht wird, entwickelt reichlicher Blüten als eine, die unge-

*Abb. 2   Überreiche Blütenfülle nach dem Schnitt. Der Apfelbaum
würde ohne den Zuschnitt in die Höhe gewachsen sein und viel weniger
Blüten angesetzt haben.*

nutzt wächst. Auch für Einzelpflanzen trifft das zu. Bei gleich guten Wachstumsbedingungen blüht jene Pflanze stärker, die in mäßigem Umfang beschnitten oder von Tieren angeknabbert wird, als eine, die ganz unbeschädigt wachsen kann.

Ist das nicht merkwürdig? Sollte man nicht das Gegenteil annehmen? Die Pflanze müßte doch zuallererst die Beschädigungen durch entsprechendes Wachstum ausgleichen und sich erst im optimalen Wachstumszustand aufs Blühen verlegen. Die Natur geht anders vor. Das wird noch deutlicher, wenn wir die besonders blütenreichen Lebensräume genauer betrachten.

Wo finden sich die meisten und die vielfältigsten Blüten? Auf den bestens mit Wasser und Nährstoffen versorgten Wiesen sicher nicht und auch nicht im üppig wachsenden Wald, sondern auf den mageren Böden mit wenig Humus, viel Steinen und schwieriger Wasserversorgung. Nicht unsere Wirtschaftswiesen tragen das Blütenmeer, sondern die kargen Triften und Heiden oder die trockenwarmen Ödländereien im Mittelmeerraum. Hier sieht man auf den ersten Blick, daß die Pflanzen keine idealen Lebensbedingungen vorfinden. Und doch blühen sie gerade dort am schönsten.

Was haben diese Standorte gemeinsam? Worin finden sich Übereinstimmungen zwischen Apfelbäumen, die gestutzt werden, und mageren Flächen? Warum entfalten sich in beiden Fällen die Blüten besonders reichlich? Es ist nicht ganz leicht, die Übereinstimmungen zu ermitteln. In einem Fall wird das Wachstum durch den Schnitt beeinträchtigt, im anderen durch den Mangel an Wasser oder an Humus. Vielleicht könnte man es vereinfacht so ausdrücken: Der Platz, an dem die beschnittenen Pflanzen wachsen, ist nicht gut, wie auch die Stelle mit den mageren, trockenen Verhältnissen für das Pflanzenwachstum nicht gut ist. Würde ein Tier das feststellen, würde es sich einfach von diesem Platz fortbewegen. Die Pflanzen können das nicht. Aber die geschlechtliche Fortpflanzung ermöglicht ihnen die Fortbewegung von der ungünstigen Stelle. Bis zu einem gewissen Grad gilt dies auch für die vegetative Vermehrung. Doch die generative ist vorteilhafter, weil sie Erbeigenschaften neu kombiniert und dabei vielleicht Varianten erzeugt, die mit den gegebenen Lebensbedingungen im Nahbereich oder an anderen Stellen, an denen die Pflanze Fuß fassen könnte, besser zurechtkommen. Die vielen höchst unterschiedlichen Transportmethoden, welche die Pflanzen für ihre Samen «erfunden» haben, geben ein höchst eindrucksvolles Zeugnis dafür ab. Deshalb trifft unser deutsches Wort Fort-Pflanzung genau den Kern. Das Blühen, verbunden mit der Bildung von Samen, die für tierische Transporteure recht attraktiv verpackt sein können – wir bezeichnen diese Samenpakete dann als Früchte –, ersetzt bei den Pflanzen die mangelnde Fortbewegungsmöglichkeit.

Die beweglichen Tiere haben nichts dergleichen entwickelt. Sogar bei den festsitzenden Tieren sind ausschwärmende Larvenstadien oder ins Wasser abgegebene Geschlechtsprodukte weniger als ein Abglanz des Blühens von Pflanzen. Ein besser vergleichbares Gegenstück wären die oftmals bizarren, farbenprächtigen und in der Choreographie einzigartigen Balzspiele von Tieren, wie etwa die Balz der Paradiesvögel, der Birkhähne und vieler anderer Vögel. Doch sie entspringen nicht dem Mangel oder der Bedrohung vor Ort, weshalb ihre Blütenhaftigkeit eine äußere Ähnlichkeit bleibt.

Das Beispiel des Blühens soll als eine Art Auftakt verdeutlichen, daß gängige Erklärungen für Vorgänge und Phänomene in der Natur vielleicht nicht immer tief genug gehen. Mit einer zu oberflächlichen Betrachtungsweise können sich aber falsche Interpretationen, unzutreffende Erwartungen, wie die Natur sein oder funktionieren sollte, und unzureichende Ansätze für Eingriffe in den Naturhaushalt verbinden. Der Blick hinter vermeintliche Selbstverständlichkeiten enthüllt nicht selten Überraschendes. Und es werden sich immer wieder neue Blickwinkel ergeben, je weiter die Wissenschaft vordringt in die Natur.

2. Baumskelette, in Seide gehüllt

Traubenkirschen und Gespinstmotten im Auwald

Dschungelartig dicht und üppig wuchert die Vegetation im Auwald. Kein anderer europäischer Waldtyp enthält so viele Arten von Pflanzen und Tieren. Freilich sind nur ein paar Prozent der einst so ausgedehnten Auen an den Flüssen in Mitteleuropa übriggeblieben. Zuerst waren es die Flußbegradigungen, welche die Lebensbedingungen in den Auwäldern verschlechtert hatten, weil mit der von der Begradigung ausgelösten Eintiefung das Grundwasser sank und Überschwemmungen seltener wurden. Dann sorgten Stauseen für eine nahezu vollständige Abtrennung der Auen vom Fluß. Wo das Hochwasser nicht mehr hingelangen und Zerstörungen anrichten konnte, griff die Landwirtschaft nach den fruchtbaren Aueböden. Heute gehören die Flußauen zu den am meisten bedrohten Lebensräumen in Europa. Mit ihrem Schwinden verlieren wir eine Lebensgemeinschaft von einzigartiger Dynamik. Doch wen kümmert das schon?

Ein paar tausend Hektar naturnaher oder natürlich aufgewachsener Auwälder gibt es noch; die meisten davon am Oberrhein, an der mittleren Elbe, stellenweise an der Donau und am Inn. Wirklich natürlich, das heißt ohne Bewirtschaftung, wuchsen nur die Auen am außeralpinen Inn auf, die sich innerhalb von weitflächig angelegten Stauseen entwickeln konnten. Aber die ältesten von ihnen sind gerade erst ein halbes Jahrhundert jung. Das ist nicht viel für einen zum Wald gewordenen Baumbestand, wenn das Durchschnittsalter nach Jahrhunderten zu bemessen wäre, aber genug für eine raschwüchsige Weichholzaue, die mit 20 bis 30 Jahren Alter schon den Höhepunkt ihres Wachstums überschritten hat. Weiden, Erlen und Traubenkirschen, die Hauptbaumarten in diesen Auen,

wachsen und altern schnell. Die Silberweiden (*Salix alba*) setzen die Auwaldentwicklung in Gang. 15 Millionen sprießen
pro Hektar frisch aufgetauchter Sandbank. Im ersten Winter
sind sie etwa 15 bis 20 Zentimeter hoch geworden. Nach drei
Jahren hat ihre Zahl schon auf durchschnittlich 940 000 abgenommen, aber die Überlebenden sind bereits bis zu zwei Meter
hoch. Im 15. Jahr wachsen noch 4000 pro Hektar. Sie sind
15 bis 20 Meter hoch und die stärksten Stämme messen fast
40 Zentimeter im Durchmesser. Sie stehen jetzt so locker, daß
zwischen ihnen die ersten Grauerlen (*Alnus incana*) aufkommen
können. Das Anfangsstadium des Silberweiden-Auwaldes
wird vom nächsten, von der Grauerlen-Aue, abgelöst.

In den zwei bis drei Jahrzehnten, die seit dem Einstau ver-
gangen sind, hatten Hochwässer immer wieder Sedimente abgelagert und den Boden aufgehöht. Immer seltener tritt Hochwasser in den entstehenden Auwald über, und immer schneller
zieht sich das Wasser zurück. Das war seit jeher so – seit sich die
Auwälder nach der Eiszeit an den Flußläufen ausbilden konnten. Ohne Eingriffe durch Menschen würde auf das zweite
Stadium der Weichholzaue, das von den Erlen gestellt wird, ein
drittes folgen, in dem sich nun langsamer wachsende, härtere
Holzarten ausbreiten, wie Eschen und Ulmen, schließlich auch
Eichen. Die Ränder dieser Hartholzaue bilden die Reichweiten
der höchsten Hochwässer.

Auf diese Weise entsteht eine im Grundaufbau klare Gliede-
rung der Flußaue: Die jüngsten Stadien befinden sich nahe am
Fluß, die ältesten am weitesten davon entfernt. Da nun unregulierte Fließgewässer die Eigenschaft haben, nicht selten und in
nicht vorhersehbarer Weise ihren Lauf zu verändern, entstand
aus der natürlichen Dynamik und ihrer Abfolge in der Auwaldentwicklung ein reich differenziertes Mosaik von Lebensräumen auf vergleichsweise engem Raum. Auwald aller Entwicklungsstadien wurde von Wasserarmen durchzogen, umschloß
Altwasser oder wurde von einem starken Hochwasser einfach
wieder weggerissen. Wald und Wasser verzahnten sich in vielfältiger Weise und erzeugten den reichhaltigsten Lebensraum
der gemäßigten Breiten: eben den Auwald. Die Mehrzahl der

Baumarten der ganzen Region gedeiht in diesen Wäldern, und
üppigstes Wuchern grenzt an dürftigen Wuchs, je nachdem, ob
Wasser und Nährstoffe reichlich vorhanden sind oder ob hoch
aufgeschüttete Sand- und Kiesbänke trockenheiße Standorte
inmitten der feuchten Wildnis erzeugen.

Dieser Wald ist das krasse Gegenstück zur Monotonie eines
Fichten- oder Kiefernforstes; er ist voll verschiedenartiger
Pflanzen und reich wie kein anderer Wald an Tieren. Gerade
wegen dieser Reichhaltigkeit steht der Auwald auch ganz oben-
an auf der Liste der «wertvollen Biotope» der Naturschützer.
Und mit ihm verbindet sich das Dogma, daß Vielfalt (Diversität) Stabilität erzeugt oder zumindest fördere. Monokulturen
seien anfällig und instabil, weil ihnen die stabilisierende Wirkung der Artenvielfalt fehle.

Diese Vorstellung von Diversität = Stabilität ist in der Öko-
logie- und Umweltbewegung weit verbreitet. Sie beruht auf
einem folgenreichen Mißverständnis, und wer mit gezielter
Förderung der Artenvielfalt Stabilität erzeugen möchte, liegt so
gut wie immer falsch. Diversität ist eine Folgeerscheinung von
Prozessen, die den Eindruck von Stabilität vermitteln, aber
keineswegs ihre Ursache. Warum das so ist, läßt sich an Beispielen aus dem Auwald verdeutlichen. Manch liebgewordene
Vorstellung von der Natur des Auwaldes mußte in den letzten
Jahren revidiert werden, weil sich zeigte, daß seine Arten und
seine Vielfalt doch nicht so reagieren, wie das angenommen
worden war.

Zwei Grundkonzepte der Ökologie kommen auf den Prüf-
stand: Eines ist die «Diversität-Stabilität-Hypothese», das andere die «Massenvermehrungs- oder Gradationshypothese».
Beginnen wir mit ihr zuerst. Sie besagt, daß Massenvermehrungen von Insekten in Monokulturen (der Wälder) begünstigt
werden, während sie in gut gemischten, mehrartigen Beständen
nicht vorkommen. Der forstliche Umbau von Monokulturen
zu Mischbeständen wird deswegen immer wieder gefordert, um
die Anfälligkeit der Baumbestände zu vermindern.

Genaugenommen ist dies die Vorstufe zur umfassenderen
Vorstellung, daß die Stabilität von der Diversität abhängig sei.

Trifft diese Annahme zu, dürfte es im Auwald weder Massen-
vermehrungen von einzelnen Insektenarten geben, die zu Kahl-
fraß führen, noch sollten naturnahe Auwälder anfällig sein für
Schwankungen der Umweltbedingungen, weil sie eine so hohe
Artenvielfalt aufweisen. Soweit die Theorie. Wie sieht die
Wirklichkeit aus?

Einer Meldung der *Süddeutschen Zeitung* vom 30. September
1987 war zu entnehmen, daß die Sprühaktion, die im Frühjahr
jenes Jahres vorgenommen worden war, den Gespinstmotten
an den Traubenkirschen gegolten hatte. Die Bayerische Ver-
waltung der staatlichen Schlösser, Gärten und Seen hatte auf
eine Anfrage eines Abgeordneten im Stadtrat von München
festgestellt: «Die im Frühjahr durchgeführte Sprühaktion im
Englischen Garten (eine zweimalige Spritzung mit dem biologischen Präparat *Bacillus thuringiensis*) war gegen die Gespinstmotte an den Traubenkirschen gerichtet. Die Gespinstmotten
der Gattung *Yponomeuta* befallen ausschließlich Traubenkirschen (*Prunus padus* und *Prunus serotina*). Die Bäume werden im
Frühjahr bei Massenauftreten der Raupen völlig kahl gefressen
und dadurch stark geschwächt. Gleichzeitig werden die Be-
fallsbäume mit einem dichten, silberweiß glänzenden Gespinst
überzogen, das den nachfolgenden zweiten Austrieb der
Bäume erschwert und häufig nur an den Triebenden einen
Neutrieb zuläßt.»

An dieser Meldung wäre nichts Besonderes, wenn es sich
nur um eine örtliche Massenvermehrung im Englischen Garten
in München gehandelt hätte. Er ist zwar ein Teil der Isaraue,
aber als Parkanlage gestaltet eben nicht mehr jener natürliche
Auwald, der sich durch eine so außerordentliche Artenfülle
auszeichnet. Abgesehen davon, daß die Sprühaktion ziemlich
unnötig war und die Meldung wenig Kenntnis von der Lebensweise der Gespinstmotten verriet, drückt sich doch das aus,
was viele empfunden haben dürften, wenn sie die silbrig eingesponnenen, völlig kahlgefressenen Bäume gesehen haben.

Doch das Phänomen trat nicht nur im Englischen Garten
auf, sondern in der ganzen Isaraue bis hinunter zur Mündung
des Flusses in die Donau, in den Donauauen selbst und in den

ausgedehnten Auwäldern am unteren Inn. Überall waren Ende
Mai die Traubenkirschen gleichermaßen skelettiert. Ihre
Stämme leuchteten aus dem frischen Grün der Auen weithin
sichtbar, und es ist niemandem zu verdenken, daß eine schwere
Schädigung, vielleicht ein Absterben der Bäume angenommen
wurde. Was sich da Ende Mai entwickelte, ließ sogar eine Ausbreitung auf den ganzen Auwald befürchten, denn manche der
Gespinste dehnten sich von den befallenen Bäumen über die
schon brusthohe Bodenvegetation aus und schienen wie eine
metallische Amöbe zu den nächsten Bäumen hinüberzufließen.
Nur ganz Unvoreingenommene konnten das Phänomen be-
staunen, ohne gleich zu werten und ohne Partei für den bedrohten Wald zu ergreifen.

Bei trockenwarmem Schönwetter Ende Mai/Anfang Juni
boten die eingesponnenen Bäume in der Tat einen bizarren, ja
unwirklichen Anblick. Ihr Glanz verblaßt erst unter der Einwirkung anhaltender Niederschläge. Die Gespinste sind so fest,
daß man sie mitunter im nächsten Jahr noch ganz gut wieder-
erkennen kann. Was war geschehen?

Greifen wir zur Zeitungsmeldung zurück. Sie benannte die
eine betroffene Baumart ganz richtig. Es handelte sich ausschließlich um die in Europa heimische Traubenkirsche *Prunus
padus* und nicht um die Späte Traubenkirsche *Prunus serotina*, die
aus Nordamerika stammt. Falsch ist hingegen, daß die Gespinstmotten der Gattung *Yponomeuta* ausschließlich diese Traubenkirschen befallen würden. Bei den Gespinstmotten an den Traubenkirschen handelte es sich um eine ganz bestimmte Art, nämlich um *Yponomeuta evonymellus*. Andere Arten dieser Gattung
befallen Pfaffenhütchen und Weißdorn, Weiden oder Apfel-
bäume. Die Verhältnisse sind etwas verzwickt, weil bei der
Benennung der Arten bedauerliche Pannen passierten, die bis
heute Verwirrung stiften. So kommt die mit *Yponomeuta evonymellus* wissenschaftlich benannte Gespinstmottenart nur auf der
Traubenkirsche, nicht aber auf dem Pfaffenhütchen (*Evonymus
europaeus*) vor, wie das der Artname nahelegt, obwohl das Pfaffenhütchen häufig auch von einer Gespinstmottenart heimgesucht wird, aber leider von einer anders benannten.

*Abb. 3   Silberglänzende Gespinste überziehen in manchen Jahren im
Mai die Traubenkirschenbäume im Auwald. Raupen der Trauben-
kirschen-Gespinstmotte fertigen sie und verursachen nicht selten Kahlfraß.
Andere Baumarten im Auwald werden davon nicht betroffen.*

Mit dieser Verwechslung könnte man noch ganz gut zurechtkommen, wenn nicht weitere Unzulänglichkeiten der Na-
mensgebung die Geschichte so kompliziert machen würden,
daß sie kaum noch klarzustellen ist. Auf den Punkt gebracht,
sagt sie aus, daß die meisten Arten der Gespinstmotten hochgradig auf nur eine einzige Baumart spezialisiert sind oder nur
auf wenigen nahe verwandten Arten vorkommen. Es handelt
sich um Spezialisten. Die anderen Bäume waren daher zu keiner Zeit von den Traubenkirschen-Gespinstmotten gefährdet.
Ihre Raupen verhungern lieber als daß sie auf andere Futterpflanzen überwechseln.

Zu Massenvermehrungen dieser Gespinstmotte kommt es
immer wieder. Mehrere Gegebenheiten müssen dazu zusam-
mentreffen. Das ergibt sich aus der genaueren Betrachtung des
Lebenszyklus dieser Art. Er beginnt mit der Eiablage im Hochsommer. Die aus den Kokons geschlüpften, knapp zwei Zentimeter langen Falter paaren sich, und die Weibchen suchen nun
die richtigen Futterpflanzen, in unserem Fall die Traubenkirschen, auf und legen ihre Eier an die kleinen Knospen, aus
denen im nächsten Frühjahr die Blätter austreiben werden. Die
Falter sind von den anderen Gespinstmotten verhältnismäßig
leicht zu unterscheiden, denn sie tragen fünf feine schwarze
Punktereihen auf der Oberseite der Vorderflügel, während die
anderen, ansonsten zum Verwechseln ähnlichen Arten nur drei
Punktereihen in unterschiedlicher Ausführung aufweisen.
Männchen oder Weibchen zählen allerdings nicht die Punktereihen, wenn sie sich zur Paarung zusammenfinden, sondern
erkennen sich an artspezifischen Duftstoffen, den sogenannten
Pheromonen.

Im Juli wimmelt es mitunter nur so von diesen Kleinschmet-
terlingen, die bei Berührung wie ein Floh davonhüpfen und
sich fallen lassen, anstatt nach Schmetterlingsart davonzuflie-
gen. Vögel interessieren sich für diese Motten offenbar nicht.
Sie scheinen ihnen nicht zu schmecken. Die Verluste an hung-
rige Vögel fallen daher überhaupt nicht ins Gewicht.

Gleich nachdem die Weibchen ihre Gelege abgesetzt haben,
entwickeln sich die Eier. Aber die Räupchen schlüpfen nicht

aus ihrer Eihülle. Sie verbringen darin den Winter. Treibt dann im Frühling die Traubenkirsche die ersten frischen Blätter, kommen auch die Räupchen hervor. Sie haben, so winzig wie sie sind, die Temperaturentwicklung richtig registriert, die auch die Traubenkirschen zum Austreiben veranlaßt hatte. Verläuft das Frühjahr naßkalt, warten die Räupchen wochenlang; genauso lang wie die Triebe. Kommen diese früh hervor, sind die Räupchen auch zur Stelle und beginnen, die ganz zarten Blätter anzunagen. Sofort sondern sie hauchdünne Fäden aus Spinnseide ab und umhüllen sich im sich entfaltenden Trieb und schließen diesen so weit mit ein, daß er sich nicht voll zur Sonne hin öffnet. Die Winzlinge würden weder die Sonneneinstrahlung, noch den kalten Regen vertragen, der oft genug in dieser Zeit fällt. Sie wachsen schnell heran, und bald wird ihr Gespinst auch von außen sichtbar. Je größer sie werden, desto dichter weben sie ihre Gespinste, und um so besser halten diese die Unbilden der Witterung fern.

Nur verspäteter Schneefall oder gar Frost verursachen große Verluste. Hat Frost die jungen Triebe der Traubenkirschen «verbrannt», sind die meisten Jungraupen gestorben. Nun rükken die späteren Triebe nach, und wenn der Ausfall bei den Raupen groß war, entsteht kein nennenswerter Fraß mehr in diesem Jahr. Beeinträchtigt die Wetterentwicklung auch noch die wenigen Weibchen der Gespinstmotten bei der Eiablage, dann blühen im nächsten Frühjahr die Traubenkirschen so üppig, daß ein betäubend-süßlicher Duft die Auen Ende April oder Anfang Mai durchzieht. Über und über sind die Bäume so voller weißlicher Blütentrauben, daß sie sogar weißen Flieder an Pracht übertreffen.

Nichts davon kommt zustande, wenn das Frühjahr warm und trocken verläuft, und wenn im Vorjahr schon gute Entwicklungsbedingungen für die Gespinstmotten herrschten. Dann werden die endständigen Triebe mit den Blütenanlagen von den Raupen voll und ganz verzehrt. Die Gespinste, die nun schon faustgroß geworden sind, scheinen regelrecht zu wachsen, so schnell vergrößern sie die Raupen, die darin wohnen. Sie gehören zumeist zu einem Gelege und sind daher Geschwi-

ster. Die Traubenkirsche hält anfangs noch einigermaßen mit,
aber um die Maimitte fällt die Entscheidung, ob sich die
Raupen oder der Baum durchsetzen. Noch können heftige
Platzregen die Gespinste stark schädigen und viele Raupen töten oder schwächen. Bleiben sie aus und verläuft die Witterung
weiterhin trocken-warm, gewinnen in der Regel die Raupen.
Der Baum kann immer weniger nachschieben. Bald trägt er
nur noch an den äußersten Zweigspitzen in der Krone Blätter,
aber auch sie fallen den hungrigen Raupen zum Opfer.

Inzwischen haben diese ihre Gespinste weiter ausgedehnt
und unergiebige, in denen kein frisches Grün mehr vorhanden
ist, verlassen. Auf meterlangen Spinnfäden seilen sie sich ab
oder kriechen kronenwärts. Die Gespinste sind zusammenge-
flossen und fangen an, den ganzen Baum zu umhüllen. Silbrig
glänzend und kahl steht er nun in der so lebendig-grünen Aue.
Hat er Nachbarn, die zu seiner Art gehören, wandern die
Raupenmassen zu diesen hinüber, sofern sich dort nicht ohnehin schon Gespinstmottenraupen breitgemacht haben. Ist das
der Fall, haben die Traubenkirschen so gut wie gewonnen!
Richtig, die Traubenkirschen, und nicht die Gespinstmotten.
Denn diesen ist jetzt die Nahrung ausgegangen. Hungrig
suchen sie umher und wachsen nicht mehr. Sie können nur von
Traubenkirschenblättern leben. Einige versuchen sogar noch,
oben an den Zweigspitzen Rinde als Ersatz für die Blätter abzu-
weiden, aber viel gibt das auch nicht mehr her. Die große
Mehrzahl hungert. Ihre Kopfkapseln sind breiter als der
Raupenkörper – ein sicheres Zeichen, daß es sich um unter-
ernährte, um Hungerraupen handelt. Jetzt setzt ein Wettbewerb
ums Überleben ein.

Die Raupen wandern in Massen den Stamm hinunter oder zu
dicken Ästen, die weit genug vom Hauptstamm weggerichtet
abzweigen. Dort fangen sie an, sich einzuspinnen. Sie bauen
sich Kokons, Behälter aus sehr dicht gewobener Spinnseide, in
denen sie sich verpuppen werden. Die Stellen, die sie aussu-
chen, sollten Schutz vor Regen und am Stamm abfließendem
Wasser bieten. An günstigen Plätzen drängeln sich Hunderte, ja
Tausende zur Verpuppung. Schicht um Schicht lagern sich die

Puppen übereinander; 50 bis 70 verschiedene Schichten können aufeinanderfolgen. Die obersten Puppen werden dann nochmals dicht eingesponnen – von Raupen, die daraufhin zugrunde gehen, ohne sich selbst noch zu verpuppen. Sie werden sich nicht zu Schmetterlingen umwandeln und fortpflanzen können. Ihre letzte Leistung galt den Artgenossen, deren Überleben sie mit ihrem Opfer verbessern. Tatsächlich leisten sie einen beachtlichen Beitrag zum Schlüpferfolg der anderen. Gut eingesponnene Puppengespinste werden kaum von Parasiten heimgesucht. Schlupfwespen und Raupenfliegen bleiben, das läßt sich gut direkt beobachten, in den schützenden Außenschichten des Gespinstes stecken und können sich nicht bis zu den Puppen durcharbeiten.

Aus den dichten Puppenmassen schlüpfen bis zu 98 Prozent der Falter erfolgreich; im Durchschnitt waren es 91,5 Prozent! Nur ein halbes Prozent aller Puppen war parasitiert. Die meisten befanden sich auf der Außenschicht und gehörten zu den letzten, die sich noch verpuppen konnten. Die Weidengespinstmotte *Yponomeuta rorellus* brachte es zur gleichen Zeit nur auf 38,2 Prozent Schlüpferfolg. Ihre lockeren, durchsichtigen Puppengespinste waren zu 35,4 Prozent parasitiert mit Extremwerten bis über 60 Prozent. Eine weitere Art, die häufig an Pfaffenhütchen vorkommende *Yponomeuta cagnagellus*, baut an einem Zentralfaden aufgehängte Puppenschiffchen, die in einem lockeren Gespinst von einem ovalförmig ausgebildeten, leeren Raum umgeben sind, bis das Gespinst wieder beginnt. Sie liegen mit durchschnittlich 31,3 Prozent Parasitierungsgrad und 61,3 Prozent Schlüpferfolg in der Mitte. Am besten schneiden also die Traubenkirschen-Gespinstmotten ab, wenn sie sich in Massen verpuppen. Auch die Lage der Puppengespinste am Baum beeinflußt den Schlüpferfolg. Außen angebrachte sind stärker parasitiert als innenliegende, Puppenmassen weniger als Gespinste, die nur ein paar Dutzend Puppen enthalten. Warum spinnen dann die anderen Arten nicht einfach dichtere, besser schützende Gespinste?

Zumeist könnten sie das gar nicht, denn dazu muß eine entsprechend große Menge an Raupen vorhanden sein. Nur bei

Massenvermehrungen, wo Tausende oder Zehntausende einen einzigen Baum bevölkern, kommen so viele Raupen zusammen, daß dichte Gespinste entstehen. Sie haben ihre Nachteile. Je größer der Raupenbestand, desto dichter zwar die Gespinste und desto geringer die Verluste durch Parasiten, aber um so schlechter fällt auch die Kondition der geschlüpften Falter aus. Gespinstmotten, die aus Hungerraupen hervorgegangen sind, die sich noch verpuppen konnten, sind deutlich kleiner als normal ernährte.

Besonders bei den Weibchen wird der Unterschied deutlich. Ihr Hinterleib fällt um ein gutes Drittel (34,3 Prozent) kürzer aus als der von normal ernährten. Das bedeutet, daß diese Weibchen viel weniger Eier produzieren oder gar keine mehr, weil sie keine ausreichenden Vorräte für die Eibildung aus dem Raupenstadium mitbekommen haben. Deshalb besagen die Parasitierungsraten allein zuwenig. 100 Puppen, von denen wegen der Parasitierung nur 40 ausschlüpfen, können dennoch ein größerer Erfolg sein, wenn die Falter normal entwickelt sind, als 98 aus Hungerraupen hervorgegangene, von denen nur wenige überhaupt noch Eier ausbilden können.

Am besten steht es um solche, die gut ernährt und sehr gering parasitiert sind. Es sind dies die erstgeschlüpften Raupen im Frühjahr, weil sie schon vor den anderen, vielleicht schon deutlich vor den Hauptmassen, zu wachsen beginnen konnten und verpuppungsbereit wurden, bevor die allgemeine Verknappung von Nahrung einsetzte. Der bessere Überlebens- und Fortpflanzungserfolg dieser früh geschlüpften Raupen drückt im Lauf der Generationen den Schlüpftermin immer weiter nach vorne und stimmt ihn sehr genau auf den Austrieb der Traubenkirschenknospen ab.

Aber die Art wäre längst ausgestorben, wäre sie nur dieser Strategie gefolgt. Denn in unregelmäßigen Abständen kommt unweigerlich der Rückschlag in Form von Schnee und verspätetem Frost. Nun sind die früh geschlüpften am schlechtesten dran. Diejenigen, die noch zuwarteten und nicht gleich mit dem ersten Aufbrechen der Knospen aus ihrer so hervorragend schützenden Eihülle hervorkamen, überleben und breiten sich in der nächsten Generation aus. So pendelt der Vorteil zwischen sehr frühen und etwas späteren Raupen unregelmäßig hin und her; keine Strategie gewinnt auf Dauer und ersetzt die andere. Die Abstimmung, so fein sie auch ist, zwischen Traubenkirsche und Gespinstmotte, bleibt ein offenes Spiel.

Daß die späten Raupen nicht einfach immer überlegen sind, weil sie weniger den Unbilden der Witterung ausgesetzt sind, liegt auch an den Traubenkirschen. Sie produzieren mit zunehmendem Alter der Blätter immer mehr Abwehrstoffe und schützen sich dadurch recht wirkungsvoll vor später im Jahr einsetzenden Angriffen. Nur ganz wenige Insektenarten kommen auf den beiden Traubenkirschenarten vor; die ursprünglich heimische hat ein paar mehr als die amerikanische. Neben den Traubenkirschen-Gespinstmotten, die allein Kahlfraß verursachen können, sind es eine Blattlausart und eine Gallwespe, die in nennenswertem Umfang ihre Blätter heimsuchen. Ein hübscher Spanner, ein naher Verwandter des Stachelbeerspanners mit dem wissenschaftlichen Namen *Abraxas sylvata*, nutzt die Traubenkirschen als Raupennahrung, aber ohne sichtbare Beeinträchtigung der Blattmasse.

Diese kleine Zahl von weiteren Nutzern hält der Traubenkirsche auch bei Kahlfraß den Ausweg offen zum Überleben. Die zweite Blattgeneration, die auf den Kahlfraß folgt und die im Juni getrieben wird, bleibt praktisch unbehelligt, weil die vorausgegangene Entlaubung den Gallwespen und Blattläusen die Nahrungsgrundlage entzogen hatte. Die Blätter erreichen zwar nurmehr rund zwei Drittel der vollen Größe der ersten Blattgeneration, aber es reicht allemal, um einen Zuwachs auszubilden. Im Juli stehen die Traubenkirschen auch nach völligem Kahlfraß wieder so, als sei nichts gewesen. Nur die Reste der Gespinste zeugen noch von der scheinbaren Katastrophe, die sie im Mai heimgesucht hatte. Die Bekämpfung der Massenvermehrung war daher günstigstenfalls nicht schädlich; genützt hat sie höchstwahrscheinlich nichts.

Die Gespinstmotten bauen schnell wieder ihre Bestände auf, wenn die Witterungsverhältnisse mitspielen. Die Traubenkirschen haben sie nicht nachhaltig geschädigt. Allenfalls drängten

sie den Baum ins zweite Glied unter den Auwaldbäumen, weil
eine regelmäßige Beeinträchtigung seines Wachstums im Frühjahr die anderen Auwaldbaumarten, wie die Erlen, begünstigen
könnte. Wenn auf Schlägen Erlen und Traubenkirschen aus den
Wurzelstöcken austreiben, wachsen in der Tat die Traubenkirschen schneller als die Erlen. Aber nur bis zu einer Höhe von
gut einem Meter, dann werden sie von den Weibchen der Gespinstmotten gefunden, wenn diese im Hochsommer ihre Gelege absetzen.

Ein außerordentlich fein abgestimmtes Geruchsvermögen erlaubt es den Schmetterlingen, die Futterpflanze zu lokalisieren.
Bei Massenvermehrungen finden die Gespinstmottenweibchen
jede Traubenkirsche im Auwald. Der Artenreichtum schützt
nicht vor dem Gefundenwerden. Die chemischen Signale, die
von der Traubenkirsche ausgehen und die die allermeisten Insekten, die sich für sie interessieren könnten, mit Erfolg ab-
wehren, locken die Gespinstmotten mit ähnlicher Präzision an.
Man braucht nur ein Blatt der Traubenkirschen zwischen den
Fingern zu zerreiben, um ihren unverwechselbaren Geruch zu
bekommen. So hat der chemische Kleinkrieg zwar die Mehrzahl der potentiellen Feinde ausgeschaltet oder abgewehrt, aber
dem Spezialisten den entscheidenden Vorteil verschafft. Würde
die Witterung nicht so unzuverlässig sein, könnte vielleicht
wirklich die Gespinstmotte gewinnen. Dann hätte sie aber end-
gültig verloren. Denn mit der nachhaltigen Schädigung ihrer
Futterpflanze würde sie sich selbst ausrotten.

Die meisten anderen Arten, die von Bäumen als Futterpflanzen leben, verfolgen die ganz andere Strategie, sich nicht allzu-
sehr zu spezialisieren. Die präzise Einstellung auf eine einzige
Art führt in die Abhängigkeit. Die Gespinstmotte auf der Traubenkirsche entrichtet einen hohen Preis. Sie setzt sich unwäg-
baren Verlusten durch das Vordringen in den äußersten Grenz-
bereich im Frühjahr aus und muß in Massen Gespinstseide
produzieren. Das zehrt an den Vorräten, die sonst womöglich
für die Verpuppung zur Verfügung stünden.

Vielleicht ist das der Preis für die erfolgreiche Entgiftung der
Traubenkirschen? Jedenfalls hängt die Menge der abgegebenen

Spinnseide offenbar eng mit der Häufigkeit zusammen, mit der die Raupen auf den Bäumen leben. Bei geringem Befallsgrad spinnen die Raupen wenig und nehmen mehr Nahrung auf. Aus einer Reihe von chemischen Untersuchungen weiß man, daß stark befressene Pflanzen verstärkt Schutzstoffe, wie Phenole, ausbilden können, welche die Verwertbarkeit der Nahrung stark einschränken. Die Pflanzen sind daher durchaus zu einer aktiven chemischen Abwehr in der Lage. Es wäre denkbar, daß auch die Traubenkirschen bei starkem Befall die Produktion von Schutzstoffen verstärken, so daß schon vorzeitig Hungerraupen entstehen, die sich nicht mehr verpuppen können, oder wenn doch, dann nicht mehr fortpflanzungsfähig sind, weil sie zuwenig Eiweißreserven für die Eibildung anlegen konnten.

In diesen Zusammenhang könnte sich auch das Verhalten jener Raupen einfügen, die mit letzter Kraft die Puppen der Nestgeschwister zuspinnen und danach zugrunde gehen. Ein derart aufopferungsvolles Verhalten weist darauf hin, daß entweder sehr nahe verwandte Nestgeschwister Vorteile daraus ziehen können oder zumindest die nahe genug Verwandten, die sich opfern, keine Chancen für eine eigene Fortpflanzung mehr hätten. Daß sie trotz ihrer Schwächung noch Spinnfäden erzeugen, ist auf jeden Fall ein Hinweis darauf, daß dieses Produkt zuallererst ein Abfallprodukt ist, das aus dem Körper entfernt werden muß. Andernfalls würde es sich ja gewiß lohnen, an seiner Stelle wenigstens ein paar Eier zu entwickeln und den Versuch zur Fortpflanzung zu machen. Vielleicht müssen sie einfach damit einen Überschuß an bestimmten Bestandteilen in der Nahrung loswerden, den sie nicht für den Aufbau von körpereigener Substanz verwenden können. Wie eng die Raupen mit der genauen Zusammensetzung ihrer Nahrung verbunden sind, geht ja aus dem Befund hervor, daß sie nicht in der Lage sind, auf eine andere Futterpflanzenart auszuweichen, wenn die Nahrung knapp wird.

Massenvermehrung mit Kahlfraß ist also auch im artenreichen und naturnahen Auwald möglich. Widerlegt dieser Befund die Hypothese von der besonderen Anfälligkeit von Mono-

kulturen? Bei der Vielfältigkeit der Natur kann es sich doch nur
um Regeln handeln, die Ausnahmen zulassen!

Der Auwald bietet ein weiteres Beispiel. Auch die Erlen, die
kennzeichnende Baumart des zweiten Stadiums der Weichholzaue, können kahlgefressen werden und im Juli ihre Blätter ab-
werfen. Verursacher sind diesmal Blattkäfer, und zwar der
blauglänzende Erlenblattkäfer *Agelastica alni*. Er ist weit verbreitet in Mitteleuropa und keinesfalls auf die Flußauen beschränkt, wo er allerdings in der größten Häufigkeit vorkommt. Die Käfer überwintern und kommen im Frühjahr,
wenn die frischen Blätter der Grauerlen gerade so etwa einen
Zentimeter lang geworden sind, aus der Bodenstreu hervor.
An der rasch zunehmenden Wölbung des Hinterleibes erkennt
man die Weibchen, die mit dem Fraß an den zarten Erlenblät-
tern das nachholen, was die Gespinstmotten nicht mehr können, nämlich eiweißreiche Nahrung aufzunehmen.

Die Schmetterlinge haben einen feinen Saugrüssel ausgebildet, der den Gespinstmotten nicht mehr viel nützt, wenn sie aus
Hungerraupen hervorgegangen sind. Bei den Käfern ist das
anders. Die Weibchen können durchaus noch ihre Vorräte ergänzen und die Eier mit Nährstoffen versorgen, wenn sie im
Frühjahr hervorgekommen sind. Nun paaren sie sich, und bald
sind die kleinen, glänzend-gelben Eihäufchen auf den Erlenblät-
tern zu sehen. Aus ihnen schlüpfen schwärzliche Larven, die nun
ihrerseits die Erlenblätter befressen. Sie verzehren viel davon, so
viel, daß bei entsprechend massenhaftem Vorkommen der Larven die Blätter mit dem Wachstum nicht mehr nachkommen.
Die Käferlarven können bei weitem nicht so gut umherkriechen
wie die Raupen der Schmetterlinge. Daher ist es möglich, daß
Stellen mit sehr dichtem Befall mit solchen abwechseln, an
denen nahezu keine Larven zu finden sind. Der Käferanflug
hatte die Verteilung weitestgehend festgelegt. Auch der Erlenblattkäfer ist eng spezialisiert. Er nutzt nur die Erlen; von den
Weiden oder den Traubenkirschen hält er nichts.

Bei trockenwarmem Wetter sind die Larven am erfolgreich-
sten. Aber auch hochstehendes Grundwasser oder frühsommer-
liche Überschwemmungen begünstigen den Erlenblattkäfer.

Ein Zusammenhang ist nicht so leicht zu erkennen. Er steckt in
den Wurzeln der Erlen. In den lockeren Sandböden am Fluß,
auf denen die Erlen wachsen, gibt es zwar reichlich Nährstoffe,
die der Fluß mit eingeschwemmt hat, aber der lockere Roh-
boden hält die leicht wasserlöslichen nicht gut. Es sind dies insbesondere die Stickstoffverbindungen, welche die Grundlage
für die Synthese von Eiweiß bilden. Das absinkende Grundwasser nimmt sie bei zu langer Trockenheit mit in die Tiefe,
wohin die Erlenwurzeln nicht vordringen, weil sie bei hohem
Wasserstand nahe genug an der luftführenden Oberfläche bleiben müssen. Denn zum Atmen brauchen sie auch Sauerstoff.
Bei Überschwemmungen wird dieser knapp; daher wachsen
die Erlen in einer bestimmten, regelmäßig, aber nicht zu lange
überfluteten Zone.

Daß sie dort, in diesem für Bäume recht schwierigen Lebensraum gedeihen und sogar zur Hauptbaumart werden können,
verdanken sie der Mitarbeit von Strahlenpilzen (*Actinomyces
alni*). Diese Strahlenpilze wachsen in wie krebsartige Wuche-
rungen aussehenden, kirsch- bis pflaumengroßen Knollen an
den Wurzeln nahe der Bodenoberfläche. Ihre besondere Leistung besteht darin, daß sie Luftstickstoff zu binden und der
Erle verfügbar zu machen vermögen. Wird es für die Strahlenpilze zu trocken, gedeihen sie schlecht, und die Erle leidet unter
Stickstoffmangel. Das gleiche tritt bei zu langer Durchnässung
des Bodens auf. Ihre Wachstumsleistung reicht dann nicht aus,
um die Verluste an Blattmasse an die Erlenblattkäfer oder seine
Larven auszugleichen.

Bei günstigen Wachstumsbedingungen hält die Erle die Käfer in Schach. Sie übergipfelt die Traubenkirschen und umschließt sie, so daß eine Baumart der zweiten Schicht aus ihnen
wird. Im freien Stand, etwa in einer Parkanlage, wachsen sie
dagegen prachtvoll heran und blühen Jahr für Jahr. Welcher
Zustand ist nun der natürliche? Soll, ja muß man nicht akzeptieren, daß die Erlen etwas besser mit dem Käfer zurecht-
gekommen sind als die Traubenkirschen mit ihren Gespinstmotten? Und läßt sich das Klischee vom Auwald, den sein
Artenreichtum stabilisiert, aufrechterhalten?

Letztere Frage hat größeres Gewicht, weil sie über den Auwald hinaus reicht. Generell herrscht weitgehend Unverständnis über den Zusammenhang zwischen Artenvielfalt (Diversität) und Beständigkeit des Ökosystems, die meist mit Stabilität
gleichgesetzt wird. Die Ökologen wichen auf eine ermüdende,
wenig erhellende Begriffsdiskussion aus und versuchten, die
verschiedenen Arten von «Stabilität» voneinander abzugren-
zen. Widerstandsfähigkeit gegen äußere Einflüsse sollte eine
solche Form von Stabilität sein, Beständigkeit im inneren Aufbau und Zustand eine andere, um nur die beiden häufigsten
Formen zu benennen, die für den Begriff der Stabilität in der
Ökologie verwendet werden.

Selten stößt man auf die simple Tatsache, daß uns jede Form
von Stabilität «stabiler» vorkommt, die damit zusammenhängt, daß die betreffenden Lebewesen einfach viel länger als
der Mensch leben. Wenn die Bäume in einem Wald in ihrer
Altersstruktur nach Jahrhunderten zu bemessen sind, müssen
uns Wälder selbstredend «stabiler» vorkommen als die Generationen von pflanzlichen Planktonorganismen in einem Tümpel,
auch wenn in beiden Systemen die gleiche Anzahl von Generationen aufeinanderfolgen könnte. Die einen würden in einem
auf Lebensspannen von Menschen bezogenen Meßsystem außerordentlich rasche Wechsel durchmachen, die anderen aber
kaum Veränderungen zeigen. Wir müssen daher vorsichtig mit
der «Stabilität» hantieren, es sei denn, es sollte wirklich nichts
anderes als Lebensdauer gemeint sein.

Doch das Problem läßt sich lösen, und zwar auf eine ganz
andere Art und Weise. Wenn die Traubenkirschen und die Erlen im Auwald wachsen, verbrauchen sie mineralische Nährstoffe im Einzugsbereich ihres Wurzelwerks. Verbraucht werden sie eigentlich nicht. Vielmehr werden sie verlagert, und
zwar aus dem Boden in den Baum. Er besteht nur aus einer
dünnen lebendigen Hülle, die zwischen der rauhen, toten
Borke außen und dem gleichfalls toten Holz innen liegt. Sie
setzt sich gewissermaßen fort in die Blätter, die aber alljährlich gewechselt werden. Diese lebende Hülle umschließt den
an sich toten Baum und alle Nährstoffe, die darin festgelegt

worden sind. Es dauert lange, bis sie wieder frei werden, wenn der Baum verrottet und von Pilzen und Bakterien zersetzt wird.

In einem ausgewachsenen Wald werden auf diese Weise beachtliche Nährstoffmengen dem Boden entzogen und in der sogenannten Biomasse festgelegt. Je größer und älter die Bäume werden können, desto mehr Nährstoffe können sie dem Boden entziehen und bis zu ihrem eigenen Zerfall den anderen Pflanzen vorenthalten. Die Folge ist, daß ein immenser Wettbewerb im Wurzelraum einsetzt, der dem Kampf ums Licht vergleichbar ist, diesen an Bedeutung aber dann bei weitem übertrifft, wenn die Mineralstoffversorgung im Boden schlecht ist.

Unter solchen Bedingungen treten die Spezialisten unter den Pflanzen auf den Plan. Sie wachsen nicht schnell, dafür entnehmen sie dem Boden aber sehr effizient die Nährstoffe. Ihr Wachstum dauert länger als bei den schnellwüchsigen Arten, die zuerst den noch nährstoffreichen Standort besiedelt hatten. Immer feiner wird die Nutzung angesetzt; je feiner, desto mehr unterschiedliche Arten von Pflanzen sind daran beteiligt. Waren es anfangs, um beim Beispiel des Auwaldes zu bleiben, nur die Silberweiden, die den Baumbestand aufbauten, umfaßte das nächste Stadium schon zwei weitere Arten, die Grauerlen und die Traubenkirschen. Bald kommt mit weiterer Entwicklung des Auwaldes eine ganze Palette von Arten hinzu, bis schließlich in der Hartholzaue ein Dutzend Baumarten bestandsbildend geworden sein kann. Sie sind zudem noch von einer eigenständigen Schicht von Büschen durchsetzt, so daß zusammen mit der zweiten Baumschicht insgesamt drei Schichten von Holzgewächsen das Wachstum bestimmen. Am Boden entwickeln sich diverse Kräuter, insbesondere im Frühjahr, wenn noch reichlich Licht zum Boden durchkommt.

Im tropischen Regenwald können bis zu fünf mehr oder minder deutlich voneinander abgesetzte Schichten ausgebildet sein, und die Artenzahl der Bäume, des Jungwuchses und der Lianen kann auf mehr als 500 pro Hektar ansteigen.

Dann gehört fast jeder Baum zu einer anderen Art. In diesem
Zustand wird das noch vorhandene Nährstoffangebot maxi-
mal genutzt. Der Vorrat im Boden ist auf ein Minimum zu-
sammengeschrumpft, das bei manchen Elementen unter den
mineralischen Nährstoffen praktisch auf Null sinken kann.
Dann sind 100 Prozent davon in der Pflanzenmasse gebunden.

Die hohe Artenvielfalt drückt daher nichts anderes als den
Mangel aus, der sich eingestellt hat. Die Entwicklung von
Vielfalt ist die Antwort der Natur auf Mangel. Wo aber nur
noch wenig umgesetzt werden kann, weil Mangel herrscht,
wird sich auch wenig verändern. Daher entsteht der Eindruck
von Stabilität.

Beim Auwald vermischen sich nun Fülle und Mangel auf
engstem Raum und in rascher zeitlicher Folge. Deshalb kann
es durchaus zu Massenvermehrungen kommen, weil einzelne
Arten oder einzelne Stellen zeitweise hochproduktiv sind.
Wäre das nicht der Fall und könnten die Bäume keine Über-
schußleistung erzeugen, würden höchstwahrscheinlich auch –
ähnlich wie im tropischen Regenwald – die Abwehrmechanis-
men noch viel weiter entwickelt sein. Andererseits kommt es
auch immer wieder zu massiven Nährstoffverlusten und zu
Mangel. Dieser Zustand würde im unregulierten, natürlich
fließenden Fluß von den immer wieder auftretenden Hochwässern ausgeglichen werden. Sie zerstören zwar viel, düngen aber
die Aue mit Nährstoffen, die von weit her zugetragen sein
können.

Die hohe Dynamik bedingt Wechsel der Lebensbedingungen
auf engstem Raum und in kurzer Zeit. Die Folge davon ist, daß
der Auwald auch aus diesem Grund besonders artenreich ist,
weil sich, genau betrachtet, gar kein stabiler Dauerzustand ausbilden kann. Die Vereinigung von Dynamik, Mangel und Produktivität macht die Besonderheit des Auwaldes als Lebensraum aus. Die Massenvermehrungen wird es immer wieder
geben, auch bei anderen Arten! Auch Stechmücken oder
schwärmende Zuckmücken, die nicht stechen, gehören dazu.
Der Artenreichtum unterbindet sie nicht.

Nur wenn dauerhaft Mangel eintritt, wird jene «Stabilität» zustande kommen, die davon rührt, daß sich mangels Masse nichts mehr in nennenswertem Umfang verändern kann. Genau das wäre aber wohl nicht der erstrebenswerte Zustand aus der Sicht des Naturschutzes. Vielleicht sollten wir etwas kritischer überdenken, was wir mit Stabilität meinen. Davon mehr im Schlußkapitel.

3. Kuckuckseier

Warum sich der Teichrohrsänger
den Kuckuck «leisten» kann

Der Kuckuck führt ein ziemlich liederliches Leben. Kaum aus
dem afrikanischen Winterquartier hierzulande angekommen,
treiben sich die Männchen mit den Weibchen herum, und diese
scheinen nur eines im Sinn zu haben, ihre Eier so schnell wie
möglich in fremde Nester einzuschmuggeln, um so von der
Last des Brutgeschäftes befreit zu sein. Das ist in Kurzform der
Tenor zum Kuckuck in *Brehms Tierleben* oder anderen einschlä-
gigen Naturbüchern des letzten Jahrhunderts.

Wenn man sich heute auch längst nicht mehr so unverhohlen
vermenschlichend und moralisierend ausdrückt wie damals, so
kämen doch viele in ziemliche Verlegenheit, müßten sie den
Brutparasitismus des Kuckucks sachlich begründen. Für ganz
in Ordnung würden ihn wohl die wenigsten empfinden. Denn
eigentlich ist es doch unerhört, daß sich da zwei Vogeleltern,
und noch dazu zwei im Vergleich zum Kuckuck sehr kleine,
wochenlang abmühen, den nimmersatten Sperrachen des Wech-
selbalges zu füttern, der ihnen vom Kuckucksweibchen in
einem unbewachten Augenblick als Kuckucksei ins Nest ge-
schmuggelt worden war. Es könnte ja noch angehen, daß so
ein Fremdling mit aufgezogen wird, aber seine erste aktive
Lebenstätigkeit besteht darin, die noch im Nest vorhandenen
Eier oder schon geschlüpfte Junge der Wirtseltern herauszu-
werfen, um sich dann ganz allein breitzumachen.

Sehen wir davon ab, daß die hier gewählte Ausdrucksweise
nicht gerade sachlich klingt, so bleibt die darin enthaltene Aus-
sage dennoch richtig. Der Kuckuck macht das so und nicht
anders! Warum macht er das, und warum macht er es so und
nicht anders? Schon ein naher Verwandter, der südeuropäisch-

*Abb. 4   Fast flügge ist dieser Jungkuckuck auf dem Nest eines Teich-
rohrsängers. Die kleinen Rohrsänger füttern ihn auch jetzt noch,
obwohl keinerlei Ähnlichkeit zu ihren eigenen Jungen besteht.
Der Kuckuck ist völlig abhängig vom Funktionieren seiner brutparasiti-
schen Fortpflanzung. Wie kam er dazu?*

afrikanische Häherkuckuck, geht anders und aus menschlicher
Sicht weit weniger brutal vor. Er legt ein Ei ins Nest einer
Blauelster, wo es zusammen mit den Eiern dieser Wirtsvogelart bebrütet wird. Wenn nun die Jungvögel aus den Eiern
schlüpfen, wird der junge Häherkuckuck einfach mitgefüttert.
Seine Nestgeschwister schädigt er nicht, zumindest nicht direkt. Es kann natürlich vorkommen, daß die Nahrungsversorgung schlecht ausfällt. Aber dann kann die Knappheit den
Brutparasiten genauso treffen wie die Jungen der Wirtseltern.

Die Frage nach dem «so und nicht anders» war daher durchaus
nicht rhetorisch gemeint. Es gibt auch andere Vorgehensweisen
von Brutparasiten, die bei weitem nicht so extrem ausfallen wie
bei unserem Kuckuck *Cuculus canorus*. Der wissenschaftliche

Name soll deswegen hinzugefügt werden, um klarzustellen, daß es auch andere Kuckucke gibt, nämlich 128 verschiedene Arten insgesamt, die zur Familie der Kuckucke gehören. 52 davon sind Brutschmarotzer, aber nur wenige so ausgeprägte wie unser Kuckuck. Brutparasitismus tritt darüber hinaus noch bei einer Reihe anderer Vogelarten in verschiedenen Formen auf.

Der Kuckuck steht deshalb gar nicht so einzigartig da, wie es den Anschein haben mag, wenn wir nur unsere mitteleuropäischen Vögel betrachten. Aber gerade weil unser Kuckuck so extrem ist, haben sich viele Biologen mit seiner außergewöhnlichen Lebensweise befaßt. So wissen wir ganz gut Bescheid über Leben und Werk von *Cuculus canorus,* dessen Ruf jedes Kind kennt. Wie lange er noch zu hören sein wird, hängt davon ab, ob der Kuckuck auch weiterhin genügend Wirtseltern findet, die seinen Nachwuchs großziehen. Die Zukunft hängt nicht am Kuckuck allein; sie ist untrennbar mit dem Wohl und Wehe seiner Wirtseltern verbunden. Der Preis für die Befreiung von der Mühe, die eigenen Jungen selbst großzuziehen, ist die totale Abhängigkeit von den Wirtsvögeln. Eine solche Selbstverständlichkeit braucht nicht weiter ausgebreitet zu werden. Fast möchte man hinzufügen: Recht geschieht es ihm, weshalb nutzt er die anderen Vögel so sehr aus! Aber schade wäre es doch um diesen Vogel mit seinem so markanten Ruf, wenn es ihn eines Frühjahrs nicht mehr gäbe.

Also versuchen wir, uns ganz ernsthaft die Frage zu stellen, warum der Kuckuck diese merkwürdige Lebensweise angenommen hat. Wo stecken die Vorteile? Von Anfang an können die Vorfahren des Kuckucks gewiß keine Brutparasiten gewesen sein. Irgendwann muß sich der Übergang von einer normalen Fortpflanzung zu dieser ungewöhnlichen vollzogen haben. Warum kam sie zustande?

Zumindest für Biologen ist eine solche Frage deshalb so aufregend, weil schon die allerersten Anfänge und alle Übergänge zum Brutparasitismus Vorteile eingebracht haben müssen, nicht erst das perfekte Endergebnis. Sonst wäre die Kette unweigerlich zwischendurch gerissen und der Kuckuck entweder ausgestorben oder wieder zur normalen Weise der Fortpflanzung zurückgekommen. Die Frage ist also keineswegs so simpel, wie sie aussieht, im Gegenteil! Weitreichende Verquickungen werden sich im Verlauf des Versuchs ergeben, diese Frage zu lösen.

Beginnen wir mit einem gerafften Überblick zur Lebensweise des Kuckucks. Der bedeutende Ornithologe Hans Löhrl hat die Fakten zusammengetragen und in einer aufschlußreichen Übersicht 1979 veröffentlicht. Daraus geht hervor, daß es beim Kuckuck anscheinend keinerlei Paarbindung zwischen Männchen und Weibchen gibt. Die Männchen streifen in einem größeren Gebiet umher, während die Weibchen vor allem ihr Wohngebiet nach Singvogelnestern absuchen, die noch im Bau sind oder in die gerade Eier gelegt werden. Sie gehen dabei äußerst vorsichtig vor, weshalb man auch ungleich häufiger Kuckucksmännchen als Weibchen beobachten kann.

Das Kuckucksweibchen holt erst ein Ei des Wirtsvogels aus dem Nest, bevor es sich umdreht und sehr schnell, oft in weniger als acht Sekunden, ihr eigenes Ei ins fremde Nest legt. Das herausgenommene Ei verzehrt es. Da Kuckucksweibchen nach Untersuchungen in England pro Saison durchschnittlich 9,2 Eier legen und im Extremfall bis auf 25 kommen, müssen sie die Wirtsvogelnester sehr gründlich beobachten, um zur rechten Zeit am richtigen Nest sein zu können. Dabei werden nicht irgendwelche Wirtsvögel ausgesucht, sondern mit weitem Abstand solche, bei denen die betreffenden Weibchen selbst aufgewachsen sind. Es findet eine sogenannte Wirtsprägung statt, das heißt, daß Kuckucksweibchen, die von Teichrohrsängern großgezogen worden sind, wieder Teichrohrsängernester suchen, und solche, die bei Heckenbraunellen aufwuchsen, diese Vogelart bevorzugen. Ähnliche Arten im passenden Zustand der Nester werden dann angenommen, wenn es an der «eigenen» Art mangelt oder die Kuckucksweibchen in Legenot geraten. Dabei kann es passieren, daß auch gänzlich ungeeignete Wirte gewählt werden. Das Ei ist dann verloren. Immerhin garantiert diese Variabilität, daß keine zu strenge Abhängigkeit entsteht, die schnell fatal werden könnte, wenn der Wirt zu selten wird.

Der geschlüpfte Jungkuckuck versucht sofort, Eier oder kleine Junge der Wirtsvogelart aus dem Nest zu werfen. Er bedient sich dabei einer besonderen Verhaltensweise. Den Kopf nach unten gerichtet, schiebt er sich mit aller Kraft, die er mobilisieren kann, rückwärts zum Nestrand hoch. Am Rücken bildet sich eine Kuhle, in die ein Ei oder ein kleiner Jungvogel hineinpaßt. Diese werden dann über den Nestrand gekippt. Die Wirtseltern reagieren nicht darauf und sehen vielleicht teilnahmslos zu, wenn sie gerade zum Nest kommen, während der Jungkuckuck ihren Nachwuchs hinausbefördert. Er schlägt sie mit seinem knallroten Sperrachen in seinen Bann. Sobald er eine Erschütterung bemerkt, die auf das Eintreffen eines Wirtsvogels hindeutet, sperrt er den Schnabel weit auf. Der Beobachter gewinnt den Eindruck, die Altvögel können nun gar nicht anders, als diesen «überoptimalen Auslöser» mit Nahrung vollzustopfen. Im Gegensatz zu anderen Vogeljungen hat der Jungkuckuck eine Schließhemmung. Sie verhindert, daß der größer gewordene Jungkuckuck den viel kleineren Wirtsvogel mit erfaßt und verschluckt. Wenn beispielsweise ein Zaunkönig einen nahezu ausgewachsenen Jungkuckuck füttert, wäre in der Tat nicht auszuschließen, daß er beim Füttern mitgepackt werden könnte.

Die erfolgreiche Aufzucht eines Jungkuckucks erfordert ungefähr die gleiche Nahrungsmenge, wie sie vier bis sieben Junge der Wirtsvogelart benötigen würden, um flügge zu werden. Es ist klar, daß die Wirtsvogeleltern nicht einfach das Doppelte ihrer normalerweise schon sehr großen und anstrengenden Leistung erbringen können. Der Jungkuckuck hat daher gar keine andere Wahl. Er muß sich der Nestgeschwister der Wirtsvogelart entledigen, sonst bekäme er sicher zu wenig zu seinem eigenen Gedeihen ab. Mit einem Fünftel der Nahrung könnte er sich nicht entwickeln. Damit ist ein Teil der Frage so ganz nebenbei gelöst worden. Beim Häherkuckuck (*Clamator glandarius*) klappt es deshalb mit den Nestgeschwistern der Wirtseltern, weil er ungefähr deren Größe hat. So braucht er tatsächlich nicht mehr als das Fünftel, und dieses können, halbwegs günstige Verhältnisse vorausgesetzt, die Blauelstern (*Cyanopica cyanus*) beibringen.

Unser Kuckuck ist viel größer und wiegt vielleicht das Zehnfache der Wirtsvögel. Deshalb ergibt sich für ihn noch ein weiteres Problem. Würde er Eier legen, die seiner Körpergröße angemessen sind, paßten sie mit Sicherheit nicht zur Eigröße der Wirtsvögel. Der Häherkuckuck hat in dieser Hinsicht keine Schwierigkeiten, weil er eben etwa gleich groß wie seine Wirtseltern ist. Unser Kuckuck mußte daher im Lauf seiner Entwicklungsgeschichte die Eigröße entsprechend stark vermindern. Darüber hinaus hatte er sich mit dem Unterscheidungsvermögen seiner Wirtseltern auseinanderzusetzen. Nicht allein die Größe läßt ein Ei als Fremdling im Gelege wirken, auch Färbung und Zeichnung spielen eine Rolle. Jahrzehntelang trugen Ornithologen im letzten und in der ersten Hälfte dieses Jahrhunderts Gelege zusammen, die zeigten, daß das Kuckucksei trotz großer Unterschiede zwischen den Gelegen der verschiedenen Arten jeweils ganz gut dazupaßt. Meist ist es nur etwas größer.

Liegt darin der Schlüssel für den Erfolg des Kuckucks? Er hat seine Eier in Größe, Form und Färbung den Wirtsvogeleiern immer besser angepaßt. Damit wurde er immer seltener entdeckt und konnte als Brutparasit überleben. Gegen einen solchen Mechanismus ist nur einzuwenden, daß er keinerlei Aufschluß über den Anfang gibt. Warum sollte der Kuckuck überhaupt angefangen haben, Eier in fremde Nester zu legen? Wenn sich erst die Möglichkeit oder die Notwendigkeit dazu aufgetan hat, ist es leicht vorstellbar, daß die Entwicklung in der beschriebenen Weise weiterlief – als Wettbewerb zwischen Brutparasit und Wirt! Denn die Wirtsvögel sollten ja auch einiges dagegensetzen, um den Parasiten abzuschütteln. Freiwillig und ohne Gewinn für die eigene Fortpflanzung ziehen sie gewiß keine fremden Jungen auf, die noch dazu den eigenen Nachwuchs vernichten. Tatsächlich gelingt es dem Kuckuck bei vielen Singvogelarten überhaupt nicht oder nur ausnahmsweise, ein Ei unterzuschmuggeln. Die Wirtsvögel erkennen das Kuckucksei und verlassen das Gelege. Das ist allemal weniger aufwendig als eine ganze Brutsaison lang einen unablässig hungrigen Jungkuckuck zu versorgen.

Aber es gibt die Arten, die nicht so aufpassen. Ohne nennenswerte Abwehrmaßnahmen akzeptieren sie den Brutparasiten in
ihren Nestern. Die zunehmende Ähnlichkeit zwischen Kuckucks-
eiern und Wirtsvogeleiern ist ein Weg, den Zugang zu den
Wirten zu gewinnen, und die Verbesserung des Unterschei-
dungsvermögens der Wirtsvögel nur eine der Abwehrmöglich-
keiten, die in Frage kommen könnten. Den Ursprung des brut-
parasitischen Verhaltens des Kuckucks erklären sie nicht.

Andere Ursachen und Konstellationen mußten dazu geführt
haben. Wie könnten sie ausgesehen haben? Nun liegt die Entstehung der Kuckucke schon viele Jahrmillionen zurück. Verhaltensweisen werden nicht in Fossilien überliefert. Nur höchst
selten lassen sich aus Fossilfunden Rückschlüsse auf besondere
Verhaltensweisen ziehen. Beim Kuckuck und seinem Brutparasitismus haben wir keine Chance, solche Informationen über
Versteinerungen oder andere Überreste aus fernen Zeiten zu
gewinnen. Wir können Modellvorstellungen für solche Entwicklungen nur aus der vergleichenden Betrachtung von Gegebenheiten ableiten, die heute noch zu beobachten sind. Die
Chancen hierfür scheinen auch nicht besonders groß zu sein,
weil wir beim Kuckuck eben die Übergänge nicht unmittelbar
finden können, die wir brauchen. Wählen wir deshalb einen
anderen Einstieg. Er wird über einen größeren Umweg wieder
zum Kuckuck zurückführen.

Einer der häufigsten Kuckuckswirte ist der Teichrohrsänger
(*Acrocephalus scirpaceus*). Sein wissenschaftlicher Gattungsname
heißt übersetzt Spitzkopf; der Artname bezieht sich auf die
Teichbinse (*Scirpus lacustris*), eine Art von Röhrichtpflanzen, in
welcher der Teichrohrsänger heutzutage aber ungleich seltener
zu finden ist als im Schilf. Als der Teichrohrsänger vor knapp
200 Jahren von einem Systematiker namens Hermann im Jahre
1804 seinen wissenschaftlichen Namen bekommen hatte, mag
das anders gewesen sein. Damals könnte die Art tatsächlich
vorwiegend in Binsenröhrichten gelebt haben. Warum, das
wird noch näher ausgeführt werden.

Vorerst ist es wichtig festzuhalten, daß der Teichrohrsänger
in außerordentlich hohem Maße vom Kuckuck parasitiert

wird. Bis zu 20 Prozent der Nester können Jungkuckucke enthalten oder mit einem Kuckucksei belegt worden sein. Keine
andere Vogelart weist einen so hohen Grad an «Heimsuchung»
durch den Kuckuck auf. In umfangreichen Untersuchungen
ergab sich für Großbritannien ein mittlerer Parasitierungsgrad
von 5,5 Prozent der Teichrohrsängergelege. Die Höchstwerte
lagen bei knapp einem Viertel, auch am Niederrhein, wo ein
Anteil von 22 Prozent vom Kuckuck parasitierter Teichrohrsängergelege festgestellt worden ist. Nimmt man die Verluste
an Eiern hinzu, die dadurch entstehen, daß die Kuckucksweibchen bei ihrer Nestersuche Eier aus den Gelegen herausholen
und diese verzehren, kann ein Gesamtverlust bis zu 68 Prozent
herauskommen. Wenn rund zwei Drittel der Eier eines Teich-
rohrsängerbestandes an den Kuckuck verlorengehen, ist das
gewiß kein vernachlässigbarer Verlust, auch wenn ein durchschnittlicher Parasitierungsgrad von gut fünf Prozent noch
tragbar erscheinen könnte.

Kein Wunder, daß sich viele Vogelarten dagegen wehrten
und es einigen gelungen ist, so gut wie nie vom Kuckuck parasitiert zu werden. Nicht so der Teichrohrsänger.

Nun verbindet sich mit diesem Röhrichtbewohner an Fluß-
und Seeufern aber noch eine weitere Merkwürdigkeit. Beim
Teichrohrsänger hat man mit 90 bis 100 Quadratmetern die
weitaus kleinsten Reviere unter den heimischen Singvögeln festgestellt. Das hat nicht etwa damit etwas zu tun, daß dieser Vogel
sein Revier nicht gut genug verteidigen würde. Im Gegenteil:
Teichrohrsängermännchen tun während der Brutzeit den Nachbarn fast unablässig mit ihrem knarrenden Gesang kund, daß sie
anwesend sind und ihr Revier verteidigen. Andere Singvogelarten sind in dieser Hinsicht eher nachlässiger. Sein großer Vet-
ter, der Drosselrohrsänger (*Acrocephalus arundinaceus*) kann
unter Umständen bis zu einem Kilometer weit gehört werden,
wenn er mit seinem «karre, karre, kiek, kiek» das Revier mar-
kiert. Er ist erheblich seltener als der kleine Teichrohrsänger und
nur in größeren Schilfkomplexen zu finden. Sein Artname bezieht sich auf eine lateinische Bezeichnung für Schilfrohr
(*Arundo*), die wissenschaftlich auf das in Südeuropa verbreitete

Spanische Rohr (*Arundo donax*) angewandt wird. Sein deutscher
Name sollte daher treffender «Schilfrohrsänger» lauten, doch
dieser wird von einer anderen Rohrsängerart eingenommen, die
eher ausnahmsweise im Schilf vorkommt.

Der Schilfrohrsänger besiedelt mehr die Riedgraswiesen und
Jungwuchs von Silberweiden, der noch locker genug ist. Der
Sumpfrohrsänger, der ebenfalls hierzulande verbreitet und
häufig ist, bezieht seine Reviere im Übergangsbereich vom
Röhricht zum Auwald, wobei er Brennesselbestände bevorzugt und sogar in Getreidefeldern zu finden ist. Damit noch
nicht genug. Die Gattung der Rohrsänger enthält noch weitere
Arten, so den Seggen- und den Mariskenrohrsänger oder den
Buschrohrsänger, um das Spektrum der Arten abzurunden, die
im weiteren Bereich von Mitteleuropa zu finden sind. Gehen
wir darüber hinaus nach Osteuropa und nach Asien hinein,
kommen nochmals Arten dieser Gattung hinzu. Sie gehört zu
den artenreichsten Singvogelgattungen im europäisch-nordasiatischen Großraum, der von den Tiergeographen als Einheit
betrachtet wird und den Namen Paläarktis erhalten hat.

Nun gibt es ein paar weitere, ebenso artenreiche Gattungen
von Singvögeln in diesem Großraum, wie etwa die Laubsänger
(Gattung *Phylloscopus*), die Grasmücken (Gattung *Sylvia*) oder
die Meisen (Gattung *Parus*). Doch all diese artenreichen Gattungen
leben in Wäldern oder in ausgedehnten Grasländern und Steppen,
wie die Ammern (Gattung *Emberiza*), aber nicht in so kleinen,
schmalen Saumlebensräumen wie die röhrichtbewohnenden
Rohrsänger. Ihr Lebensraum, das Röhricht, läßt sich flächenmäßig kaum mehr sinnvoll mit den Wäldern oder den Steppen
vergleichen, in denen es einen hohen Artenreichtum gibt. Selbst
große Schilfgebiete, wie das Donaudelta oder der Schilfmantel
des Neusiedler Sees sind winzig, verglichen mit den europäischen
Laubwäldern, der Nadelwaldzone oder den Steppen.

Unversehens sind wir in eine ganz andere Fragestellung hin-
eingekommen: Wie kommt es, daß ein flächenmäßig kleiner
Lebensraum einen so bemerkenswerten Artenreichtum erlangt
hat, der durchaus mit dem großflächiger Lebensräume vergleichbar ist?

Der Teichrohrsänger präsentiert eine überzeugende Antwort. Seine Reviere im Schilf sind so auffallend klein, daß die Lösung eigentlich schon in dieser Feststellung liegt. Nehmen wir dazu einen typischen Vertreter der Laubwaldvögel, zum Beispiel den Fitislaubsänger (*Phylloscopus trochilus*) oder seinen Zwilling, den Zilpzalp (*Phylloscopus collybita*); beides Vogelarten, die sich wie der Teichrohrsänger so gut wie ausschließlich von Kleininsekten ernähren. Diese beiden Laubsängerarten sind deutlich kleiner als der Teichrohrsänger und wiegen nur etwas mehr als die Hälfte. Sie sollten daher eher noch kleinere Reviere als der Teichrohrsänger haben. Doch genau das Gegenteil ist der Fall. Die durchschnittliche Reviergröße der beiden Laubsänger fällt fast zehnmal so groß wie beim Teichrohrsänger aus und kann mehr als 10 000 Quadratmeter umfassen.

Wieso sollten diese Laubsänger, zumal im nahrungs- und deckungsreichen Auwald, den Aufwand betreiben, eine zehnfach größere Fläche zu verteidigen als der Rohrsänger, dessen Lebensraum auch in der Vertikalen weitaus weniger ausgedehnt ist. Reicht doch das Röhricht selten mehr als drei Meter hoch. Die Teichrohrsänger nutzen nicht einmal zum Singen die oberen Bereiche, sondern halten sich in der Nähe des Wassers auf. Auf den beanspruchten Raum umgerechnet, würde das Mißverhältnis daher noch krasser zuungunsten der kleineren Laubsänger ausfallen.

Der Teichrohrsänger entwickelte eine Fülle spezieller Anpassungen, die ihn dazu befähigen, das Röhricht als Lebensraum zu nutzen. So sind seine Beine so gebaut, daß er die Rohrhalme umklammern kann und dabei dennoch senkrecht genug bleibt und sein Schwerpunkt nicht über den äußersten Fuß hinausverlagert wird. Die Feinheiten im Bau der Füße sind damit nur angedeutet. Offensichtlicher ist die Kunstfertigkeit beim Nestbau. Der sehr tiefe und feste Napf muß so zwischen Schilfhalme eingeflochten werden, daß er sich in deren Rhythmus bei Wind und Wellenschlag mitbewegt, ohne daß Eier oder Jungvögel herausfallen können. Das mag genügen, um zu verdeutlichen, daß besondere Anpassungen nötig waren, um den Lebensraum des Schilfes überhaupt erschließen zu können.

Ein Lebensraum, der vergleichsweise selten vorkommt und
so schwierig ist, dürfte eigentlich nicht gerade ein bevorzug-
ter Raum für die Ausbildung von Artenvielfalt mit Spezial-
anpassungen sein. Die Lösung des Problems steckt in der
Ergiebigkeit dieses Lebensraumes als Nahrungsquelle von
Kleininsekten. Aus dem Röhricht steigen gerade zur Brutzeit
solche Massen an Kleininsekten auf, daß sie das Zwanzig- bis
Hundertfache des vergleichbaren Wertes von produktiven
Laubwäldern bieten. Und dieses Nahrungsangebot hat über die
bloße Menge hinaus noch die Vorzüge, daß es bei «gutem» wie
bei «schlechtem» Wetter gleichermaßen zur Verfügung steht.
Denn viele Kleininsekten schlüpfen besonders bei feucht-küh-
ler Witterung, wenn in den Wäldern das Angebot zurückgeht
oder knapp wird. Es besteht nämlich zum größten Teil aus
Insekten, deren Larven im Wasser leben. Diese Insekten sind im
Gegensatz zu vielen Landinsekten frei von giftigen Inhaltsstof-
fen und daher für die von Insekten lebenden Singvögel uneingeschränkt verwertbar. Gute Flieger, wie die Schwalben und
die Mauersegler, kommen daher bei Schlechtwetter oft von
weit her in Massen an insektenreiche Gewässer, um die dort
über der Wasseroberfläche aufsteigenden Mücken und andere
Kleininsekten zu fangen. Mauersegler fliegen dazu mehr als 100
Kilometer weit!
    Im Uferröhricht konzentriert sich das Insektenleben, das aus
dem Wasser kommt. Die Rohrsänger brauchen nur genügend
Halt, um die Massen von großen Zuckmücken beispielsweise
abzupflücken, die zwischen den Halmen im Röhricht aufstei-
gen. Herrscht schönes, trockenwarmes Wetter, gedeihen im
Röhricht die Blattläuse in Massen, so daß die Vögel auch diese
als reichlich fließende Nahrungsquelle nutzen können. Den
Insektenjägern im Laub der Bäume in Auen und Wäldern geht
es dagegen nur bei günstiger Witterung zur Brutzeit vergleichbar gut. Doch sie müssen zwischen genießbaren, ungenieß-
baren und giftigen Insekten genau auswählen. Die Mengen
bleiben selbst dann geringer als im Röhricht, wenn die Witterung günstig verläuft. Deshalb brauchen die Laubsänger ein
viel größeres Revier zur Sicherung ihrer Lebensgrundlagen

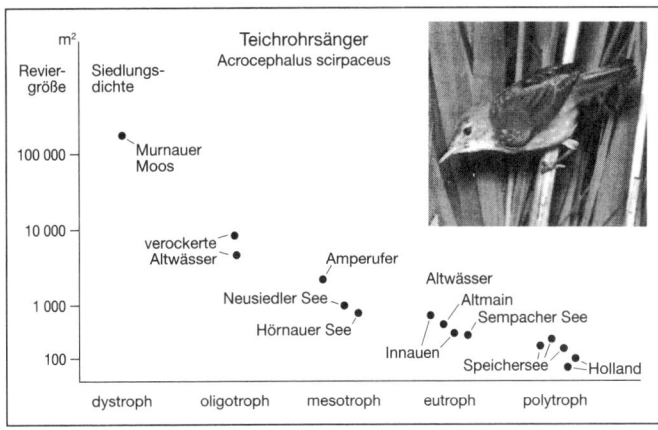

Abb. 5   *Die Größe der Reviere hängt beim Teichrohrsänger in starkem*
Maß von der Wasserqualität ab. Die kleinsten Brutreviere finden sich
an extrem stark verschmutzten (polytrophen) Gewässern. Moorige Seen
(dystroph), nährstoffarme (oligotrophe) und mäßig nährstoffreiche
(mesotrophe) Gewässer produzieren bei weitem nicht so viele Klein-
insekten als Nahrung für die Rohrsänger wie nährstoffreiche (eutrophe).

und als Nahrungsquelle für die Versorgung ihres Nachwuchses als die Rohrsänger im Schilf. Die Reviergrößen (Abb. 5)
passen ganz gut zum Nahrungsangebot in Auwald und Röhricht.

Der Zusammenhang mit der Nahrung wird noch deutlicher,
wenn wir die Revierverhältnisse beim Teichrohrsänger genauer
betrachten. Im Schilf sehr nährstoffreicher Gewässer sind die
Reviere sehr klein; die kleinsten wurden am Ismaninger Speichersee und in einem flachen, sehr nahrungsreichen Polder in
den Niederlanden gefunden. Der Ismaninger Speichersee war
mehr als ein halbes Jahrhundert lang die große Nachkläranlage
für die städtischen Abwässer von München. Im Sommer
schwärmten die nicht stechenden Zuckmücken dort mitunter
in solchen Massen, daß man kaum atmen konnte.

Weniger nährstoffreiche Gewässer liefern entsprechend weniger ausschlüpfende Insekten. So sind die Röhrichte der großen

Voralpenseen bei weitem nicht so produktiv – und die Rohr-
sängerreviere entsprechend größer. Im nährstoffarmen Mur-
nauer Moos, einem Hochmoor, lassen sich überhaupt keine
herkömmlichen Abgrenzungen von Teichrohrsängerrevieren
mehr vornehmen. Man muß schon eine fiktive Reviergröße
aus der geringen Siedlungsdichte heraus berechnen, um das
Hochmoor in die Reihe mit einbeziehen zu können.

Der Zusammenhang wird nun ganz deutlich, wenn die
Rohrsänger-Siedlungsdichte auf die Wassergüte bezogen wird.
Je besser die Wasserqualität, desto geringer die Siedlungsdichte
und um so größer die Rohrsänger-Reviere – und umgekehrt.
Eutrophe, das heißt nahrungsreiche (verschmutzte) Gewässer
bieten an den Ufern bessere Bedingungen für den kleinen
Rohrsänger als saubere; eine unangenehme Situation für Vogelschützer, die sich um den Rückgang des Teichrohrsängers
sorgten und ihn 1989 zum «Vogel des Jahres» ernannt hatten.

Jetzt finden wir auch die Querverbindung zu seinem wissenschaftlichen Namen. Nicht das Schilfröhricht, das zumeist an
mäßig mit Nährstoffen versorgten oder eher nährstoffarmen
Gewässerufern ausgebildet war, könnte um 1800 das Haupt-
vorkommen des Teichrohrsängers gewesen sein, sondern das
Binsenröhricht an nährstoffreichen Teichen, die es schon seit
dem Mittelalter in Mitteleuropa gibt. Erst in unserem Jahrhundert haben sich, verursacht von der fortschreitenden Überfrachtung nahezu aller Gewässer mit Nährstoffen, die Verhältnisse nachhaltig geändert. Jetzt wurden auch die Schilfröhrichte
hochproduktive Lebensräume, in die der Teichrohrsänger verstärkt vordrang und in denen er hohe Siedlungsdichten auf-
baute. So waren beispielsweise die großen Drosselrohrsänger
am unteren Inn, heute einem Schwerpunkt ihres Vorkommens in Bayern, zwischen 1920 und 1930 noch gar nicht bekannt. Teichrohrsänger gab es damals offenbar nur ganz selten,
während heute Hunderte von Brutpaaren dort zu finden sind.
Allerdings mit abnehmender Tendenz, wie an vielen anderen
Gewässern in Mitteleuropa auch.

Vieles weist darauf hin, daß die Anstrengungen, die Wasserqualität zu verbessern, die Rohrsängerbestände haben

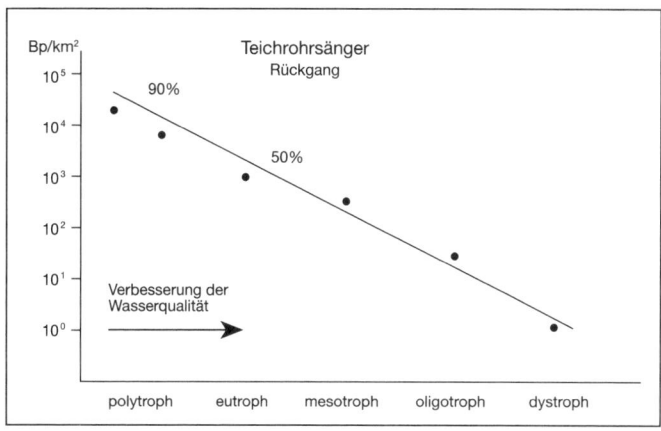

Abb. 6 Wird die Wasserqualität verbessert (Pfeil), nimmt die Sied-lungsdichte des Teichrohrsängers (Brutpaare pro Quadratkilometer Schilf) ab. Bei der Überführung eines polytrophen Gewässers in den aus gewässerhygienischen Gründen angestrebten mesotrophen Zustand ergibt sich ein Rückgang um 90 Prozent. Wird ein eutrophes Schilfgebiet in den mesotrophen Zustand versetzt, sinkt der Teichrohrsängerbestand um etwa 50 Prozent.

schrumpfen lassen. Wo noch vor einem Vierteljahrhundert nährstoffreiche Verhältnisse herrschten und die Wasserqualität mit Stufe Drei als ziemlich schlecht angegeben werden mußte, herrscht heute Stufe Zwei vor. Sie versorgt das Flachwasser, in dem sich die Insektenmassen entwickeln, ungleich weniger mit organischen Nährstoffen als damals. Deswegen gehen nicht nur die Teichrohrsängerbestände zurück (Abb. 6), sondern viele andere Arten auch, die von den Insekten leben, die im Uferbereich produziert werden. Immer noch sind die Ufer-zonen aber viel produktiver als selbst der Auwald. An ihnen drängelt sich das Leben geradezu. Von der Verbesserung der Wasserqualität profitieren andere Arten.

Weshalb das Röhricht so artenreich ist, dürfte damit klar sein. Da es sich nicht um einen kurzfristigen Zustand handelt, son-

dern solche Verhältnisse schon seit Jahrmillionen geherrscht
haben müssen, läßt sich daraus auch ableiten, weshalb sich ein so
reiches Artenspektrum an Rohrsängern auf so engem Raum
differenziert hat. Auch die Vorliebe des Kuckucks für den Teichrohrsänger erklärt sich nun fast zwangsläufig aus dem Nahrungs-
reichtum. Der Jungkuckuck hat im Röhricht bei Schlechtwetter
ungleich weniger unter Nahrungsmangel zu leiden als in jedem
anderen Lebensraum. Daraus läßt sich folgern, daß der Aus-
fliegeerfolg der Jungkuckucke und ihr Gewicht beim Verlassen
der Wirtsnester besser als in anderen Lebensräumen und bei
anderen Vogelarten sein sollte. Diese Voraussage kann die künf-
tige Forschung auf ihre Richtigkeit überprüfen.

Wir können sogar so weit gehen anzunehmen, daß es den
Teichrohrsänger auch leichterfallen sollte als anderen Arten, die
unter knapperen Bedingungen leben und ihre Jungen großziehen müssen, Verluste an den Kuckuck hinzunehmen. Immerhin
macht rund ein Viertel der Teichrohrsänger noch eine zweite
Brut. Ein durchschnittlicher Verlust von unter zehn Prozent
kann von dieser Vogelart vermutlich ziemlich gut verkraftet
werden. Die hohe Konzentration von Kuckucken in Teichrohr-
sängerbeständen findet sich überall dort, wo die Rohrsänger
sehr dicht siedeln, also an besonders nahrungsreichen Gewässern. An Ufern von nährstoffarmen Naturseen bleibt der Parasitierungsgrad gering und liegt oft kaum über einem Prozent.

Was besagt all das für die Entstehung des Brutparasitismus
beim Kuckuck, für die Evolution dieser ungewöhnlichen Fortpflanzungsstrategie? Die ausgiebige Abschweifung zum bevor-
zugten Wirt hat uns zumindest auf einen Zusammenhang nach-
drücklich hingewiesen, nämlich auf die Abhängigkeit des Er-
folges vom Nahrungsangebot. Um weiterzukommen, müssen
wir jetzt die Seite des Kuckucks aufrollen.

Was passiert, wenn er Mitte April aus dem afrikanischen
Winterquartier zurückkehrt, das aller Wahrscheinlichkeit nach
die Heimat seiner Gattung gewesen ist? In dieser Zeit beginnen
die Bäume in den Auen, wohin die Kuckucke zuerst zurückkommen, auszutreiben. Ein bis zwei Wochen später setzt der
Austrieb auch in den Laubwäldern voll ein, die sich nicht in

den klimatisch begünstigten Flußniederungen befinden. Das
«Kuck-uck, Kuck-uck» hört sich nun zwar ganz lustig an und
mag Frühlingsstimmung hochkommen lassen, für den Rufer
sind die Verhältnisse aber alles andere als günstig. Denn die
Nahrung, von der sich der Kuckuck hauptsächlich ernährt, ist
noch sehr knapp oder nicht vorhanden. Es handelt sich um die
großen, haarigen Raupen, die von anderen Vögeln gemieden
werden. Der Kuckuck verzehrt sie und stößt von Zeit zu Zeit die
mit Raupenhaaren oft regelrecht gespickte Magenhaut ab. In
den empfindlicheren Darm dürfen die Raupenhaare nicht kommen. Anfangs muß sich der Kuckuck mit harten Käfern begnügen, und wenn man's genau betrachtet, wissen die Vogelkundler
nicht so recht, wovon die Kuckucke eigentlich leben, bis es
genügend Raupen gibt, die andere nicht mögen.

Haarige Raupen sind keine attraktive Nahrung; gewiß nicht.
Schon gar nicht eignen sie sich aber für die Aufzucht der Jungen.
Ihre sich noch entwickelnden Mägen wären viel zu empfindlich
dafür. Nicht einmal harte, aber ungiftige Samen vertragen die
kleinen Jungvögel, so daß die meisten Arten der Körnerfresser
ihre Jungen mit schmackhaften, weichen Kleininsekten versorgen müssen. Wer einen Haussperling dabei beobachtet, kann
sicher nachvollziehen, daß das für einen Träger eines eher dicken,
kegelförmigen Schnabels keine leichte Angelegenheit ist.

Der größte und qualitativ mit Abstand beste Teil dieser für
Jungvögel geeigneten Insektennahrung befindet sich im Frühjahr außen an den Zweigspitzen, wo die zarten Blätter hervorgekommen sind. Von ihnen ernähren sich die verschiedenen
Raupen oder Larven von Insekten. Wer an solche Stellen herankommen will, muß leicht genug sein, um an den Zweigspitzen
landen zu können, entsprechende Klammerfüße verfügbar haben, oder aber den Schwirrflug einsetzen, der die Annäherung
von außen ohne Landung ermöglicht.

Nichts davon kann der Kuckuck. Er ist zu schwer dazu, wiegt
er doch zwischen 100 und 150 Gramm. Selbst wenn das gerade
noch ausreichte, klappt es nicht, weil seine einfachen, kleinen
Füße nicht zum Klammern in Hängehaltung taugen. Den
Schwirrflug bringt er aus Gewichtsgründen und wegen des

dafür nicht tauglichen Flügelzuschnittes gleichfalls nicht zustande. Kurz: Der Kuckuck hat wenig Aussichten, die attraktiven, nahrungsreichen Außenbereiche der Bäume zu erreichen,
wo die kleinen Singvögel ihre Nahrung holen. Im Wald von
senkrecht stehenden, schwankenden Rohrhalmen wäre er ziemlich verloren. Nur an geknickten Halmen könnte er landen, und
dort müßte er sehr vorsichtig sein, um nicht ins Wasser zu fallen.
Wie man's auch dreht, der Kuckuck ist für die Suche nach
nahrhaften, ungiftigen Kleininsekten nicht geeignet. Die großen
und durch Gifthaare geschützten Insekten kann er sich selbst
vornehmen, aber nicht an seine Jungen verfüttern. Also steckt er
in der Klemme. Wie soll er sich fortpflanzen, wenn er nicht in
der Lage ist, seinen Nachwuchs ausreichend zu versorgen?

Um nicht Gefahr zu laufen, eine Argumentationskette aufzubauen, die sich selbst fängt, müssen wir nun den Blick auf
die anderen Angehörigen der Kuckucksfamilie lenken. Gäbe es
bei ihnen unserem Kuckuck in Größe und körperlicher Aus-
stattung vergleichbare Arten, die ihre Jungen sehr wohl selbst
mit Insektennahrung aufziehen, wäre dieser Versuch, die ent-
wicklungsgeschichtlichen Verhältnisse zu rekonstruieren, glatt
gescheitert. Das ist aber nicht der Fall. Die nicht-brutparasiti-
schen Kuckucke sind offenbar ohne Ausnahme in der grundsätzlich gleichen Lage. Sie haben Schwierigkeiten, ihre Jungen
mit passender Nahrung zu versorgen.

Einige der südamerikanischen Kuckucksarten haben eine Art
Zwischenlösung gefunden. Sie ziehen ihre Jungen zwar selbst
auf, aber eine ganze Gruppe, ein größerer Familienverband,
hilft dabei zusammen. Zehn bis fünfzehn oder mehr Mitglieder
dieses untereinander nahe verwandten Verbandes suchen gemeinsam nach der für die Jungenaufzucht geeigneten Nahrung.
Welch ein Aufwand für Vögel, die offenbar gar nicht in nennenswertem Maße von Feinden oder Nesträubern bedroht
werden. Was ihnen offensichtlich am meisten fehlt, ist geeignete Nahrung für die Jungen.

Andere Arten, wie etwa der bekannte Rennkuckuck von Ka-
lifornien und Mexiko, fängt kleine Wirbeltiere und zerlegt sie
portionsgerecht bei der Fütterung der Jungen. Rund die Hälfte

der Kuckucksarten ist aber zu Brutparasiten geworden. Das Ausmaß des Brutparasitismus ist unterschiedlich, und nur wenige Arten sind so extrem wie unser Kuckuck, aber abhängig von anderen Vogelarten sind sie trotzdem.

Versuchen wir nun einen Sprung, und wagen wir eine Vermutung. Der Sprung besteht in der Zeit. Er muß zurück bis zum Ursprung der Kuckucke reichen. Auch die Vermutung hat damit zu tun. Sie geht davon aus, daß der Kuckuck und die kleinen Singvögel, die ihm unfreiwillig als Wirtseltern dienen müssen, nicht erst in neuerer Zeit zusammengekommen sind. Das Abhängigkeitsverhältnis könnte weit zurückreichen in die Geschichte der Vögel. Hinweise darauf ergeben sich aus den vielfältigen Anpassungen des Jungkuckucks an die Wirtseltern. Diese Anpassungen können nicht von heute auf morgen entstanden sein, was für die Stammesgeschichte bedeutet, daß die Evolution des Kuckucks nicht erst ein paar Millionen Jahre oder weniger alt sein kann. Sie muß weiter zurückreichen.

Nun helfen die Funde und die Befunde zur Evolution der Vögel weiter. Die Kuckucke sind eine stammesgeschichtlich alte Vogelgruppe, die zu den ursprünglichen Baumvögeln gerechnet wird. Die Singvögel dagegen sind die stammesgeschichtlich jüngste Ordnung; Neulinge auf der Bühne der Evolution, verglichen mit den Kuckucken. Ihr Auftauchen muß die Verhältnisse für die alten Baumvögel grundlegend verändert haben. Waren sie es ursprünglich, die gemächlich das Nahrungsangebot an Insekten oder Früchten in den Bäumen nutzen konnten, so traten nun mit den kleineren, wendigeren, aber auch energetisch aufwendigeren Singvögeln massive Konkurrenten auf den Plan. Sie müssen die Kräfte- und die Nutzungsverhältnisse nachhaltig verschoben haben. Die Nahrung wurde für die ursprünglichen Baumvögel in dem Maße knapper, in dem die Singvögel «besser» wurden.

Viele Gruppen wichen auf für die Neulinge zunächst nicht oder nur schwer nutzbaren Ernährungsformen aus. Die Tauben etwa, die sich in zwei große Gruppen aufspalteten: Die einen verlegten sich auf die Nutzung eiweißarmer Früchte, die sie in entsprechend großen Mengen verzehren mußten, die anderen

auf sehr harte Samen, die lange bearbeitet werden müssen, bis
die Verdauung an ihren wertvollen Inhalt herankommt. Beide
Formen von Nahrung taugen nicht für die Versorgung der Jungen. Die Tauben, den Kuckucken ziemlich nahestehend, lösten
die Schwierigkeit auf eine einmalige Weise: Sie erzeugen eine
Kropfmilch, die in ihrer Zusammensetzung der Milch der
Säugetiere ähnelt und die alles enthält, was die Jungen zur Entwicklung brauchen. Dafür mußten sie aber ihre Fortpflanzungsleistung stark vermindern. Die Kropfmilch reicht nur für
ein, höchstens zwei Junge pro Brut.

Andere, vorwiegend tropische Vertreter der ursprünglichen
Baumvögel spezialisierten sich noch stärker, so etwa die Tura-
kos oder Pisangfresser, oder die Spechte. Die Kuckucke scheinen in der sozialen Zusammenarbeit, in der Kooperation von
Familienangehörigen, zumindest Zwischenlösungen erzielt zu
haben. Den eigentlichen «Durchbruch» schafften jene Vertreter
ihrer Familie, die zum Brutparasitismus übergingen.

Eine möglicherweise ganz attraktive Theorie, die sich nie
beweisen lassen wird? Zur Evolution werden wir immer nur
Modellvorstellungen entwickeln können. Aber diese müssen
so wirklichkeitsnah und plausibel wie möglich sein. Für die
Evolution des Brutparasitismus beim europäischen Kuckuck
gibt es noch einige weitere Hinweise, die in diese Richtung
gedeutet werden können. Da ist einmal die Feststellung, daß
das Kuckucksweibchen offenbar fast immer, wenn es nicht gestört wird, ein Ei aus dem Wirtsvogelnest entnimmt, bevor es
das eigene hineinlegt. Könnten die Wirtsvögel Eier zählen,
wäre dieses Verhalten unmittelbar verständlich. Aber sie können es nicht. Höchstens eine Veränderung im Bild des Geleges
bemerken sie. Dagegen hilft die Anpassung von Eigröße, Form
und Färbung.

Genau hier steckt ein weiterer Hinweis: Die Verminderung
der Eigröße! Das geht nicht einfach so. Schon gar nicht unter
den erschwerten Bedingungen der Fortpflanzung des Kuckucks
zu Beginn der Evolution zum Brutparasitismus kann das so
einfach vonstatten gegangen sein. Denn ein kleineres Ei bedeutet weniger Nährstoffvorräte für die Entwicklung des Em-

bryos zum Jungvogel und damit einen unfertigeren Zustand beim Schlüpfen. Das kann nicht gerade überlebensfördernd sein. Andersherum wäre der Zusammenhang eher nachzuvollziehen: Wenn nämlich ein weit entwickelter Jungvogel des Brutparasiten die schwächeren, weniger entwickelten Jungen der Konkurrenz ausbootet. Wie kommen wir hier zu einer Lösung, die am Anfang nicht blockiert und die Entwicklung eigentlich unmöglich machen würde?

Die Lösung ergibt sich, wenn wir die verminderte Größe des Kuckuckseis nicht als ursprüngliche Anpassung werten, sondern als Folge von Nahrungsmangel, speziell von Eiweißmangel. Für die Erzeugung eines reichlich mit Vorräten für die Embryonalentwicklung ausgestatteten Eies muß das Vogelweibchen entsprechende Eiweißreserven mobilisieren oder nach und nach gewinnen. Ein Vollgelege kann ein Viertel bis ein Drittel des Weibchengewichtes ausmachen. Das ist eine ganz erhebliche Belastung für den Organismus und keine beiläufige Ausgabe. Wenn nun die Annahme zutrifft, daß die Kuckucke immer stärker in Bedrängnis kamen, weil die effizienteren Singvögel ihnen die eiweiß- und fettreiche Nahrung streitig machten, muß das auch Konsequenzen auf die Eibildung bei den Weibchen gehabt haben.

Nun paßt das Verhalten der Kuckucksweibchen ganz genau. Wenn sie den Singvogelnestern Eier entnehmen und diese verzehren, ergänzen und verbessern sie ihre Eiweißvorräte auf die bestmögliche Art und Weise. Denn im Singvogelei steckt genau all das an Nähr- und Mineralstoffen, was das Kuckucksei enthalten muß. Über das Eiersuchen kann daher das Kuckucksweibchen an die notwendige eiweißreiche Nahrung gekommen sein, die es nicht aus dem noch so raren Angebot an haarigen Raupen gewinnen konnte. Und über das Eiersuchen ergibt sich ganz von selbst auch die Möglichkeit, daß eigene Eier abgelegt werden, weil gerade der richtige Zeitpunkt, nicht aber der richtige Ort gegeben war. Nahrungsknappheit hatte die Eigröße beim Kuckuck schon entsprechend vermindert, so daß das «verlegte» Ei im fremden Gelege nicht besonders auffiel. Da auch noch kein Grund zu massiver Gegenwehr bestand, konnte die Ähnlichkeit anfänglich gering sein. Aus den Versuchen von Niko Tinbergen an den Silbermöwen, klassischen Experimenten der Verhaltensforschung, wissen wir, daß größere Eier sogar gerne genommen und sogar wenig eiähnliche Objekte akzeptiert werden.

Für die Singvögel sollte es keine Veranlassung gegeben haben, von Anfang an die Kuckuckseier zurückzuweisen. Erst wenn der Druck zu groß wird, kann die Gegenreaktion einsetzen. Da aber Singvogelgelege nicht massenhaft zu finden sind, zieht sich die Nachproduktion von Eiern beim Kuckucksweibchen auch entsprechend lange über Wochen hin. Wenn heute produktive Kuckucksweibchen auf 20 und mehr Eier in einer Saison kommen können, so drückt das vielleicht auch ganz unmittelbar aus, wie reich die betreffende Gegend an Singvogelgelegen ist.

Eine solche Interpretation hat gewiß einen Vorteil: Die Anfangsstadien sind nicht nachteilig. Der Übergang kann fließend und mit von Anfang an zunehmendem Fortpflanzungserfolg zustande kommen. Sobald sich aber das brutparasitische Verhalten deutlich genug von der herkömmlichen, schwachen Nachwuchsproduktion positiv abhebt, setzt eine automatische Verstärkung ein. Sie erzeugt immer bessere Stimmigkeit mit den Singvögeln und damit den rasch zunehmenden Fortpflanzungserfolg dieser Linie. Der Weg zum vollständigen Brutparasitismus ist frei. Der starke Größenunterschied zwischen Kuckuck und den kleinen Singvögeln verhindert ganz von selbst irgendwelche überlebensfähigen Zwischenstufen, wie sie beim Häherkuckuck und der Blauelster gegeben sind.

Fragt sich nur noch, warum gerade unser Kuckuck so extrem wurde, viele tropische Kuckucksarten dagegen als Brutparasiten eher moderat geblieben sind oder die gemeinschaftliche Aufzucht des Nachwuchses betreiben?

Die Antwort vermitteln gleichfalls wieder der Teichrohrsänger und seine Umwelt. Was sich hier auf kleinem Raum gezeigt hat, trifft auch im Großen zu. Ähnlich wie die Schilfzone ein Vielfaches an Nahrung bietet, verglichen mit den Wäldern, stellen die gemäßigten Breiten Eurasiens, verglichen mit den afrikanischen oder südasiatischen Tropen, geradezu ein Schla-

raffenland dar. Dort steht zwar Nahrung das ganze Jahr über
zur Verfügung, aber so knapp und so sehr durchsetzt mit giftigen oder schwierig zu handhabenden Insektenarten, daß ein
wirklich gutes Massenangebot nie zustande kommt. Unsere
Zugvögel können daher im afrikanischen Winterquartier in der
Regel – nicht immer, wie die Sahel-Dürre gezeigt hat! – ganz
gut überwintern, aber zur Fortpflanzung reichte das Nahrungsangebot nicht. Das ist im Frühsommer und Sommer in unseren
Wäldern und Fluren der gemäßigten Breiten ungleich besser.

Zwei Umstände spielen dabei zusammen. Der eine ist der im
Vergleich zu den Tropen geringe Grad an giftigen Arten unter
den heimischen Insekten, der andere ist die Tageslänge im
Sommer. Während in den Tropen mit einem 12:12-Stunden-
Rhythmus praktisch immer der gleiche Anteil von Tag und
Nacht gegeben ist, verschiebt sich im Sommer der Anteil der
Tagesstunden zunehmend, je weiter man polwärts vordringt.
Sind es in mittleren Breiten 16 bis 18 Stunden Tageslicht, die
zur Nahrungssuche zur Verfügung stehen, so werden es schnell
20 und mehr nahe am Polarkreis. Die nach Insekten suchenden
Singvögel haben also auch viel mehr Zeit als in den Tropen zur
Verfügung. Beides zusammen begünstigt die außertropischen
Breiten, wenn kurzfristig hoher Nahrungsbedarf zu decken ist.
Daraus entstand der Vogelzug. Es lohnt sich für die kleinen,
von Insekten lebenden Singvögel, die gewaltige Anstrengung
des Transkontinentalfluges zweimal im Jahr auf sich zu nehmen, weil sie in den Wäldern der gemäßigten Breiten bis hinauf
zum Polarkreis einen höheren und sichereren Bruterfolg erzielen, als das im tropischen Winterquartier möglich wäre.

Der Kuckuck hat sich in dieses System eingeklinkt. Seine
Lebensweise spiegelt die weitreichenden stammesgeschicht-
lichen Zusammenhänge wider. Sie reichen viele Millionen
Jahre in die erdgeschichtliche Vergangenheit zurück. Aber dennoch wirken sie weiter. Ohne die Kenntnis des stammesge-
schichtlichen Ursprungs können wir die heutigen Verhältnisse
nicht verstehen. Der Brutparasitismus des Kuckucks ist mehr
als nur ein absonderlicher Fall in der Vogelwelt.

4. Das Super-Territorium

Revierverhalten, Konkurrenz und Bestandsregelung
beim Höckerschwan

So ein Angeber! Mit rauschender Bugwelle und hochgefächerten Schwingen schwimmt der Höckerschwan heran und demonstriert auch dem Menschen, daß das hier sein Revier ist. Lackrot leuchtet der Schnabel mit dem schwarzen Höcker, und während der Schwan betont stoßweise schwimmt, gibt er nasal knurrende Töne von sich. Er ist ein kräftiger Vogel; einer der schwersten, die sich aus eigener Kraft in die Luft erheben können. Starke Männchen des Höckerschwans können über 20 Kilogramm Gewicht erreichen. Die Weibchen bleiben viel leichter und kommen selten über 10 Kilogramm hinaus. Äußerlich sehen sie den Männchen zum Verwechseln ähnlich, und es ist nach wie vor rätselhaft, wie sie es fertigbringen, ihre Partner unter Dutzenden von für uns Menschen gleich aussehenden Artgenossen individuell zu erkennen.

Hat aber das Paar ein Revier bezogen, fällt die Unterscheidung leicht: Die Männchen präsentieren sich einen Großteil des Tages in Imponierhaltung, vor allem während der Revierabgrenzung, solange die Eier bebrütet werden oder die Jungen noch klein sind. Erst wenn diese schon ziemlich herangewachsen sind, nimmt die Intensität des Imponiergehabes bei den Männchen deutlich ab. Was vielen Beobachtern den Eindruck von Angeberei vermittelt, hat gute Gründe. Um diese Gründe und um ihre Hintergründe geht es.

Ein unmittelbar wirksamer Grund für das Imponierschwimmen wird schnell klar, wenn das Drohen nicht dem Menschen gilt, sondern einem Artgenossen. Im zeitigen Frühjahr, wenn die Schwäne ihre Reviere einnehmen, läßt sich das gut beobachten. Die großen, weißen Vögel leuchten geradezu über die

Abb. 7   Sieben und mehr, also erstaunlich viele Junge hat ein Schwanenpaar. Bei den Höckerschwänen verteidigen vor allem die Männchen (vorne rechts), kenntlich an den stärker angehobenen Flügeln, ein übermäßig großes Revier (Super-Territorium), während sie nach der Brutzeit im Herbst und Winter eng mit anderen Schwänen zusammenhalten und oft Futterstellen in den Städten aufsuchen.

Wasserfläche hinweg; auf Hunderte von Metern, bei guter Sicht bis über Kilometer sind sie zu erkennen. Das Männchen vergrößert diese Fernwirkung mit dem Anheben der Flügel. Nahezu pausenlos patrouilliert es in seinem Revier. Kommt ein Artgenosse oder gar ein anderes Schwanenpaar an die Reviergrenze heran, steigert sich das Imponierschwimmen bis zur Grenze des Explodierens. Mit immer heftigeren Stößen der Ruderfüße schiebt sich der Schwan der Konkurrenz entgegen, und wenn dieses Drohen nicht schnell genug zum Erfolg führt, startet er unverzüglich und fliegt mit schweren, ungemein kraftvollen Flügelschlägen auf den Eindringling zu. 20, 30 Meter lang klatschen die Füße auf das Wasser, bis sich der schwere Schwan aus diesem Lauf über die Wasseroberfläche wirklich in die Luft erheben kann. Ein pfeifendes Fluggeräusch setzt ein. Mit gestrecktem, leicht nach unten gesenktem Hals strebt er nun auf die Konkurrenz zu. Oft reicht diese massive Drohung aus, um Eindringlinge zu vertreiben. Einem starken Männchen gelingt es mitunter, bis zu 20 andere Schwäne auf einmal zu verjagen, so sehr beeindruckt offensichtlich dieser Kraftflug.

Doch wenn die Eindringlinge ein Paar sind, das sich selbst auf der Suche nach einem Revier befindet, reicht die Demonstration von Kraft alleine nicht mehr aus. Es kommt zum Kampf. Das fremde Männchen stellt sich, und die beiden Kontrahenten fangen an, nach Minuten intensivsten Imponierens, aufeinander einzuschlagen. Jeder versucht, den anderen mit den harten Gelenkkanten der Flügel zu treffen. Die Schläge sind so wuchtig, daß sie ziemlichen Schmerz auch beim Menschen verursachen. Daß es dabei sogar zu Knochenbrüchen an den Armen kommen könnte, dürfte wohl sehr übertrieben sein. Zumindest ist kein Fall bekannt, daß ein Vogelkundler, der Schwäne fing, um sie mit wissenschaftlichen Vogelringen zu markieren, tatsächlich von den Flügelschlägen verletzt worden wäre. Anders sieht es aus, wenn so ein harter Schlag den kleinen, ungeschützten Kopf eines Schwans trifft. Die Auseinandersetzungen sind kein faires Kräftemessen! Der Schwächere tut gut daran, sich rechtzeitig zurückzuziehen, bevor seine Kräfte nicht mehr ausreichen, den Schlägen des Gegners auszuweichen und den Kopf zu schützen.

Sind sich die Gegner nahezu gleichwertig, greifen mitunter auch die Weibchen in den Kampf ein. Es kann im Vorfrühling Wochen dauern, bis die Reviergrenzen gefestigt und respektiert sind. Den Männchen wird viel Kraft abverlangt. Ein größerer weißer Fleck am Rand des Reviers reicht schon aus, sie in Rage zu bringen. Besonders aggressiv werden sie aber, wenn ein lackroter Schnabel hinzukommt. Dieser muß sich gar nicht einmal an einem Schwan befinden; das Rot wirkt auch dann als

Auslöser für heftige Angriffe, wenn es den Schnabel einer viel kleineren, für den großen Schwan harmlosen Ente ziert. So wurde mehrfach beobachtet, daß Höckerschwäne Kolbenenten attackierten und, wenn diese nicht rechtzeitig abfliegen konnten, auch töteten, weil die Erpel dieser Enten gleichfalls lackrote Schnäbel tragen.

Was auf den ersten Blick wie ein angeberisches Verhalten wirkte, erweist sich bei genauerer Beobachtung als Ausdruck einer außergewöhnlichen Aggressivität. Merkwürdigerweise handelt es sich bei den Schwänen aber um Vögel, die weder dolchspitze Schnäbel noch gefährliche Krallen besitzen und als Pflanzenverwerter eigentlich friedlich sein sollten. Aggressivität verbinden wir gewöhnlich mit «räuberischen» Arten, mit Greifvögeln oder Raubtieren, und nicht mit Arten oder Tiergruppen, deren Nahrung hauptsächlich aus Pflanzen besteht.

Doch bei den Höckerschwänen gibt es noch einige weitere Merkwürdigkeiten, die nicht ins gewohnte Bild zu passen scheinen. So steht ihre Aggressivität zur Brutzeit in krassem Gegensatz zu ihrem Verhalten im Herbst und Winter. Die Schwäne sammeln sich in dieser Zeit ganz friedlich in mehr oder weniger großen Gruppen, um gemeinsam Bestände von Wasserpflanzen im Flachwasser abzugrasen, oder sie drängeln sich an den Futterstellen bis zum unmittelbaren Körperkontakt zusammen. Einen individuell beanspruchten Freiraum scheint es nun nicht mehr zu geben. Im Herbst halten die Schwäne wenigstens noch so weit Abstand, wie ihr Hals reicht. Kurz, die ausgeprägte Territorialität und Aggressivität äußert sich nur vom Vorfrühling bis zum Sommer. Ein gutes halbes Jahr sind die Schwäne dann wieder friedlich.

Im Grunde genommen wäre das gar nicht so ungewöhnlich. Viele andere Tierarten sind in der Fortpflanzungszeit aggressiv und territorial, danach suchen sie aber den Kontakt zu den Artgenossen. Es ist vielmehr das Ausmaß an Aggressivität, das bei den Schwänen auftritt und nicht gerechtfertigt erscheint. So klar die unmittelbare Funktion auf der Hand liegt, daß mit dem Aggressionsverhalten Artgenossen aus dem Revier ferngehalten werden, so wenig sagt dies aber über das Zustandekommen und über die fortpflanzungsbiologische Notwendigkeit dieses Verhaltens aus.

Was gewinnen sie mit ihrem Revierverhalten? Warum verteidigen sie ihr Territorium so heftig und so lange? Welche Qualitäten haben Schwanenreviere oder müssen sie erfüllen? Solche Fragen werden mit der bloßen Feststellung, daß das Revier aufs heftigste verteidigt wird, keineswegs angeschnitten, geschweige denn beantwortet. Dennoch gibt es eine naheliegende Antwort: Die Schwäne brauchen ihr Revier, um darin erfolgreich ihre Jungen großzuziehen. Problem gelöst? Nein, nur verschleiert! Denn es ist selbstverständlich, daß für den Nachwuchs, der sich selbst zu versorgen hat, ein geeignetes Revier als Nahrungsgrundlage zur Verfügung stehen muß. Aber wie groß muß es sein? Darin steckt das Problem. Wenn Schwanenreviere Uferbereiche von 500 bis 1000 Meter Länge einnehmen und wenn an diesen Ufern reichlich Wasserpflanzen wachsen, so kann das gerade die richtige, die passende Reviergröße sein, oder aber auch zu viel. Zu wenig Nahrungsraum wird das Revier sicherlich nicht beanspruchen, sonst hätten die territorialen Höckerschwäne mittel- oder langfristig gar nicht überleben können. Folglich wird automatisch angenommen, die tatsächlich gewählte und so heftig verteidigte Reviergröße stimme mit den Notwendigkeiten der Jungenaufzucht in etwa überein. Schwankungen sind selbstverständlich in gewissem Umfang zulässig, weil die Produktionsverhältnisse in der Nahrungsgrundlage, den Wasser- und Uferpflanzen, ja auch nicht Jahr für Jahr gleich bleiben können. Den zufälligen, nicht vorhersehbaren Schwankungen des Nahrungsangebotes muß die gewählte, im Verhalten vielleicht sogar fest einprogrammierte Reviergröße Rechnung tragen können. Also lassen wir einen Sicherheitsspielraum von, sagen wir, 20 oder 30 Prozent in unseren Vorüberlegungen zu. Das verteidigte Revier sollte vielleicht um etwa diesen Prozentsatz größer als das tatsächlich notwendige sein, dann wird auf längere Sicht kein Engpaß entstehen.

Schließlich darf mit Fug und Recht angenommen werden, daß sich die Schwäne ökonomisch vernünftig verhalten, weil

ein «unvernünftiges» Verhalten keine Überlebenschancen
hätte. Wer sich im Naturhaushalt auf Dauer mit zu wenig zu-
friedengibt, wird unweigerlich den kürzeren ziehen und aussterben. Wer zu viel will, wird es mit der Konkurrenz zu tun
bekommen, die sich über ungenutzte Vorräte oder Reserven
hermacht. Also bleibt nur die ökonomisch betrachtet vernünf-
tige Lösung; sie ist die ökologisch «richtige».

Nun machen es uns die Schwäne vergleichsweise leicht zu
überprüfen, ob ihr Verhalten mit der aus den ökologischen
Grundprinzipien abgeleiteten Erwartung übereinstimmt. Denn
ihre Jungen ernähren sich von Pflanzen, wie das auch weitgehend die Altschwäne tun. Der Vorrat an Wasserpflanzen-
nahrung und seine Entwicklung vom Schlüpfen der Jungen bis
zu ihrem Selbständigwerden läßt sich aber ganz gut direkt ermitteln. Dafür gibt es seit langem geeignete wissenschaftliche
Methoden, mit deren Hilfe die jeweilige Biomasse der Pflanzen
bestimmt und ihr Zuwachs ermittelt werden kann. Außerdem
ist es ganz einfach, zum Zweck der Überprüfung bestimmte
Ufer- und Flachwasserstellen so abzuzäunen, daß sie den
Schwänen bei der Nahrungssuche nicht zugänglich sind. Die
Entwicklung dieser vor Beweidung geschützten Wasser- und
Uferpflanzen vermittelt einen direkten Vergleich zur Auswir-
kung der Nutzung, die von den Schwänen ausgeht.

Solche Untersuchungen wurden an den Stauseen am unteren
Inn, einem der Schwerpunkte des Vorkommens von Höckerschwänen im nördlichen Voralpenland, im Jahrzehnt zwischen
1971 und 1980 durchgeführt. Sie brachten ein unerwartetes und
überraschendes Ergebnis: Die Reviere der Höckerschwäne waren rund fünfmal so groß wie sie hätten sein müssen, um die
Ernährung der Jungen und der beiden Eltern sicherzustellen.
Sogar unter großzügiger Auslegung des Sicherheitsspielraumes
kam noch eine mehr als vierfache Reviergröße zusammen. Das
Schwanenpaar beanspruchte also ein übergroßes Revier, ein
«Super-Territorium». Nun war das extrem stark entwickelte
Revierverhalten der Schwanenmännchen noch rätselhafter geworden. Denn wenn die Aggressivität gar nicht notwendig ist,
um das Überleben der Jungen zu sichern, warum tritt sie dann

auf? Mehr noch: Warum hindert sie einen Großteil der Höckerschwäne im Bestand am Brüten? Denn von den damals rund
500 Höckerschwänen, die an den Stauseen am unteren Inn in
den 70er Jahren vorkamen, brüteten nur zwischen 44 und 48
Paare, also knapp ein Fünftel des Bestandes. Nun brauchen
Höckerschwäne zwar drei bis vier Jahre, bis sie geschlechtsreif
werden, aber selbst wenn man den Anteil dieser noch nicht
fortpflanzungsfähigen Jungschwäne aus dem Bestand in Rechnung stellt, bleibt immer noch die Mehrzahl nichtbrütender,
aber ausgewachsener Schwäne übrig.

Wiederum erweisen sich die Schwäne für solche genaueren
Betrachtungen als sehr vorteilhaft, weil sie erstens so gut wie
keine Scheu vor dem Menschen zeigen und zweitens an der
Färbung des Gefieders und des Schnabels leicht als Jungschwäne oder Altschwäne zu klassifizieren sind. Jungschwäne
tragen im ersten Lebensjahr ein graubraunes Gefieder (bei einer
abweichenden Form, *immutabilis* genannt, sind schon die Jungschwäne weiß, aber trotzdem als solche erkennbar). Ihr Schnabel ist fahl fleischrötlich bis rötlichgrau, und sie tragen noch
keinen Höcker. Im ersten Winter wird das Gefieder fleckig und
zunehmend heller; im zweiten Sommer sind die Jungschwäne
dann schon weitgehend weiß gefärbt, aber ihr Schnabel fängt
erst an, rötlicher zu werden. Schwieriger wird es, Jungschwäne
im dritten Frühjahr oder Sommer von Altschwänen zu unterscheiden, weil ihr Gefieder nun rein weiß geworden ist. Auch
in der Schnabelfärbung ähneln sie den Erwachsenen, doch der
Höcker ist noch klein und wenig auffällig.

Jungschwäne im ersten Winter machen nur einen geringen
Teil des Bestandes aus. Zumeist stellen sie weniger als zehn
Prozent, häufig kaum mehr als fünf Prozent. Da sie aber an
ihrem Gefieder in dieser Zeit fast fehlerfrei zu erkennen sind,
kann der geringe Anteil keine Täuschung sein. Deshalb ergibt
sich von selbst, daß der Anteil der noch nicht brutfähigen
Schwäne im Bestand nicht das Vierfache der Brüter ausmachen
kann. Im Bestand am unteren Inn blieb es über ein Jahrzehnt
beim schon genannten Fünftel mit nur geringfügigen Schwankungen von Jahr zu Jahr.

Wenn nun im Frühjahr die brütenden Schwäne nach und nach ihre Reviere bezogen, schlossen sich die Nichtbrüter zu größeren Scharen zusammen und trieben sich auf pflanzenreichen Buchten herum, die groß genug waren, um von den ihr Revier verteidigenden Altschwänen in Ruhe gelassen zu werden. Schon im Frühsommer begannen sie mit der Mauser. Dann trieben Wind und Wellen die weißen Federn in Mengen ans Ufer. Von Aggression zeigte sich keine Spur in diesen Nichtbrüter-Scharen. Am Ende des Sommers fanden sie sich auf einer besonders pflanzenreichen Bucht ein, und nach und nach kamen auch die Schwäne des Brutbestandes hinzu. Sie brachten ihre Jungen mit. Die Reviere waren aufgelöst worden. Gemeinsam beweideten sie die Unterwasserwiesen aus Laichkräutern, Wasserpest und Tausendblatt oder anderen Wasserpflanzen, bis sie die zur Neige gehenden Vorräte oder die einsetzende Vereisung dazu zwangen, die Uferstellen in den Städten aufzusuchen, wo sie den Winter über gefüttert wurden.

Im nächsten Jahr zeigte sich das gleiche Muster des Verhaltens. Wieder spalteten sich zuerst die Revierbesitzer aus den Wintergruppen ab und bezogen ihre Reviere; oft dieselben, die sie schon im Vorjahr eingenommen hatten. Die Nichtbrüter blieben länger an den Futterstellen und zogen sich dann im April oder Mai auf die Buchten und die offenen Wasserflächen zurück. Manche Paare bildeten sich zwar schon in diesen Gruppen, aber es blieb bei einer Art Verlobung. Die Partner halten zusammen, versuchen aber noch nicht, ein eigenes Revier zu begründen. Wenn aber Plätze freigeworden sind, rücken diese jungen Paare nach.

Für sich betrachtet, wäre ein solches Verhalten gar nicht besonders auffällig. Deshalb wurde auch nicht bemerkt, was sich in den Beständen der Höckerschwäne abspielte. Denn wären es wirklich alles nur Jungschwäne, die in den Nichtbrütergruppen zusammengeschlossen bleiben und übersommern, dann wäre ja auch alles in «Ordnung». Für gewöhnlich ist das eben so: Der Nachwuchs hat zu warten, bis er an die Reihe kommt.

Aus menschlicher Voreingenommenheit heraus wäre also nichts ungewöhnlich an diesem Verhalten der Höckerschwäne, wenn da nicht der gänzlich unerwartete Befund gekommen wäre, daß die Schwäne ein viel zu großes Revier in Anspruch nehmen. Wäre das nicht der Fall und würden die Schwanenreviere ungefähr den Bedürfnissen für die Jungenaufzucht entsprechen, dann würden auch die wartenden Nichtbrüter nahtlos anschließen. So aber sperrt die überzogene Territorialität den größeren Teil der brutfähigen Schwäne von der Fortpflanzung aus. Kein sehr feines Verhalten, nach menschlichen Maßstäben, aber uns aus der eigenen Geschichte nicht unbekannt! Sollte hier gar etwas (Un)Menschliches in einem so makellos schönen Wasservogel stecken, der bis heute in England direkt der Britischen Krone untersteht und nach deutschem Jagdbrauchtum die «Hohe Kugel» wert ist und nicht einfach mit Schrot erlegt werden soll, so der Schwan überhaupt zu bejagen wäre? Bei einer so sagenumwobenen Vogelart könnte man sich schon irgendwie vorstellen, daß sie in ihrem Verhalten oder in ihren Lebensäußerungen nicht einfach der Norm entspricht.

Der Biologe braucht sich nicht erst von der Faszination freizumachen, die von einer so attraktiven Vogelart ausgeht, um dennoch zu Ergebnissen zu gelangen, die nicht von menschlichen Wertvorstellungen beeinflußt sind. Er muß nur geduldig und ausreichend lange beobachten und registrieren oder ein schlüssiges Experiment anstellen. Von einer Grundannahme kann er dabei auf jeden Fall ausgehen: Die einzelnen Befunde und Aspekte müssen zusammenpassen und ein in sich schlüssiges Bild zur Lebensweise ergeben – ob das Ergebnis in eine Wunschvorstellung paßt, ist eine andere Sache. Einander widersprechende Befunde dürfte es eigentlich nicht geben. Treten sie auf, so bedeutet das in aller Regel, daß ein wichtiger Schlüssel noch fehlt.

Beim Höckerschwan hat man jedoch allen Grund, die verschiedenen Befunde als reichlich paradox einzustufen. Denn die Entwicklung des Super-Territoriums hindert nicht nur einen Großteil der Schwäne im Bestand, selbst zur Fortpflanzung zu kommen, sondern dieses Verhalten erscheint nachgerade völlig unlogisch, weil es die Produktion an Nachwuchs insgesamt stark einschränkt. Es kann daher ganz und gar nicht dem Wohl der Art dienen.

Machen wir eine einfache Rechnung auf: Der Bestand von 500 Schwänen enthält 400 brutfähige, aber nur 100 (50 Paare) davon brüten und erzeugen Nachwuchs. Sie legen fünf bis neun Eier, im Durchschnitt vielleicht sieben, aus denen – wiederum im Durchschnitt – fünf Junge großgezogen werden. Pro Brutsaison macht das 250 Junge; tatsächlich etwas weniger, weil der Durchschnitt 4,8 Junge pro Brut beträgt. Hätten nun die verbliebenen 300 Schwäne auch gebrütet, wären vom Bestand insgesamt – die 400 fortpflanzungsfähigen Schwäne ergeben 200 Paare, die jeweils fünf Junge hätten produzieren können – 1000 Jungschwäne erzeugt worden. Der ausgeprägten Territorialität der revierbesitzenden Schwäne ist daher der Ausfall von 750 Jungen zuzuschreiben. Die Nachwuchsquote des Schwanenbestandes wurde auf ein Viertel gesenkt! Ist es Zufall, daß dies genau mit den Revierverhältnissen zusammenhängt? Das Super-Territorium ist gut viermal größer als nötig!

Lassen wir auch hierbei ein gerütteltes Maß an naturbedingter Schwankungsbreite zu, und halten wir uns nur an die Größenverhältnisse: Dann bedeutet dies, daß offenbar die Gesamtzahl der brutfähigen Höckerschwäne der Brutplatzkapazität des Gewässers entspricht. Wenn nun aber ziemlich genau so viele brutfähige Schwäne vorhanden sind wie Brutplätze, um den Nachwuchs erfolgreich großzuziehen, dann ist die Entwicklung des Super-Territoriums noch merkwürdiger. Das Verhalten könnte man nun als «artschädigend» einstufen, zumindest aber als unsozial.

Jetzt drängt sich vielleicht ein Verdacht auf: Könnte es nicht sein, daß den Höckerschwänen ein normales Verhalten abhanden gekommen ist, weil diese Vögel jahrhundertelang auf Parkgewässern halbdomestiziert gehalten worden sind? Handelte es sich um richtige Wildvögel, würden sie wohl auch kein so unsoziales Verhalten zeigen. Tatsächlich stammen unsere in Süddeutschland, Österreich und der Schweiz sowie in den angrenzenden Gebieten vorkommenden Höckerschwäne von verwilderten Parkschwänen ab. Echte Wildbestände gibt es nur im Bereich der Masurischen und westrussischen Seen sowie im südöstlichen Skandinavien. Vielerorts haben sich erst in den letzten 40 bis 50 Jahren freilebende Höckerschwanbestände aufgebaut. Das ging erstaunlich schnell. Nach gut zehn Jahren gab es bereits größere Bestände, obwohl die Ansiedlungen oft nur von einem Einzelpaar ausgegangen sind. Die große Jungenzahl der Schwäne ermöglicht diesen raschen Bestandsaufbau. Im Durchschnitt waren es 4,8 Junge pro Brutpaar und Jahr in den Anfangsphasen der Bestandsentwicklung.

Nun können zwar die Jungen eines Jahrgangs im nächsten Jahr noch nicht brüten, aber häufig schon im dritten Jahr, sicher im vierten. Eine Zeitverzögerung von ein paar Jahren geht daher der Phase des starken Anwachsens der Bestände voraus. In der Fachsprache der Ökologie wird sie als «Verzögerungsphase» bezeichnet. Sie geht in die Phasen sehr raschen Anwachsens der Bestände über (logarithmische Phase). Je größer die Jungenzahl, desto steiler schnellt diese Wachstumsphase in die Höhe – und umgekehrt! Wenn jetzt nicht bald bremsende Mechanismen entgegenwirken, stößt der Bestand unweigerlich über die Tragkraft seiner Umwelt hinaus. Er verschlechtert sich damit seine Lebensbedingungen, und zwar um so stärker und schneller, je weiter die Bestandsentwicklung über die Umweltkapazität hinausschießt. Das können sich Organismen leisten, die nur kurze Zeit leben und zu raschen Ortswechseln befähigt sind. Langlebige, weniger bewegliche Organismen müssen ihre Bestandsentwicklung rechtzeitig abbremsen und in etwa auf die Umweltkapazität einstellen. Das geschieht häufig durch eine entsprechende Verringerung der Fortpflanzungsrate, während Hunger, Krankheiten oder Massierungen von Feinden die überschüssigen Bestände bei jenen Arten abschöpfen und weit zurückwerfen, die nicht rechtzeitig auf die von der Umwelt gesetzten Grenzen reagiert haben.

Schwäne sind langlebig. Sie können über 20 Jahre alt werden, und das nicht nur, wie die Beringungen gezeigt haben, in wohlbehüteter Gefangenschaft, sondern auch in voller Freiheit. Sie haben keine nennenswerten natürlichen Feinde. Wenn See-

adler im Winter gelegentlich einmal einen Höckerschwan erbeuten, so ist das fast ähnlich bedeutungslos wie die Zahl der
vom Blitz erschlagenen Menschen für die Bestandsentwicklung der Menschheit. Fallen sie Füchsen oder Wölfen zum Opfer, weil sie im Eis nordischer Seen eingeschlossen worden
sind, hätten sie womöglich das Einfrieren auch nicht überlebt.
Selbst selten und nur an wenigen Stellen auftretende Krankheiten, wie der in fauligen Gewässern auftretende Wasservogel-
Botulismus, fordern mehr Opfer als die natürlichen Feinde. Zu
einer Kontrolle der Bestandsentwicklung der Höckerschwäne
reichen diese Verluste allerdings bei weitem nicht aus.

Dennoch pendelten sich die Höckerschwanbestände auf den
größeren Gewässern schon eineinhalb bis zwei Jahrzehnte nach
ihrer Besiedlung auf ziemlich konstanten Niveaus ein, die der
jeweiligen Umweltkapazität dieser Gewässer entsprechen. Für
die Stauseen am unteren Inn lag diese Grenze bei ziemlich genau 500 Schwänen. Wo Feinde und Krankheiten die Nach-
wuchsrate nicht entsprechend vermindern, geschieht dies in
der Regel durch eine entsprechende Verminderung der Fortpflanzungsleistung. Als sich die Schwanenbestände aufgebaut
und der Umweltkapazität angenähert hatten, ließ sich auch im
Vergleich zu den Anfangsjahren ein Rückgang der durchschnittlichen Jungenzahlen feststellen. Aber die Verminderung
von 4,8 auf 3,9 pro Paar und Jahr reichte bei weitem nicht aus,
das Bestandswachstum nachhaltig zu bremsen. Knapp ein
Jungschwan weniger ist viel zu wenig. Die Schwanenbestände
hätten unter diesen Umständen weiterwachsen müssen, und
zwar kaum merklich schwächer als vor der Verminderung der
Jungenzahl.

Tatsächlich wurde eine exzessive Vermehrung auch befürch-
tet, und mit vereinten Anstrengungen gelang es Jägern und
Fischern, den vollständig geschützten Höckerschwan wieder
unter das Jagdrecht zu bekommen. Es wurde ihm eine zwei-
bis dreimonatige Schußzeit im Herbst verordnet, die es den
Jägern ermöglichen sollte, die ausufernden Schwanenfluten ab-
zuwehren. Die Jahresstrecken der abgeschossenen Höckerschwäne tauchten allerdings in den der Öffentlichkeit zugäng-

lichen Jagdstatistiken kaum jemals auf, im Gegensatz etwa zu Waldschnepfen und Ringeltauben. Man hat bis heute den Eindruck, daß sie auch gar nicht so bekannt gemacht werden sollen. Wenn die Jäger ihrer Pflicht nachkommen, überhandnehmende Tierbestände zu regulieren, brauchten sie gewiß ihre Leistung nicht zu verbergen.

Daß sich die Jagd der Bestandskontrolle bei den Höckerschwänen nicht rühmt, hat eine einfache Erklärung. Sie hatte diese angenommene Aufgabe gar nicht zu erledigen. Da und dort wurden und werden zwar Höckerschwäne abgeschossen, jedoch in geringer Zahl ohne bestandsregulierende Wirkung. Auch das Anstechen der Eier im Schwanengelege, das manche Vogelschützer als vermeintlich naturschützerische Notwendigkeit vor Einführung der Jagdzeit vorgenommen hatten, war unnötig gewesen. Die Schwäne regulierten nämlich überall dort, wo man sie gewähren ließ, ihre Bestände ganz von selbst. Nirgends trat Übervermehrung auf, es sei denn auf städtischen Parkgewässern, wo das ganze Jahr über Schwäne und andere Wasservögel gefüttert werden. Dort können sie allerdings nicht bejagt werden, wie außerhalb des Siedlungsbereiches.

Damit hätten wir also den Schlüssel zum Verständnis des so übersteigerten Territorialverhaltens der Höckerschwäne. Es vermindert die Produktion an Nachwuchs und hält so die Bestände auf einem von ihrer Umwelt tragbaren Niveau. Die Jagd brauchte nicht einzugreifen; die Schwäne besorgten ihre Geburtenkontrolle ganz von selbst.

Ziehen wir diesen Schluß, so liegen wir zwar nicht falsch, aber ein überzeugendes, ein in sich stimmiges Ergebnis haben wir doch noch nicht erreicht. Es gäbe nämlich eine viel einfachere Lösung, die den Vorteil hätte, daß alle Schwäne an ihr teilhaben könnten und nicht nur die zur Fortpflanzung privilegierten. Diese Lösung wäre die Verminderung der Zahl der Eier pro Brutsaison. Würden die brütenden Schwanenweibchen nicht fünf bis sieben, sondern nur ein bis zwei Eier legen, käme für die 200 Paare im Rechenbeispiel dieselbe Zahl von etwa 250 Jungen pro Fortpflanzungsperiode heraus. Und alle brutfähigen Schwäne hätten an der Fortpflanzung teilgenommen.

Unter den wenigen allgemeinen Prinzipien, denen naturwis-senschaftliches Denken folgt, befindet sich das sogenannte Prinzip der sparsamsten Erklärung (das Parsimonie-Prinzip). Es geht davon aus, daß in der Natur die einfachsten, die gün-stigsten oder die am leichtesten zu verwirklichenden Lösungen tatsächlich auch verwirklicht sind. Dieses Prinzip zwingt uns zu der Frage, ob die vorgeschlagene Erklärung, die Höcker-schwäne seien deshalb so ausgeprägt territorial, weil sie damit ihre Bestände auf die Kapazität ihrer Umwelt einstellen, wirk-lich die sparsamste ist. Offensichtlich ist das nicht der Fall, wenn wir die ohne jeden Zweifel einfachere Variante auch her-anziehen können: die Verminderung der Eizahl auf das not-wendige Mindestmaß. Schließlich kostet die aufwendige Re-vierverteidigung die Männchen sehr viel Energie, und für die Weibchen gilt, daß sie mit nur ein bis zwei Eiern pro Gelege anstatt fünf bis sieben oder neun auch erheblich weniger Reser-ven für die Ausbildung der großen Eier in ihrem Körper mobi-lisieren müßten. Ein Schwanenei wiegt im Durchschnitt 330 Gramm. Ein gar nicht so selten vorkommendes Zehnergelege entspricht einem Drittel des Körpergewichtes der Schwänin. Weshalb also die hohen Ausgaben an Energie und Grundstoffen für die Eibildung, wenn die Bestandskontrolle viel einfacher durch Verminderung der Eizahl und ohne aufwendige Territo-rialität geradeso gut zu bewerkstelligen wäre?

Für Nichtbiologen mögen solche Überlegungen absonder-lich erscheinen. Allzuviel «Was-wäre-wenn?» darf es natürlich auch nicht werden. Wir müssen schon im Rahmen des biolo-gisch Sinnvollen bleiben. Daß wir in diesem Rahmen geblieben sind, beweisen die Schwäne selbst. Mitunter bricht nämlich – die auslösenden Ursachen kennt man noch nicht näher – die Territorialität zur Brutzeit zusammen, und die Schwäne bilden regelrechte Kolonien. Nur ein paar Meter liegen die Nester auseinander. Zu nennenswerten Auseinandersetzungen kommt es weder mit den Nestnachbarn, noch mit anderen Mitgliedern der Brutkolonie. Solche Kolonien kennt man von den Masuri-schen Seen, vom Bodensee, den Innstauseen und einigen ande-ren schwanenreichen Gewässern. Die Koloniebrüter legen tat-

sächlich viel weniger Eier, und in den beiden Brutkolonien am
unteren Inn, die in den 70er Jahren entstanden waren, aber
wieder aufgegeben worden sind, produzierten sie mit 0,8 Jungen pro Paar einen so niedrigen Wert, daß sich daraus gut und
gern hätte eine nachhaltige Bestandsregulierung entwickeln
können.

Grundsätzlich sind die Höckerschwäne also dazu fähig, ihre
Territorialität aufzugeben und ihre Jungenzahl auf ein so nied-
riges Niveau abzusenken, daß der Bestand nicht mehr anwächst, weil der Nachwuchs gerade die Sterbefälle ausgleicht.
Bewegt sich die jährliche Sterberate zwischen 10 und 20 Prozent des Bestandes, so heißt das, daß an den Innstauseen 50 bis
100 Schwäne Jahr für Jahr zu ersetzen sind. Brüteten alle
Schwäne ohne Revierstreitigkeiten mit knapp einem Jungen
Nachwuchs pro Jahr, so wäre das immer noch mehr, als durch
Todesfälle Plätze frei würden. Die natürliche Auslese könnte
die besseren mit dem Überleben bevorteilen, die weniger geeigneten Jungschwäne aussieben und damit beides bewirken:
daß der Bestand nicht weiter anwächst, aber genügend Auslese
stattfindet, weil alle brutfähigen Schwäne auch zum Brüten
kommen.

Tatsächlich ist das Koloniebrüten die zweitbeste Strategie,
wie sich zeigen wird. Die beste ist es nicht! Die aus dieser
Argumentation, die natürliche Auslese brauche «Material», ansetzende Überlegung würde das Koloniebrüten sogar auf die
schlechteste Position verweisen, weil aus diesem Verhalten die
geringste Zahl von Jungen hervorkommt. Die höchste müßten
revierbesitzende Paare erzeugen, die ihr Territorium gerade so
groß wählen, daß die Jungen darin aufwachsen können. Diese
Zahl hatten wir schon. Es handelt sich um die rund 1000 Jungen, die 200 Brutpaare mit je fünf Jungen produzieren würden.
Für sie wäre Platz, würden die tatsächlich brütenden nicht so
große Reviere für sich beanspruchen. Diese höchstmögliche
Nachwuchsproduktion müßte von der natürlichen Auslese begünstigt werden, weil sie zweifellos die größte Bandbreite an
Variationen im Erbgut zuläßt, und das von Generation zu Generation. Das Koloniebrüten hingegen schneidet mit 160 Jungen,

um im gewählten Rechenexempel zu bleiben, am schlechtesten ab. Das wirkliche Brutergebnis liegt mit knapp 250 Jungen pro Jahr nicht einmal in der Mitte, sondern näher beim schlechteren als beim besten Resultat.

Wir hätten uns daher mit einem unzureichenden Ergebnis zufriedengegeben, wenn wir die Erklärung akzeptiert hätten, die Territorialität der Höckerschwäne diene der Regulierung der Bestandsentwicklung. Die Geschichte hat irgendwo einen Haken. Denn einerseits trifft es ohne Zweifel zu, daß die Höckerschwäne ihre Bestände selbst regulieren, und das sehr wirkungsvoll. Aber andererseits dürften sie das aus biologischen Gründen eigentlich nicht auf jene Weise machen, wie sie es tatsächlich tun. Mit menschlichen Moralvorstellungen hängen die Zweifel gewiß nicht zusammen. Bei den Höckerschwänen läuft die Bestandskontrolle eben so ab und nicht anders. Schließlich gibt es vielerlei Wege, auf denen sich die Organismen das Überleben gesichert haben.

Kurzfristige, nur auf ein Jahr oder einige wenige Jahre angelegte Untersuchungen könnten die Unstimmigkeiten in den Befunden vermutlich nie richtig klären. Sie müßten mit der Feststellung abschließen: Es ist so bei den Höckerschwänen. Warum das so ist, läßt sich nicht weiter hinterfragen. Das geht nur, wenn der Lebensweg einer ausreichenden Zahl von Schwänen vom Schlüpfen aus dem Ei bis zum Tod nach 20 oder mehr Jahren verfolgt werden kann. Viele, wenn nicht die meisten Freilandstudien hatten unter der Tatsache zu leiden, daß sie zeitlich viel zu beschränkt gewesen sind. Je länger die untersuchten Organismen aber leben, desto größer wird der Grad ihrer Individualität und um so besser können sie auf mittel- oder längerfristige Strategien einschwenken.

Der langlebige Höckerschwan ist ein solcher Fall. Für ihn zählt weit weniger, was in einem Jahr, in zweien oder dreien geschieht. Viel wichtiger ist seine Lebensbilanz, also das, was er in der gesamten Spanne von mehr als zwei Jahrzehnten zustande bringt. Gemeint ist dabei natürlich die Fortpflanzungsleistung, denn an ihr wird der Erfolg, der Überlebenserfolg, bemessen.

Und hier setzt das erste grundsätzliche Mißverständnis an, das alle bisherigen Überlegungen beeinflußt hatte, ohne daß es zum Vorschein kam oder Beachtung fand. Nicht die Zahl der Jungen, die das Paar in einer Brutperiode bis zum Selbständig- werden aufzieht, geht letztlich in die Bilanz des Überlebens ein, sondern der Anteil an diesen Jungen, der es schafft, bis zur Fortpflanzungsreife zu überleben. Diese wird erst im dritten oder vierten Jahr erreicht, und dann dauert es aber unter Um- ständen noch Jahre, bis sich das neu gebildete Paar ein eigenes Revier erobern kann.

Das zweite Mißverständnis geht tiefer. Es drückt eine grund- sätzliche Wende in der Betrachtungsweise aus, in der Betrach- tung der Fortpflanzung. Dient sie, wie bis in die jüngste Zeit angenommen, in erster Linie dem Überleben der Art? Von dieser Grundannahme ging Charles Darwin bei der Entwick- lung seiner Evolutionstheorie gar nicht so streng aus, wie es nachfolgende Biologengenerationen sehen wollten. «Arterhal- tend» mußten Verhaltensweisen bei Konrad Lorenz sein, und der Nobelpreisträger ging sogar so weit, dem Aggressionstrieb eine arterhaltende Funktion zuzuschreiben. Wir können diese Ansichten beim Höckerschwan einer Nagelprobe unterziehen.

Wäre das Territorialverhalten arterhaltend, sollte es so aus- gebildet sein, daß möglichst viele Nachkommen von möglichst vielen Individuen des Bestandes erzeugt werden. Das wäre die Argumentation im Sinne einer arterhaltenden Funktion der Aggression, wie sie Konrad Lorenz vertreten hatte. Wir ken- nen sie bereits – und haben sie verworfen, weil die Wirklichkeit des Höckerschwanverhaltens sich ganz und gar nicht diesem Ideal annähert, sondern sogar ziemlich weit davon entfernt. Wichtiger ist daher in unserem Zusammenhang die «kleine Unschärfe», nämlich die Sache mit dem Fortpflanzungserfolg und wie er gemessen werden sollte. Hier können wir gut anset- zen, weil sich die Jungschwäne auf ihrem weiteren Lebensweg recht gut beobachten lassen. Und dabei kommt Erstaunliches zutage.

Solange sie wohlbeschützt im Revier der Eltern aufwachsen, sind sie von den Artgenossen abgeschirmt. Dafür sorgt die

heftige Revierverteidigung der Revierbesitzer. Doch dieser Zustand ändert sich schon im Herbst, spätestens aber im Winter,
wenn die Reviere aufgegeben werden und die Schwanenfami-
lien zu den gemeinsamen Weidegründen ziehen. Nun treffen
die Jungschwäne ziemlich unvermittelt auf Artgenossen, und
zwar sowohl auf ihnen etwa ebenbürtige Jungschwäne, als
auch auf die ihnen klar überlegenen Altschwäne. Die Aggressivität flaut schnell ab, und die Schwanengruppen geben sich
nach außen recht friedlich.

Tatsächlich setzt gerade jetzt aber eine für viele Jungschwäne
tödliche Auseinandersetzung ein. Der Vorrat an Nahrung ist
nicht unbegrenzt; er wird mit fortschreitender Jahreszeit immer
geringer. Waren anfangs die Wasserpflanzen noch leicht erreichbar, weil sie im Lauf des Sommers bis an die Wasseroberfläche hochgewachsen sind, so rücken sie zum Spätherbst und
Winter hin in immer größere Tiefen zurück. Die zugänglichen
Flachwasserzonen sind abgeweidet. Die Schwäne können nun
nicht mehr einfach ihren Schnabel eintauchen und Wasserpflanzen abrupfen, sie müssen sich strecken und sich «gründelnd»
im Wasser aufrichten, so daß nur noch das Hinterteil über die
Wasseroberfläche emporragt. Nun ziehen die Jungschwäne
vollends den kürzeren, weil ihre Hälse deutlich kürzer als die
der ausgewachsenen Altschwäne sind. Für sie wird die Nahrung knapp, noch bevor die Verknappung auch die Altschwäne
trifft. Um den Winter überleben zu können, müssen sie aber
kräftig genug herangewachsen sein. Wer im Herbst kümmert,
dem kann im Winter auch die Fütterung nicht mehr helfen. Die
Energieverluste werden schnell zu groß.

Für die Schwäne ganz besonders problematisch ist der geringe Brennwert ihrer Nahrung. In den Wasserpflanzen steckt
nicht bloß viel Wasser, sondern auch viel mehr als in Land-
pflanzen. Manchmal reicht ein Kilogramm Pflanzen pro Tag
nicht aus, um den Bedarf zu decken. Junge Triebe wären weit
besser, aber die gibt es im Spätherbst und Winter nicht mehr.
Deshalb braucht man sich nicht zu wundern, daß Schwäne in
dieser Zeit, wie auch im zeitigen Frühjahr, häufig auf die kurzrasigen Flächen der Parkanlagen herauskommen, um dort nach

Art der Gänse zu grasen. Die Spitzen der Gräser sind nährstoffreicher und ein besserer Energiespender als die ausgewachsenen, vor dem Verfall stehenden Massen der Wasserpflanzen, die
es im Herbst im Gewässer daneben oft noch gibt. Ein Blick auf
die Exkremente der Schwäne unterstreicht dies. Sie müssen die
Pflanzen sehr schnell durch ihren Magen-Darm-Trakt hin-
durchbefördern, weil sie nur so genügend Nährstoffe entziehen
und in der Tagesbilanz zusammenbekommen können. Würden
sie eine intensivere Verdauung versuchen, reichte der Nähr-
stoffgehalt der Wasserpflanzen nicht aus.

Im Herbst geht es zusätzlich auch um die Anlage von Reserven für den Winter. Nur mit ausreichenden Fettvorräten können die großen Vögel die langen, kalten Winternächte überstehen. Ihr dichtes Gefieder, das bis zu 20000 Federn enthält,
schützt sie vor allzu schnellen Wärmeverlusten. Nachheizen
müssen sie trotzdem. Der Spätherbst und der Winter werden
daher für die Jungschwäne zum Engpaß, der über Leben und
Tod entscheidet. Deshalb gibt es so wenig diesjährige Junge in
den Schwanengruppen, die sich zu Beginn des Winters an den
Futterstellen einfinden. Viele haben schon den Herbst nicht
überlebt, und die übergroßen Reviere hatten dafür gesorgt, daß
verhältnismäßig wenig Jungschwäne überhaupt produziert
worden sind. Letztendlich können nur so viele Junge in den
Bestand nachrücken, wie Plätze durch Todesfälle oder Abwan-
derungen freigeworden sind. Im konkreten Fall am unteren Inn
waren es etwa 50 bis 60 pro Jahr. Die Jungschwanzahl lag
damit bei rund 10 Prozent des Bestandes. Auf anderen Gewässern kann sie deutlich niedriger ausfallen. Werden hingegen
günstige Gewässer neu besiedelt, macht sich dieser winterliche
Engpaß noch nicht bemerkbar. Die Mehrzahl der Jungen
kommt durch, und der Bestand gerät deshalb auch sehr schnell
in die Phase des Wachstums.

Je mehr Schwäne zusammenkommen, desto ungünstiger
werden die Verhältnisse für den Nachwuchs. Sie verschlim-
mern sich noch weiter, weil die Jungschwäne keineswegs nur
mit den Artgenossen zu konkurrieren haben, sondern auch mit
anderen Wasservögeln, die von den gleichen Nahrungsquellen,

den Wasserpflanzen, leben. Es handelt sich dabei in Mitteleuropa vor allem um die weitverbreiteten, häufigen, im Vergleich zum Höckerschwan aber viel kleineren Bläßhühner. Sie
erreichen nur rund ein Zehntel des Gewichtes der Schwäne.
Gebietsweise können auch noch Schnatterenten als Konkurrenten auftreten. Diese Bläßhühner und Enten zehren von den
Beständen der Wasserpflanzen, wie die Schwäne auch. Ginge
man von den Größenverhältnissen aus, so müßten die Schwäne
ihren kleineren Konkurrenten ganz klar überlegen sein.

In der direkten Auseinandersetzung trifft diese Überlegen-
heit auch zu, nicht aber, wenn es um die Nutzung der Ressourcen geht. Die großen, starken Schwäne können sich dann die
Bläßhühner und die Enten nur gerade auf Schnabelreichweite
vom Leib halten, sie jedoch nicht vertreiben. Das wäre viel zu
aufwendig für sie. Die kleinen Schnatterenten können mühelos
vom Fleck auffliegen und so den Schwänen gerade weit genug
ausweichen, und die flinken Bläßhühner schwimmen einfach
ein Stück davon, oder sie tauchen weg. Bei der Nutzung eines
Herbstbestandes von 350 Tonnen Wasserpflanzen in einer großen Bucht am unteren Inn schnitten denn auch die Schwäne
ziemlich schlecht ab. Sie brachten es auf nur 20 Prozent Anteil, obwohl sie eine geballte Armada von fast 500 Schwänen
gebildet hatten. Die Schnatterenten lagen mit 15 Prozent nur
wenig unter den Schwänen. Den weitaus größten Teil holten
sich die Bläßhühner mit 55 Prozent; die restlichen fünf Prozent
blieben ungenutzt übrig und bewirkten, daß sich im nächsten
Frühjahr wiederum ausgedehnte Unterwasserwiesen entwik-
kelten.

Die Schwäne hätten gut das Doppelte für sich beanspruchen
können, geht man von der Reichweite ihrer Hälse aus. Nur
Tiefen von mehr als 1,5 Meter sind ihnen verwehrt, weil sie
nicht tauchen können. Dazu sind aber die Bläßhühner in der
Lage. Aus mehreren Metern Wassertiefe tauchen sie ihre Nahrung herauf – und oben warten die Schnatterenten, um ihnen
davon etwas abzujagen. Sie können weder tauchen noch tiefer
mit dem Hals ins Wasser hinunter, aber dennoch sind sie recht
erfolgreich, weil sie bei den beiden anderen Arten parasitieren.

Die Schwäne und die Bläßhühner holen einen Großteil der Nahrung aus dem Wasser heraus, die anschließend von den Schnatterenten verzehrt wird. Wiederum lohnte es sich weder für Schwäne noch für Bläßhühner, diese flinken Enten zu vertreiben.

Die Gewichte verteilen sich ungleichartig. Die Höckerschwäne, die den größten Bedarf hätten, bekommen anteilmäßig am wenigsten ab, weil die Bläßhühner keineswegs gleich dort mit der Nahrungssuche anfangen, wo sie nur mit Tauchen hingelangen können, sondern im Flachwasser und in den mittleren Tiefen. Sie nutzten daher einen wesentlichen Teil, rund die Hälfte, des Pflanzenbestandes, der den Schwänen zugänglich wäre, ohne aber aus der nur für sie erreichbaren Tiefe etwas an die Schwäne abzuführen. Die Folge ist, daß die Menge der Bläßhühner bei der herbstlichen Nutzung der Wasserpflanzenbestände in starkem Maße die Überlebensfähigkeit der Jungschwäne beeinflußt, ja letztlich die Bestandsgröße der Höckerschwäne diktiert. Nicht die größeren und viel stärkeren Schwäne bestimmen über die Bestandsentwicklung der kleinen Bläßhühner, sondern umgekehrt verhält es sich. Auch dies läßt sich bei Winterfütterungen gut beobachten, wie die flinken Bläßhühner den Schwänen das zugeworfene Futter im letzten Moment wegholen.

Nun sind wir der Lösung schon sehr nahe gekommen. Wir müssen nur noch die andere Seite, die Seite der brütenden Altvögel betrachten. Wenn unter den gegebenen Bedingungen die knapp 50 Brutpaare nur 50 bis 60 Jungschwäne erfolgreich durch den winterlichen Engpaß bringen können und sie nichts dafür zu tun imstande sind, daß sich diese Quote erhöht, so bedeutet dies, daß im Durchschnitt pro Brutpaar ein Jungschwan überlebt. Doch der Nachwuchs ist auch in der Folgezeit dem Konkurrenzdruck ausgesetzt. Zwischen 10 und 20 Prozent der Jungschwäne sterben pro Jahr auch weiterhin. Erst bei sehr stark gewordenen Altschwänen sinkt die Rate deutlich unter 10 Prozent pro Jahr. Diese Verluste müssen in der Bilanz ausgeglichen werden. Auf fünf Jahre umgelegt, müßten die Ausfälle ausgeglichen sein; danach wird die Bilanz positiv.

Würden nun aber alle Schwäne zum Brüten zugelassen und all ihre Jungen in die Konkurrenz ums Überleben hineinschikken müssen, käme pro Brutversuch bei weitem nicht ein erfolgreich überlebender Jungschwan heraus. Erst nach fünf solchen Brutversuchen ergäbe sich ein Überlebender; eine doch wohl zu hohe Investition für einen so geringen Erfolg. Mit dem ausgeprägten Territorialverhalten sichern sich die brütenden Schwäne im Durchschnitt wenigstens ein überlebendes Junges, und nach ein paar Brutversuchen hat sich der Einsatz vollends gelohnt.

Nehmen wir jetzt die genauen Befunde. Die 49 Brutpaare am unteren Inn produzierten 191 Junge. Davon überlebten 60 den ersten Winter. Pro Paar macht das 1,2 überlebende Junge und 2,6 Junge an Verlusten. Bei den Koloniebrütern kamen nur 0,3 Junge pro Paar durch, aber der Aufwand war mit 0,5 Jungen Verlust auch recht gering. Hätten aber alle brutfähigen Schwäne tatsächlich gebrütet, wären pro Paar auch nur 0,3 überlebende Junge zustande gekommen, aber 3,6 Junge an Verlusten. Ein solches Vorgehen wäre eine regelrechte Fehlinvestition, denn erst nach vier derartigen, mit so hohen Verlusten verbundenen Bruten hätte es ein überlebendes Junges gegeben. Diesem einen Jungvogel stünden mehr als zehn zugrunde gegangene gegenüber. Die Strategie des Super-Territoriums schneidet daher, was das Verhältnis von individuellem Aufwand und Erfolg anbelangt, ganz klar am besten ab.

Beziehen wir nun die vergleichsweise hohe Lebenserwartung der Schwäne mit ein, welche die kritischen ersten Jahre überstanden haben und ein brutfähiges Alter erreichen, dann erweist sich diese Strategie nicht nur als die bessere, sondern auch als gar nicht mehr so unsozial, wie es zunächst ausgesehen hatte. Nur um sich selbst mit Nachwuchs zu ersetzen, braucht das Schwanenpaar während seines ganzen Lebens zwei Jungvögel, die alle Gefahren erfolgreich überstehen und selbst wieder voll fortpflanzungsfähig werden. Bei nur 0,3 Jungen Bruterfolg pro Jahr müßte das Paar also 7 Jahre brüten, die Verluste von 25 Jungen in Kauf nehmen, und erst dann hätte es gerade diesen Zustand erreicht.

Da auch die Altschwäne einer natürlichen Sterblichkeitsrate unterliegen, reicht diese Anstrengung immer noch nicht, um wirklich alle Verluste auszugleichen. Zehn Jahre Bruteinsatz wäre wohl ein wirklichkeitsnäherer Wert. In nur zwei bis drei Brutperioden mit normalem Bruterfolg erzielt das Schwanenpaar mit Super-Territorium den gleichen Erfolg. Es kann es sich daher durchaus leisten, nach dem Erreichen der Fortpflanzungsfähigkeit noch mehrere Jahre zuzuwarten. In dieser Zeit bauen Männchen wie Weibchen eine gute Kondition auf, die ihrerseits dem Bruterfolg zugute kommt. Weil die Schwäne mehr als 20 Jahre alt werden können, macht es nicht einmal viel aus, wenn sie bis zu zehn Jahre abwarten müssen, bis ihre Kondition so gut ist, daß sie mit Erfolg ein Territorium erobern. Der Gewinn fällt hoch aus. Die Durchschnittswerte verschleiern die tatsächlichen Möglichkeiten für ein Paar. Es kann durchaus alle fünf bis sieben Junge durchbringen, und das jahrelang, wenn es ein bestens plaziertes Revier gefunden und erobert hat. Die große Jungenzahl dieses Großvogels wirkt sich hier aus. Anders als Adler oder Geier, die zumeist nur ein Junges, und dieses nicht alljährlich, großziehen können, weil sie ihren Nachwuchs direkt mit Nahrung versorgen müssen, können sich die Jungschwäne selbst ernähren. Sie müssen von den Eltern nur an die geeigneten Plätze geführt und vor Feinden beschützt werden.

Die Hauptlast verlagert sich demzufolge von der Nahrungsbeschaffung auf die Revierverteidigung. Die starken Schwanenmännchen können ihre Energiereserven in diese Aktivität investieren, ohne Abstriche an anderen Fähigkeiten machen zu müssen. Und je größer und stärker sie selbst geworden sind, desto erfolgreicher werden sie bei der Abgrenzung ihrer Super-Territorien sein. Die Folge ist eine Entwicklung zu unterschiedlicher Körpergröße. Die Schwanenmännchen können doppelt so schwer wie ihre Weibchen werden. Und eine weitere Folge ist die lebenslange Einehe. Ein gut aufeinander eingespieltes, bei der Fortpflanzung und der Revierverteidigung erfolgreiches Paar wird, hält es von Jahr zu Jahr weiter zusammen, eher mehr Erfolg zeitigen als weniger. Die Dauerehe der Schwäne erweist sich, so betrachtet, tatsächlich als Erfolgsprinzip, das eine größtmögliche Jungenzahl sichert.

Nun passen also die scheinbar einander widersprechenden Befunde zusammen. Nur eines bereitet vielleicht noch Probleme: Ist diese Fortpflanzungsstrategie der Erhaltung der Art dienlich? Sollten nicht doch alle brutfähigen Schwäne brüten und so viele Junge wie möglich produzieren, weil die natürliche Auslese dann das größtmögliche Potential nutzen kann?

Wäre der Zweck der Fortpflanzung tatsächlich die Arterhaltung und die Förderung der weiteren Evolution der Art, dürften die Schwäne die gewählte Strategie nicht benutzen. In aufopferungsvoller Weise müßten sie auch dann Nachwuchs bringen, wenn die Chancen, daß unter ihren eigenen Jungen erfolgreich Überlebende dabei sind, zu gering ausfallen. Der Arterhaltung wäre ein solches Verhalten trotzdem dienlicher als die Strategie des Super-Territoriums mit größtmöglichem individuellen Überlebenserfolg.

Darwin wußte um diese Problematik, fand aber keine Lösung. Er konnte sie nicht finden, weil die Natur von Vererbung und Erbgut in seiner Zeit vor rund eineinhalb Jahrhunderten noch nicht bekannt war. Heute wissen wir, daß es in der Fortpflanzung nicht vorrangig um Arterhaltung, sondern um Erhaltung und Ausbreitung der eigenen Gene geht. Die Höckerschwäne verhalten sich – im genetischen Sinn – egoistisch. Sie vergrößern mit ihrer Fortpflanzungsstrategie die eigenen Chancen und kümmern sich nicht um solch theoretische Konstruktionen, wie sie die Biologen mit dem Artbegriff geschaffen haben. Ihre Fortpflanzung dient dem eigenen Erbgut und nur in zweiter Linie der Art.

Diese Feststellung steht nun keineswegs im Gegensatz zu den vielen Untersuchungen und Befunden, aus denen die arterhaltende Funktion eines bestimmten Fortpflanzungsverhaltens abzuleiten ist. Sind nämlich die Lebensdauern nur kurz und die Lebenserwartung pro Individuum gering, decken sich die egoistischen Ziele der Fortpflanzung mit den indirekten Auswirkungen auf die Erhaltung der Art nahezu vollständig. Es fällt schwer, oder es ist so gut wie nicht mehr möglich, beide Berei-

che auseinanderzuhalten. Doch wenn die Lebenserwartung
steigt und die individuellen Reaktionsmöglichkeiten zunehmen, weichen beide zunehmend weiter auseinander. Die Arterhaltung ist ein Nebeneffekt und kein «Ziel» der mit dem
Fortpflanzungsverhalten verbundenen Evolution.

Deshalb kann es durchaus verschiedene Wege geben, die
zu erfolgreicher Nachwuchsproduktion führen, ohne daß sie
sich nach Maßstäben der Arterhaltung bewerten lassen. Die
Schwäne zeigen dies mit der Wahl der zweiten Strategie, mit
dem Koloniebrüten. Beim Höckerschwan tritt dieses Verhalten
nur selten auf, obwohl es die zweitbeste unter den drei näher
untersuchten Möglichkeiten ist. Bei den Verwandten in Australien, beim Trauerschwan, kommt Koloniebrüten häufig vor.
Dort sind die Niederschläge so unregelmäßig in Raum und Zeit
verteilt, daß die Paare oft jahrelang zuwarten müssen, weil
einfach kein Wasser in den Seen oder Lagunen ist. Haben sich die
Gewässerbecken aber wieder gefüllt, kommt es darauf an, so
schnell wie möglich Nachwuchs zu erzeugen. Aufwendige Territorialität würde unter solchen Bedingungen, wo nicht Jahr für
Jahr gleichmäßig günstige Bedingungen herrschen, die schlech-
tere Wahl sein.

Welcher Strategie die Schwäne auf den Parkgewässern folgen, ist noch ganz unzureichend bekannt. Man hält die Parkge-
wässer und ihre Bewohner für zu wenig interessant, obwohl
gerade dort, unter neuartigen Bedingungen, die Plastizität der
Verhaltensweisen besser und leichter zu studieren wäre als im
Freiland. Vielleicht ist die Fortpflanzungsstrategie in Super-
Territorien auch nur eine von mehreren Möglichkeiten, von
denen wir die anderen noch gar nicht kennen.

5. Den Rehen ging's noch nie so gut

Nebenwirkungen der Ökonomie

Von China und Ostsibirien bis nach Westeuropa reicht das Verbreitungsgebiet des Rehs. Dieses große, von Rehen in Eurasien besiedelte Areal entspricht etwa der Fläche von Südamerika. In diesem riesigen Raum wechselt das Klima von trocken-mediterranen und feuchten atlantischen Verhältnissen im Westen bis zu extrem kontinentalen in Sibirien und subtropischen in Südchina. Die Rehe halten diese so unterschiedlichen Lebensbedingungen aus. Sie verändern nicht einmal ihr Aussehen nennenswert über den mehr als 10 000 Kilometer langen Bogen, der sich von Spanien bis Südostchina spannen läßt. In den kalten Teilen des Areals sind die Rehe nur, zum Teil erheblich, schwerer als in den warmen.

Eine Tierart sollte dort in größter Häufigkeit vorkommen, wo es ihr am besten geht. Gehen wir von dieser ökologisch unbedingt sinnvollen Annahme aus, dann muß ausgerechnet Mitteleuropa der günstigste Lebensraum für Rehe sein. Denn hier leben sie, vornehmlich in Deutschland und der näheren Umgebung, in einer Häufigkeit wie nirgendwo sonst in ihrem riesigen Areal, das immer noch weite, vom Menschen so gut wie nicht umgestaltete Lebensräume einschließt. Doch je naturnäher, desto geringer wird die Siedlungsdichte der Rehe – und umgekehrt, wenn wir zugebaute Flächen aus der Betrachtung herauslassen.

Auf den mitteleuropäischen Fluren gibt es schon seit Jahrzehnten zehn- bis zwanzigmal mehr Rehe pro Quadratkilometer als in den vom Menschen dünn oder gar nicht besiedelten Räumen. Daß dies nicht etwa einfach mit dem Klima zusammenhängt, geht daraus hervor, daß es auch in Mitteleuropa vor 100 Jahren nur vergleichsweise wenige Rehe gab; so wenige,

daß Wilderei ein schwer geahndetes Verbrechen war: Kein Ver-
gehen, sondern eine Straftat ist sie in unserem Rechtssystem
auch heute noch. Dabei «erlegen» die Autofahrer gegenwärtig
in Deutschland mehr Rehe pro Jahr als es Mitte des letzten
Jahrhunderts in ganz Mitteleuropa gegeben hatte. Damals war
das Reh ein sehr seltenes, gebietsweise kaum mehr vorhande-
nes Tier. Heute liegt die Jahresjagdstrecke, die Zahl der ge-
schossenen Rehe pro Jahr, bei rund einer Million, so daß die
100000 totgefahrenen größenordnungsmäßig nur ein Zehntel
des Abschusses betrugen. Die möglicherweise immer noch
ausgeübte Wilderei auf Rehe spielt mengenmäßig überhaupt
keine Rolle mehr.

Wie kann ein mittelgroßes Säugetier in einer noch dazu so
stark veränderten, naturfern gewordenen Umwelt solche Verluste ertragen, würde man fragen, wüßte man nicht, daß es viel
zu viele Rehe gibt. Die Bejagung kann ihrer gar nicht Herr
werden. Trotz anhaltender Steigerung der Abschußzahlen in
den 70er und 80er Jahren nahm der Rehbestand offensichtlich
nicht nur nicht ab, sondern gebietsweise weiter zu. Längst hat
der Jungwuchs im Wald keine Chance mehr, ohne Zäunung
hochzukommen. Die Rehe verbeißen die Jungbäume so intensiv, daß sich der Wald auf keinen Fall mehr selbst verjüngen
kann. Seit einem Vierteljahrhundert ringen Waldbesitzer und
Forstleute mit den Jägern um die Einstellung einer «tragbaren
Wilddichte». Nennenswerte Fortschritte sind nicht erzielt worden. Forst und Jagd scheinen sich genausowenig zu vertragen
wie Wild und Wald.

Um eine uneingeschränkte Selbstverjüngung des Waldes zu
garantieren, müßten die Rehe nahezu ausgerottet werden, so
die Jäger. Doch sie haben viele Jahre lang diese kleine Hirschart
mehr als jedes andere freilebende Tier gehegt. Nun sehen sie
die Früchte ihrer Hege bedroht. Ohne drastische Reduzierung
des Wildbestandes, so der Forst, kommen wir von den anfälli-
gen Fichtenmonokulturen nie weg. Weil die Rehe alles verbeißen, müssen die auch nicht voll wirkenden Zäunungen vorgenommen werden, die neben zahlreichen Nachteilen forstlicher
Art auch hohe Kosten mit sich bringen. Im Staatsforst zahlt

somit die Allgemeinheit für die Schäden, welche die über-
höhten Schalenwildbestände anrichten. Schalenwild, das sind
Rehe, Hirsche und Wildschweine. Die Waldschäden gehen aber
hauptsächlich auf das Konto von Reh und Hirsch.

Die Positionen sind abgesteckt; die Fronten verhärtet. Was
sich in den vergangenen 25 Jahren veränderte, waren allenfalls
Kleinigkeiten. Sie änderten nichts an den Grundgegebenheiten:
ohne Zäunung keine Waldverjüngung. Wo verstärkter Abschuß versucht wurde, erwies er sich auf Jahre hinaus als Faß
ohne Boden. Eine Verdoppelung oder Verdreifachung der
Abschußzahlen brachte kaum erkennbare Änderungen in der
Häufigkeit von Rehen im jeweiligen Revier; es sei denn, die
Abschüsse wurden in abgezäunten Waldungen vorgenommen.
Die Rehwildhäufigkeit pro Fläche, die sogenannte Wilddichte,
stellt sich – so die Lehren aus diesen Versuchen – nicht an Ort
und Stelle nur durch Nachwuchsproduktion (Geburten) und
Verluste (Abschuß, Straßenverkehr, Krankheiten) ein, sondern
in recht starkem Maße auch durch Wanderungsausgleich. Entstehen irgendwo durch den Abschuß rehfreie Stellen, rücken
fast sofort aus der Umgebung Rehe nach. Die Dichte gleicht
sich rasch aus und den örtlichen Qualitäten im Lebensraum der
Rehe an. Standorttreu oder wanderfreudig, scheu oder vertraut, vereinzelt oder in Gruppen beisammen, entziehen sich
die Rehe fast wie ein Trugbild einer soliden Begutachtung.

Als es die Wildbiologen im übersichtlichen Dänemark Anfang der 70er Jahre genauer wissen wollten, wie viele Rehe denn
im Untersuchungsgebiet in Kalø vorhanden sind, stellte sich
heraus, daß der tatsächliche Bestand um ein Mehrfaches größer
war als der geschätzte. Dabei waren an der Bestandsabschät-
zung erfahrene Wildbiologen und Jäger beteiligt. Inzwischen
wissen wir, daß der Rehbestand nahezu überall erheblich unter-
schätzt wird. Die meisten Abschußpläne basieren daher nicht
auf hinreichend verläßlichen Erhebungen oder Annahmen.
Kein Wunder, daß sie oft falsch liegen und die Bestandslenkung
nicht so geht, wie sie gehen sollte. Das Reh entzieht sich höchst
effizient der Kontrolle. Vor 150 Jahren war es selbst noch in
Mitteleuropa vom Aussterben bedroht, und jetzt bedroht es

den Fortbestand des Waldes. Eine Million jährlich getöteter Rehe reicht nicht aus, den Bestand in den Griff zu bekommen.

Nun wäre es wohl ziemlich absurd anzunehmen, die Rehe selbst hätten sich in gut einem Jahrhundert so sehr verändert, daß das Wald-Wild-Dilemma entstehen mußte. Schon in Slowenien ist der Rehbestand so gering, daß es zu keinen größeren Waldschäden kommt; ganz zu schweigen von den Rehen in der Taiga, deren starke Geweihe Traumziele mitteleuropäischer Hegebemühungen geblieben sind. Die Kondition der Böcke hängt eben, wie der Wildbiologe Hermann Ellenberg in umfangreichen Untersuchungen nachgewiesen hat, auch stark von der Siedlungsdichte der Rehe im Gebiet ab. Wo es (zu) viele gibt, bleibt das Gewicht der Rehe gering; der Durchschnitt geht kaum über 20 Kilogramm. Entsprechend entwickeln sich wenige starke Böcke und keine, deren Geweihgewicht an das der sibirischen Rehe heranreicht. Einkreuzungen, deren Ziel es war, den Trophäenwert und die Kondition der Rehe zu erhöhen, blieben ohne greifbaren Erfolg.

Doch vergleicht man die Geweihstärke von Rehböcken aus der Zeit gegen Ende des 19. und zu Beginn des 20. Jahrhunderts, so zeigt sich, daß die Böcke damals noch viel schwächer als in den 70er bis 90er Jahren des 20. Jahrhunderts gewesen sind. Trotz der enormen Bestandszunahme wurden die Rehe im großen und ganzen auch kräftiger. Dieser Befund paßt nun anscheinend überhaupt nicht mehr in den Zusammenhang, denn mit steigender Siedlungsdichte sollte die Kondition abnehmen. Und die Siedlungsdichte stieg wahrlich stark an. Sie hat sich in 100 bis 150 Jahren verzehnfacht! So scheint das Reh genauso rätselhaft wie der Konflikt mit dem Wald, den es verursacht hat. Was ist das für ein merkwürdiges Tier?

Zoologisch gesehen handelt es sich um eine kleine Hirschart, bei der die Männchen ein ziemlich gerade hochragendes, wenig verzweigtes Geweih ausbilden. Zumeist trägt es eine größere, nach vorne gerichtete Sprosse und eine kleinere, höher ansetzende und nach hinten gerichtete. Dadurch entstehen drei Zakken an einem Geweih, und da der Bock normalerweise zwei davon trägt, wird er zum «Sechser». Es liegt in der Tradition der Jägersprache, daß diese Geweihbildung als Gehörn bezeichnet wird. Es besteht aber im Gegensatz zu den Hörnern von Ziegen, Steinböcken oder anderen Hornträgern, nur aus Knochensubstanz, wenn das Nährgewebe, von dem es aufgebaut wurde, vertrocknet und gefegt ist.

Dieser Bast entspricht nicht dem Horn der Träger echter Hörner, das auf einem Knochenzapfen aufsitzt und beständig weiterwächst, im höheren Alter mit abnehmender Tendenz. Das Geweih wird abgeworfen und jährlich erneuert. Auch beim Reh ist das so, doch sein Geweih spiegelt weniger deutlich den Mineralstoffreichtum und die Futterqualität wider als das des Rothirschs. Dieser ist nicht nur viel größer als das Reh, sondern die Männchen entwickeln auch weitaus größere und stärker verzweigte Geweihe. Sie drücken tatsächlich so etwas wie eine in Geweihkondition umgesetzte «Lebensqualität» des Reviers aus, in dem der Hirsch lebt. Zur Fortpflanzungszeit taxieren die Weibchen, die Hirschkühe, recht genau diese Qualitäten der Hirsche und scharen sich im Brunftrudel um ihn. Es kommt den Hirschkühen nicht darauf an, wie oft der Hirsch Sieger im Kampf mit anderen blieb, denn solche, die unverzweigte, im Kampf tödliche Spieße ausbilden, hätten dann die größten Vorteile und die besten Chancen für die Fortpflanzung. Sie haben diese nicht, sondern jene Hirsche, die aufgrund ihrer stark verzweigten, mächtigen Geweihe geradezu gezwungen sind, einen «fairen» Kampf zu führen.

Das kleine Geweih des Rehs entspricht diesen Verhältnissen. Die Verzweigungen sind so angelegt, daß die Böcke ihre Kräfte damit messen und «zur Schau stellen» können, ohne sich ernsthaft zu verletzen oder gar zu töten. Wird ein solcherart «guter» Bock öfter als ein schwächer gebauter Sieger, nehmen ihn entsprechend mehr Weibchen an, und seine Erbanlagen breiten sich im Bestand aus. Deshalb wollte man die starken sibirischen Rehe immer wieder einkreuzen, um gute Vererber zu bekommen und um die Qualität der Trophäen zu steigern. Denn individuell, wie sie ausgebildet sind, bedeuten die kleinen Geweihe der Rehböcke dem Jäger so viel, daß der Waldspaziergänger nicht einmal die Abwurfstangen als Andenken mitnehmen darf. Ein Hirschgeweih mitgehen zu lassen, wäre glatter Jagdfrevel.

Einem Nichtjäger mag es schwerfallen, dies und zahlreiche andere Eigenheiten im Jagdritual nachzuvollziehen. Am unverständlichsten ist aber zweifellos, daß man den Bock oder den Hirsch gerade dann zu töten trachtet, wenn er das stärkste Geweih trägt. Als ob man nicht warten könnte, bis er es ganz von selbst abwirft. Auf dem Höhepunkt seiner Kraft geschossen – das verträgt sich nicht mit der sonst erklärten Absicht, durch das jagdliche Ausmerzen von schwachen und kranken Tieren die Bestände gesund zu halten. Alte und Schwache haben auch ihr Lebensrecht, aber vielleicht ist das bei Rehen und Hirschen anders zu sehen als bei Menschen.

Spätestens hier werden die Jäger nun unterstellen, daß wieder einmal auf ihnen und ihren Traditionen herumgehackt werden soll. Sie kennen das mittlerweile ja zur Genüge. Aber darum geht es nicht. Vielmehr soll klargelegt werden, daß der Anspruch auf Regulation der Wildbestände, der von der Jagd ausgeht und eine ihrer zentralen gesellschaftspolitischen Positionen ist, an der Wirklichkeit vorbeizielt. Und diese Wirklichkeit ist die Trophäe, nicht die Regulation oder die Bestandsbewirtschaftung. Denn um es hier vorwegzunehmen: Für das Wachstum des Bestandes und seine Produktivität spielt der Abschuß von alten, kranken und schwachen Böcken keine Rolle, denn jene hängen von den jungen und gesunden ab. Ist das Hegeziel der starke Bock, muß der Bestand ziemlich anders aufgebaut sein als bei einer Bestandsbewirtschaftung, die an den fortpflanzungsfähigen Weibchen anzusetzen hätte.

Die Auslese der Schwachen besorgen natürlicherweise Krankheiten, Nahrungsknappheit und der Engpaß Winter, den es durchzustehen gilt. Diese natürlichen Bestandskontrollen setzt die Jagd durch die Hegemaßnahmen, wie Winterfütterung, zum Teil sogar auch Fütterung zu anderen Jahreszeiten, und Verabreichung von Medikamenten außer Kraft. Folglich müßte sie darauf verzichten und gleichzeitig auf die hochproduktiven Weibchen massiv einwirken, wollte sie die Rehbestände nachhaltig vermindern. Das geschieht mit den her-

kömmlichen Jagdmethoden auf Rehe nicht. Die Folge ist, daß
auch all jene Jäger, die ihr Bestes versuchen, um die zu hohen
Rehbestände entsprechend den Notwendigkeiten zu vermindern, kaum Chancen haben, ihr Ziel zu erreichen. Der Rehbestand ist in Mitteleuropa – mit den traditionellen Jagdmethoden – nicht so zu bejagen, daß sich die gewünschte niedrige
Wilddichte einstellen würde. Die Jäger bekämen lange davor
kein einziges Reh mehr zu Gesicht, geschweige denn vor das
Gewehr. Sie prägten daher den Begriff der «bejagbaren Wilddichte» und meinen damit das, was sie schaffen könnten. Es ist
zuwenig. Und so schwelt oder tobt der Konflikt weiter, ohne
Aussicht auf eine Lösung in absehbarer Zeit.

Nun könnte man die ganze Wild-Wald-Geschichte einfach
als forst- und jagdinterne Angelegenheit abtun, wäre nicht die
Allgemeinheit auch finanziell betroffen und hätte der ungelöste
Konflikt nicht so weitreichende Folgen für die Zukunft unserer
Wälder und für die Artenzusammensetzung in Wald und Flur.
Seit langem weiß man, daß Rehe sehr naschhaft sind und es
fertigbringen, nicht nur bestimmte Baumarten selektiv am Aufwachsen zu hindern, weil sie jeden Keimling davon verbeißen,
sondern daß sie auch ganz andere Pflanzen massiv beeinträchtigen können. So knabbern sie mit Vorliebe die Blütenknospen
des Türkenbundes ab und unterbinden damit die Fortpflanzung
dieser so seltenen und so schönen Wildlilie, um nur ein Beispiel
von vielen zu nennen. Rehe ernähren sich nicht einfach von
bestimmten Pflanzenarten. Wäre das so, könnte man die Jäger
verpflichten, dafür zu sorgen, daß es diese Pflanzen in der für
den regionalen Rehbestand angemessenen Menge gibt. So aber
nützte es dem Wald nicht einmal, wenn die Jäger für alle Folge-
schäden der zu hohen Rehwilddichten aufkommen müßten.
Das Fehlen von Türkenbund läßt sich nicht mit Geld ausgleichen und eine natürliche Waldentwicklung nicht durch gezäunte
Pflanzungen erreichen.

So wird das Reh unseren Wäldern auch weiterhin mehr als
nur einen Stempel des Verbisses aufdrücken. Es wird in überschaubarer Zukunft einfach nur «rehgerechte Wälder» geben.
Andere sind nicht überlebensfähig; abgesehen von den wenigen

Stellen, zu denen die Rehe aus irgendwelchen Gründen nicht gelangen können oder wo sich ihre Häufigkeit ausreichend kontrollieren läßt. Ist das das Ende der (Reh-)Geschichte? Es sollte nicht das Ende sein!

Lassen wir den Konflikt beiseite und sehen wir uns das Reh selbst etwas genauer an. Es ist ein interessantes Tier. Feingliedrig gebaut, stets wachsam, mit großen, samtschwarzen Augen und blitzschnell in seinen Reaktionen, verkörpert es in der mitteleuropäischen Kulturlandschaft das Wildtier schlechthin. Mit einer Kopf-Rumpf-Länge von 110 bis 130 Zentimetern und einer Schulterhöhe von gut 70 Zentimetern wirkt es ziemlich groß, obwohl es durchschnittlich nur 18 bis 25 Kilogramm schwer wird. Die Rothirsche werden rund zehnmal so schwer bei nicht einmal doppelter Körperlänge und Schulterhöhe.

Aus diesen Zahlenverhältnissen ergibt sich, daß Rehe eine verhältnismäßig größere Oberfläche in bezug zu ihrem Gewicht haben als die Rothirsche. Sie verlieren dadurch erheblich mehr Wärme als diese. Ihr Stoffwechsel muß entsprechend mehr Wärme erzeugen und dabei Energie verbrauchen, die für das Wachstum oder für das Überdauern ungünstiger Zeiten fehlt. Hermann Ellenberg stellte fest, daß im Durchschnitt nur solche Jungrehe im Alpenvorland Mitteleuropas den Winter überstehen, die ein Körpergewicht von 12,5 Kilogramm erreicht haben. Kleinere können auch bei guter Futterversorgung unter harten Witterungsbedingungen den Winter nicht überstehen, weil ihr zu kleiner Körper die Wärme schneller verliert, als sie durch den Stoffwechsel nachgeliefert werden kann. Offenbar ist dieser Zusammenhang der Grund dafür, daß die Kitze auffallend früh im Jahr geboren werden, wenn noch naßkaltes Wetter kommen kann. Die wenigen Kitze, die Kälterückschläge im Mai nicht überleben, fallen für den Bestand weniger ins Gewicht als der Zeitgewinn für all die anderen, die früh genug gesetzt wurden und zu Beginn des Winters groß genug sind, um die kritische Gewichtsgrenze zu meistern.

Die kritische Gewichtsgrenze hängt von den klimatischen Gegebenheiten ab. In warmen Gebieten kann sie niedriger ansetzen als in kalten. Aber nirgends reicht im Areal des Rehs die Zeitspanne von der Befruchtung im Frühsommer bis zum Beginn des Winters aus, um eine direkte Entwicklung des Fötus zu ermöglichen. Das Kitz würde auf jeden Fall in eine ungünstige Zeit hineingeboren werden. In tropisch-subtropischen Gebieten ohne Winter wäre diese Einschränkung nicht gegeben. Dort kann sich der Keimling normal entwickeln und die Brunftzeit entsprechend den jahreszeitlichen Erfordernissen angepaßt werden.

Das Reh meistert dieses Auseinanderklaffen von Entwicklungszeit und Jahreszeit mit einer entwicklungsbiologischen Besonderheit: Nach der Befruchtung und anfänglicher Entwicklung ruht der Keim im Herbst und Winter. Erst dann geht die Entwicklung weiter, und das Kitz ist Mitte Mai bis Mitte Juni geburtsfertig. Das ergibt eine Tragzeit von neuneinhalb Monaten; vier bis fünf Monate mehr als bei der größenmäßig vergleichbaren Gemse. Das Reh dürfte, da etwas kleiner als die Gemse, nicht einmal solange wie diese brauchen. Bei einem frühen Geburtstermin Mai bedeutet dies, daß die Paarung im Dezember oder Januar stattfinden müßte. In dieser Zeit müssen die Rehe aber besonders sorgfältig mit ihrem Energiehaushalt umgehen, weil die kleinen Tiere zu schnell zu viel Wärme verlieren würden. Die Keimruhe umgeht diese Schwierigkeit und verlagert beides in den nahrungsreichen Frühsommer: die Geburt der Kitze und die Paarung.

Daß sich eine solche Besonderheit entwickelte, zeigt, wie wichtig der Energiehaushalt für das Reh ist. Der unter klimatisch viel härteren Umständen im Hochgebirge lebenden Gemse fällt es offenbar ungleich leichter, im Winter eine positive Energiebilanz aufrechtzuerhalten, denn die Paarung, einschließlich der höchst anstrengenden Paarungskämpfe, findet zwischen Oktober und Dezember statt. In dieser Zeit sinken in den Hochlagen die Temperaturen schon auf ähnlich niedrige Werte ab wie im Flachland im Hochwinter. Nun lassen sich zwar Reh und Gemse nicht unmittelbar vergleichen, aber gut genug, wenn es um den Wärmehaushalt geht. Denn dieser wird auf jeden Fall bei einem Säugetier vom Oberfläche-

*Abb. 8   Gute Deckung finden die Rehe im Winterhalbjahr im Auwald,
aber wenig Nahrung. Ihre Scheu zwingt sie, zumindest tagsüber
den Schutz des Waldes aufzusuchen.*

Gewicht-Verhältnis stark beeinflußt. Die Gemse ist auch gar
keine so bemerkenswerte Ausnahme. Der Steinbock pflanzt
sich gleichfalls im Winter fort, ungeachtet der eisigen Temperaturen, die in seinen Einständen hoch oben im Fels herrschen.

Daß sich beim großen, im Vergleich zum Reh recht kompakt
gebauten Rothirsch die Brunft im Herbst abspielt, wenn die
ersten Fröste einsetzen, paßt durchaus ins Bild. Vielleicht würden sich die kämpfenden Rothirsche, wäre ihre Brunftzeit im
Juni, zu sehr überhitzen. In dieser Zeit suchen sie im Tiefland,
in den Auen der Donau etwa, Wasserstellen auf und suhlen sich
darin. Überhitzungsgefahr droht dem feingliedrigen Reh wohl
kaum jemals. Ungleich gefährlicher ist es für diesen kleinen
Hirsch, wenn er im Winter zu oft aufgescheucht wird. Rasche
Fluchten kosten, je nach Schneelage, das Fünf- bis Zehn-

*Abb. 9   Auf offenen Feldflächen scharen sich die Rehe im Winter und
Frühling zu Rudeln zusammen. In der offenen Flur, wo die Witterungsverhältnisse viel ungünstiger als im Wald sind, gibt es in der nahrungs-
armen Zeit ungleich mehr und viel bessere Nahrung als in den Wäldern.*

fache des Energieumsatzes, den der ruhende Körper leistet.
Störungen sind im Winter daher besonders kritisch; weit kritischer als für die Gemsen, die mit besseren Energievorräten in
den Winter gehen.

Müßte das nicht bedeuten, daß das Reh ursprünglich gar
kein Tier unserer Wälder gewesen sein kann? Sein Wärmehaushalt paßt nicht zur Natur unseres Klimas, und wie die Entwicklung in den vergangenen 20 bis 30 Jahren gezeigt hat, paßt das
Reh auch nicht so recht in den Wald, wenn es in einer einigermaßen guten Siedlungsdichte vorkommt. Wenn schon einige
Rehe pro 100 Hektar die Waldverjüngung beeinträchtigen und
zehn oder mehr von ihnen jegliche natürliche Verjüngung unterbinden können, dann muß man sich doch fragen, warum
sich zwischen Reh und Wald kein einigermaßen ausgewogenes
Verhältnis eingespielt hat.

Ein Argument, das oft vorgebracht wird, zieht nicht: Die Forstwirtschaft habe den Wald zu ungünstig für das Reh gestaltet. Denn in naturnahen, forstwirtschaftlich kaum beeinflußten Wäldern kommen die Rehe in ungleich geringerer Häufigkeit als in unseren Wirtschaftswäldern vor. Man braucht dazu nicht aus dem mitteleuropäischen Großraum herauszutreten und in ganz andere Landstriche zu wechseln, um eine Bestätigung hierfür zu finden. Es gibt in Mitteleuropa Stellen, an denen sich seit Jahrzehnten Auwald, die artenreichste und produktivste Waldform hierzulande, ohne forstliche Eingriffe oder Maßnahmen entwickelt; so etwa auf den ausgedehnten Inselgebieten der Stauseen am unteren Inn. Dort befinden sich echte Weichholzaue-Urwälder. Der Rehbestand in diesen Auen ist so gering, daß die Tiere kaum mehr sichtbare Spuren hinterlassen, obwohl es im Umfeld sehr viele Rehe gibt.

Die Verhältnisse am unteren Inn sind recht aufschlußreich. Die Rehe besiedeln dort drei Typen von Lebensräumen: Auwald, Forste und die Feldfluren. Die Auwälder sind als Nieder- oder Mittelwälder ausgebildet, zumeist sehr deckungsreich und wüchsig. Die Forste bestehen zwar hauptsächlich aus Fichtenbeständen, aber sie sind durchsetzt von Schonungen, Laubwaldstücken und strukturreichen Waldrändern. Die Flur ist eine ziemlich ausgeräumte Agrarlandschaft mit großflächigem Maisanbau.

Welcher dieser drei Typen von Lebensräumen wird wohl der von den Rehen bevorzugte sein? Sicher der Auwald, gefolgt vom Forst, denn die ausgeräumten, vom Maisanbau dominierten Fluren können den Rehen kaum etwas Attraktives bieten. Es ist genau umgekehrt. In der offenen Flur leben bis zu dreimal mehr Rehe als im Forst, der etwas besser als der Auwald abschneidet. Der aus unserer Sicht reichhaltigste und «beste» Lebensraum zeichnet sich durch die geringste Häufigkeit der Rehe aus.

Auf Flächeneinheiten von 100 Hektar bezogen, lebten im Auwald am unteren Inn Ende der 70er Jahre ein bis zwei Rehe auf den Inseln und Anlandungen in den Stauräumen, etwa 15 im Auwald außerhalb, 23 bis 30 im Forst und 40 bis 51 in der

Feldflur. Dort gab es maximale Ansammlungen von 90 Rehen pro 100 Hektar im Winter 1968/69. Die Rehe bildeten Rudel, die wie afrikanische Gazellen in der Steppe aussahen.

Diese winterliche Rudelbildung ist gleichfalls interessant. Während die Rehe von Mai bis September einzeln oder nur in Kleingruppen, bestehend aus einer Ricke mit ihrem Nachwuchs, zu beobachten waren, schlossen sie sich insbesondere in der Feldflur ab Oktober oder November zu Rudeln zusammen. Die mittlere Rudelgröße stieg im Hochwinter auf fast 20 an, während sie bei den Rehen von Forst und Auwald um sieben schwankte. Dabei sind solche Rehe durchaus dem Wald oder dem Auwald zugerechnet, die abends zur Nahrungsaufnahme auf die Flur kamen.

Mit den Feldrehgruppen sind nur solche gemeint, die auch tagsüber in der Flur blieben. Das Verhältnis, das sich ergab, sieht folgendermaßen aus: Auwald = 1; Forst 1,3 und Feldflur knapp 3. Das bedeutet, daß sowohl die Siedlungsdichte der Rehe in der Flur als auch die durchschnittliche Gruppengröße rund dreimal so hoch lag wie im Auwald. Das Reh nahm also eine klare Wahl vor. Es zog die Feldflur dem Wald und dem Auwald vor.

Bei jedem anderen Tier würden die Ökologen oder die Wildbiologen daraus den Schluß ziehen, daß die Flur und nicht der Wald der Vorzugslebensraum sei, und nach entsprechenden Anpassungen an das Leben in diesem Biotop suchen. Nicht so beim Reh: Hier hält sich fest die Einstufung, daß das Reh ein Waldtier sei. Die Angaben zur Wilddichte werden sogar gewöhnlich auf Waldfläche im Revier bezogen und nicht auf die tatsächlich vom Reh genutzte Fläche. Rehe würden, so das Argument, nur zeitweise die Flur aufsuchen, sich im Endeffekt aber doch im Wald aufhalten – und ihn beeinflussen. Letzteres ist richtig, aber es gilt nicht uneingeschränkt.

Nehmen wir noch ein paar Bausteine aus dem Mosaik, welches unser Bild vom Reh zusammensetzt. So ist unstrittig, daß die Rehe ihre Jungen in der großen Mehrzahl der Fälle nicht in der guten Deckung des Waldes setzen, sondern draußen auf den Wiesen. Die große Zahl der getöteten oder verstümmelten

Rehkitze, die von Mähbalken erfaßt worden sind, unterstreicht diese Feststellung. Wäre das Reh ein richtiges Waldtier, sollte es doch wohl auch seinen Nachwuchs im Wald zur Welt bringen.

Zur sonnigen, blütenreichen Wiese «paßt» das weißgetupfte Fell des Kitzes. Im schattigen, von dichter Vegetation abgeschirmten Versteck im Wald würde es keine Vorteile bringen. Das zierliche, auf staksigen Beinen stehende Kitz könnte der Mutter kaum richtig im Dickicht des unterholzreichen Waldes folgen. Draußen auf der Wiese wird es während der stundenlangen Abwesenheit der Mutter von der Sonne erwärmt. Es kauert sich zusammen und «drückt» sich, wobei seine Oberfläche auf ein Mindestmaß verkleinert wird. Das schützt vor allzu schnellen Verlusten der Körperwärme. Im Wald ist es zur Setzzeit der Rehkitze zumeist noch kühl und feucht. Nur in warmen Regionen kann es sich ein so gebautes Säugetier leisten, seine Jungen im Wald zur Welt zu bringen.

Das Kitz ist offenbar nahezu geruchlos. Daher verrät der Wind, der über die freien Flächen von Wiesen und Fluren streift, den möglichen Feinden nicht, wo es sich befindet. Gegen Luftfeinde, die es gegeben hat, als Adler noch außerhalb der Hochgebirge vorkamen, schützt das tupfenfleckige Tarnkleid. In den östlichen Steppengebieten, in denen Rehe leben, jagen Kaiser- und Steppenadler. Die Verluste an diese natürlichen Feinde bleiben jedoch gering, denn das Muttertier verhält sich äußerst vorsichtig, wenn es kommt, um das Kitz zu säugen.

Das Reh hat sehr gute Augen, die vor allem Bewegungen schon auf größere Entfernungen zu erfassen vermögen. Es hört sehr gut, und es kann nicht nur schnell, sondern auch recht ausdauernd laufen. Die besten Laufleistungen erbringt es, wenn das Gelände offen und für freie Fluchten geeignet ist. Schwierigkeiten bereiten hoher oder verharschter Schnee und Hindernisse. In den östlichen und südöstlichen Waldsteppen- und Steppenregionen sind für das Reh günstige Bedingungen gegeben. Auch auf der Feldflur bieten sich die Möglichkeiten, Übersicht zu halten, um rechtzeitig die Flucht ergreifen zu können.

Genau dieses Verhalten zeigen die Feldrehe im Winter. Sie liegen völlig ungeschützt in der offenen Flur. Oft bietet nur eine Ackerfurche die Möglichkeit, den Körper dichter an den Boden zu drücken. Das graubraune Winterfell paßt ganz gut zu den Farben der Flur, wenn noch kein Schnee liegt; jedenfalls viel besser als das rotbraune Sommerfell. Dieses fällt allerdings vornehmlich uns Menschen besonders auf, weil wir die Farben Rot und Grün unterscheiden können. Wölfe und die von ihnen abstammenden Hunde sind zu dieser Farbunterscheidung nicht in der Lage. Auch der Luchs ist im rot-grünen Bereich farbenblind. Das «rote» Sommerfell des Rehs entspricht in seinem Grauwert ziemlich genau der Grünintensität der Vegetation im Sommer. Rehe tragen also zu beiden Großjahreszeiten ein ganz gut tarnendes Fell. Aber diese Tarnung wirkt nur auf einige Distanz. Wäre das Reh von Natur aus ein Waldtier, würde der Farbenwechsel praktisch keine Bedeutung als Schutz vor Feinden erlangen.

Wenn nun aber die Rehe sich im Winter schutzlos den Unbilden der Witterung in der Flur preisgeben und sich nicht in den auf jeden Fall schützenderen Wald zurückziehen, so muß dieses Verhalten Gründe haben. Schließlich wird es draußen in der Flur nachts erheblich kälter, und der Wind kann ungehindert auf den Körper des Rehs einwirken. Die Rehe kauern sich zwar im Rudel zusammen, aber in der Regel nicht Körper an Körper, um sich gegenseitig zu wärmen. Für den unvoreingenommenen Beobachter entsteht der Eindruck, die Rehe liegen einfach lieber draußen in der offenen Flur, weit genug entfernt von Straßen oder anderen möglichen Quellen von Störungen. Was bringt sie dazu?

Der Grund wird schnell klar, wenn wir uns das winterliche Nahrungsangebot ansehen, das die Rehe nützen können. Spätestens im Dezember ist auch im Auwald alle bodennahe, krautige Vegetation dürr geworden. Frisches Grün ist so gut wie nirgends mehr zu sehen. Anders als beim Heu, das aus Gras entsteht, welches gemäht wurde, als es voller Nährstoffe war, handelt es sich bei den dürren Pflanzen im Auwald um qualitativ sehr minderwertiges Pflanzenmaterial. Es enthält au-

ßer Fasern und schwerverdaulicher Zellulose fast keine Nährstoffe mehr. Beim Verdorren hatten nämlich die Pflanzen alle
wichtigen Nährstoffe in die unterirdischen Speicherorgane zu-
rückgezogen. So hat das Reh auch im Auwald praktisch nichts
anderes mehr zur Verfügung als Knospen und dünne Rinde von
Büschen und Jungbäumen, die in Reichweite wachsen. In den
«aufgeräumteren» Wirtschaftswäldern, den Forsten, ist im
Winter unter Umständen sogar noch etwas mehr frisches Grün
zu finden als im dichtverfilzten Auwald.

Doch das ist nichts, verglichen mit dem Angebot der Feldflur. Der Rehforscher Jan Zejda ermittelte dazu aufschlußreiche
Befunde. Auf den südmährischen Feldern fanden er und seine
Mitarbeiterin Jirina Nesvadbova auf 813 Kontrollflächen eine
bemerkenswert hohe Biomasse an Wintersaaten, Luzerne und
Resten von Mais. Das Trockengewicht (wasserfreie Biomasse)
von Winterweizen wurde mit 590 Kilogramm pro Hektar ermittelt. An Luzerne gab es sogar 1622 Kilogramm pro Hektar
und an Maiskörnern immerhin auch 519 Kilogramm pro Hektar. Obwohl auf den südmährischen Feldern hohe Rehwilddichten vorhanden waren und die Rudelgröße bis über 100
Rehe umfaßte, nutzten Rehe und Hasen zusammen nur 6,7
Prozent der oberirdischen Winterweizenbiomasse, 1,3 Prozent
der Luzerne und 4,2 Prozent der übriggebliebenen Maiskörner.
Lassen wir letztere beiseite, weil sie auf deutschen Feldern vielleicht nicht in diesem Umfang bei der Maisernte übrigbleiben,
so ändert sich dennoch kaum etwas an den Verhältnissen.

Auch in Deutschland tragen die winterlichen Fluren eine
ganz ähnlich dichte Biomasse aus frischen grünen und sehr
nährstoffreichen Pflanzen, und es gibt aus der landwirtschaftlichen Nutzung der Fluren große Mengen von Abfällen mit
hohem Energiegehalt. Während die Rehe in den Wäldern aller
Art im Winter fast nur dürre Pflanzen vorfinden, steht ihnen
draußen auf den Feldern rohfaserarme, nährstoffreiche und
leichtverdauliche Nahrung im Überfluß zur Verfügung. Ganz
offensichtlich verwerten die Feldrehe weit weniger als zehn
Prozent dieses pflanzlichen Nahrungsangebotes, so daß ihr
Verzehr auch kaum zur Wirkung kommt.

Hier setzt nun eine Besonderheit an, die schon ein paar Prozent genutzter Biomasse im Wald gleichbedeutend macht mit schwerer Schädigung der Naturverjüngung, weil das Aufwachsen von Jungbäumen verhindert wird, während die gleiche oder eine noch größere Menge an genutzter Biomasse draußen auf den Fluren bedeutungslos ist. Wenn nämlich die Rehe im Wald die Knospen der Bäume und Sträucher abknabbern, vernichten sie die jungen Triebe und beeinträchtigen das Wachstum. Hält der Verbiß an, sterben die betroffenen Bäumchen ab. Die sogenannten Vegetationspunkte, von denen das Wachstum ausgeht, befinden sich in den Knospen an den Triebspitzen. Bei den Wintersaaten ist das anders. Die Getreidearten, wie Winterweizen oder Roggen, gehören zu den Gräsern. Ihre Vegetationspunkte sitzen, gut geschützt, knapp unter der Bodenoberfläche. Der darüber abgebissene Trieb kann weiterwachsen.

Mitunter stimuliert die Beweidung sogar die Entwicklung zusätzlicher Triebe, so daß ein mäßiger Verbiß sogar die Produktivität der Wintersaaten steigern kann. In der Landwirtschaft sind eigens Geräte entwickelt worden, die diesen Effekt hervorrufen. Sie reißen die Triebspitzen an und veranlassen die noch junge Saat, zusätzliche Triebe auszubilden. Wenn Raps oder Luzerne im Winter von den Rehen als Nahrungsquelle genutzt werden, bleibt der «Schaden», den sie verursachen, bei diesen meist als Zwischenfrüchte oder Gründüngung angebauten Feldfrüchten ohne Belang. Ein Verlust von 1,3 Prozent, wie auf den südmährischen Feldern für die Luzerne nachgewiesen, kann überhaupt nur mit sehr genauen wissenschaftlichen Erfassungsmethoden ermittelt werden.

Ein paar Prozent für die Rehe, das ist unter den Bedingungen der Feldflur bedeutungslos, so daß die Tiere hier in an sich recht hohen Beständen leben könnten. Aber wenn sie in den Wald ziehen, verursachen sie Schäden, die nicht mehr durch Wachstum ausgeglichen werden können. Die «paar Prozent» sind im Wald hoffnungslos zuviel. Selbst ein Zehntel des gegenwärtigen Rehbestandes würde noch nicht ganz spurlos an unseren Wäldern vorübergehen.

Aus all dem ergibt sich die paradoxe Situation, daß dieselbe Tierart, die im Wald eigentlich untragbar ist, in der Flur gut leben könnte, ja sogar in fast so großen Beständen wie gegenwärtig. Warum befinden sich dann die Rehe nicht ganzjährig vorwiegend oder ausschließlich draußen auf den Fluren, sondern, zumindest im Winterhalbjahr, überwiegend im Wald? Wo immer in der reichverzahnten Wald-Flur-Landschaft Mitteleuropas das Verhalten der Rehe genauer untersucht wurde, zeigte sich, daß der Wald vorwiegend vom Sommer bis in den Winter hinein aufgesucht wird, während die Rehe insbesondere im Frühjahr, auch im vollen Tageslicht, in der Flur zu finden sind. Dort beweiden sie die aufwachsenden Saaten und lassen den Beobachter näher als sonst an sich herankommen. Vorsichtig bleiben sie immer. Ein Reh, das bei Annäherung eines Menschen nicht flüchtet, ist mit ziemlicher Wahrscheinlichkeit krank.

Daß das ganz und gar nicht so sein müßte, zeigen die Verwandten in den afrikanischen und asiatischen Großschutzgebieten. Dort äsen Axishirsche oder Gazellen von Rehgröße arglos neben den Wegen und lassen die Besucher an sich vorüberziehen, ohne Zeichen von Scheu zu äußern. Der Mensch gehört nicht zum natürlichen Feindbild der Rehe oder anderer vergleichbarer Tiere. Ein Hund von Wolfsgröße muß die Flucht auslösen, denn er entspricht dem natürlichen Feind; vielleicht auch noch ein Mensch dann, wenn er sich ganz vorsichtig durch den Wald bewegt oder am Waldrand entlangpirscht. Denn so verhalten sich natürliche Feinde. Sie kommen nicht offen und lärmend, wenn sie auf der Suche nach Beute sind.

Nun hat nicht nur die schon viele Jahrhunderte andauernde Bejagung die Rehe scheu gemacht, sondern die in den letzten rund 100 Jahren zugeteilte Jagdzeit verfestigte diese Scheu. Rehe werden vom Frühsommer bis in den Hochwinter, genauer gesagt: von Mitte Mai bis Ende Januar bejagt. Wenn für Böcke und Kitze, Geißen und Jungtiere etwas unterschiedliche Jagdzeiten gelten, so ändert dies grundsätzlich wenig an der Tatsache, daß ihnen nur gut ein Vierteljahr nicht nachgestellt wird. Diese lange Bejagung hält die Rehe außerordentlich scheu und zwingt sie, möglichst gute Deckung zu suchen und diese möglichst erst dann zu verlassen, wenn das Licht zum Schuß zu schwach geworden ist.

Die meisten Rehe treten während der Jagdsaison erst in der späten Dämmerung zur Nahrungsaufnahme aus, das heißt, daß sie den Wald oder die Deckung verlassen, um auf den Wiesen oder Feldern zu äsen. Die vorsichtigsten haben die besten Chancen, nicht abgeschossen zu werden. Nun ist aber der Magen des Rehs verhältnismäßig klein. Er braucht regelmäßig in Abständen Nachschub an Nahrung. Deshalb verbeißen die Rehe auch dann noch Knospen und Jungwuchs im Wald, wenn draußen längst genügend Gräser und Kräuter zur Verfügung stünden.

Die Winterfütterung verstärkt dieses Verhalten noch mehr. Denn die Futterstellen werden meist in gut geschützten, schwer zugänglichen Stellen im Revier, in Dickungen oder ähnlichem angelegt. Dort erhalten die Rehe leckeres Kraftfutter. Salz-steine werden zum Lecken angeboten. Das hält die Rehe in der Nähe der Fütterung und hindert viele daran, auf die Fluren hinauszuziehen. Nur wenn diese so weitflächig sind, daß die Tiefe des Raumes den Rehen ähnlichen Schutz wie der dichte Wald bietet, und wenn das Ausmaß der Störungen auf den Freiflächen gering genug bleibt, bilden sich die geschilderten Feldrehrudel. Doch dort, in der offenen Flur lassen sich die Rehe auch verhältnismäßig leichter bejagen. Als in den 70er Jahren die Bejagung intensiviert wurde, um die Höhe der Reh-bestände zu vermindern, traf diese Maßnahme die Feldrehe am stärksten. So halten die traditionelle Form der Bejagung und die Winterfütterungen die Rehe an den Wald gebunden – und verursachen damit die enormen Schäden.

Die Rehe müßten keineswegs «fast ausgerottet» werden, wie man in Jägerkreisen argumentiert, um die für den Wald trag-bare Wilddichte zu erreichen, sondern die Jagdmethoden müß-ten geändert werden, und zwar so, daß die Rehe hauptsächlich auf den Fluren bleiben. Dort ließen sich ihre Bestände und die Weiterentwicklung weit besser verfolgen als im Wald. Jagdliche Traditionen, die – genauer betrachtet – gar nicht so ehrwürdig alt sind, sondern erst aus der Zeit des ausgehenden 19. Jahrhunderts stammen, stehen einer Entschärfung des Wild-Wald-Konfliktes weit mehr entgegen als die Wilddichte an sich.

Wären die Rehe nicht so scheu, könnten auch viel mehr Menschen bei einer deutlich geringeren Wilddichte regelmäßig Rehe sehen. Ihre Beobachtbarkeit hängt weit weniger von ihrer Zahl als von ihrem Verhalten ab. Wo auf den Fluren Schäden von den Rehen verursacht werden, lassen sie sich leicht schätzen und ausgleichen. Bei der seit Jahren anhaltenden Überproduktion landwirtschaftlicher Erzeugnisse wären geringfügige Verluste an den Wildbestand nicht nur tragbar, sondern aus volkswirtschaftlicher Sicht sogar sinnvoll. Den Rehen soll und darf doch ein bißchen von der Überproduktion zugute kommen, oder?

Kommen wir zurück zum Ausgangsproblem. Reh und Wald vertragen sich deshalb nicht, weil das Reh kein ursprüngliches Waldtier ist. Sein natürlicher Lebensraum waren die Waldränder im Bereich der osteuropäischen Waldsteppe und die Steppenzone. Dort, wo Gräser das Wachstum der Pflanzen bestimmen, paßt es hin. Deshalb fand es seinen Platz in der Flur und würde auch weiterhin in unsere Fluren passen. Den Wald sollten Rehe aber nur in zeitlich geringem Umfang und in geringer Zahl aufsuchen. Er verträgt nicht einmal ein Zehntel des heutigen Bestandes auf Dauer.

Die einzige Verbesserung wäre dann vorstellbar, wenn sich unsere Wirtschaftswälder wieder ähnlich entwickeln dürften, wie die Naturwälder vor Beginn der forstlichen Nutzung. Da gab es großflächig Windbrüche, Sturmschäden oder aus Gründen der Überalterung zusammengebrochene Waldstücke. Auf diesen natürlichen Lichtungen setzte eine Abfolge von Entwicklungen ein, die in einem Zyklus, der sich, je nach Waldtyp, über mehrere bis viele Jahrhunderte erstreckte, abliefen. Die Anfangsstadien dieser Waldentwicklung taugten für Rehe und Hirsche. Das waren jene Inseln im Wald, in denen sie leben konnten, ohne den Wald zu schädigen. Solche Entwicklungen sind heute in unseren Wirtschaftswäldern nicht mehr möglich. Deshalb müssen Wald und Wild stark genug auseinandergehalten werden. Die meisten Rehe würden ganz von selbst die Flur dem Wald vorziehen, wenn sie nicht gezwungen wären, so großen Wert auf Deckung zu legen. Das Problem wäre also lösbar.

Warum geht es dem Reh so gut in der agrartechnisch so verfremdeten Umwelt? Der hohe Jagddruck, der diese Wildart so scheu gemacht hat, kann ja wohl die Erklärung dafür nicht sein. Fluren gab es früher auch, und zwar seit dem Mittelalter in ähnlichem Flächenumfang wie heute in Mitteleuropa. Doch erst seit etwa 50 Jahren ging es mit den Rehbeständen nachhaltig aufwärts. Aus einer ehemals ziemlich seltenen Art ist eine sehr häufige geworden. An der jagdlichen Hege kann es allein nicht gelegen haben, denn die wurde auch anderen Arten zuteil, ohne daß sich ähnliche Erfolge einstellten.

Die Erklärung liegt schon zum Teil in den Angaben zur verfügbaren Biomasse auf den Fluren. Es fehlt nur noch der qualitative Gesichtspunkt. Während früher, vor allem bis zur Einführung der künstlichen Mineraldünger, die Fluren verarmten, weil durch die Ernte und die Weideviehnutzung den Böden mehr Nährstoffe entzogen wurden als wieder zurückgegeben werden konnten, reichern sich nun seit Jahrzehnten Nährstoffe an. Die Ernte entzieht dem Boden weit weniger als nachgeliefert wird. Deshalb steigt der Gehalt der Pflanzen an Stickstoff. Sie werden dadurch «besser» für ihre Nutznießer, weil sie mehr Eiweiß enthalten oder über die Mikroben mehr Eiweiß gebildet werden kann als aus nährstoffarmen Pflanzen. Stickstoff, Mineralstoffe und andere Nährstoffkomponenten sind seit Jahren reichlicher verfügbar als unter natürlichen Bedingungen. Deshalb konnten die Rehe so zunehmen. Nicht nur die Menge ihrer Nahrung nahm zu und nicht allein die Winterfütterung steigerte die Überlebenschancen, sondern auch die Qualität der Nahrung. Sie läßt sich, wie der Rehspezialist Hermann Ellenberg das ausführte, an der klaren Zunahme der Stickstoffzeiger unter den Pflanzen der Fluren ablesen.

Deshalb ist die Schlußfolgerung durchaus gerechtfertigt: Den Rehen ging es noch nie so gut wie in unserer Zeit. Sie profitieren von der Überproduktion der Landwirtschaft und von der Überfrachtung der Landschaft mit Stickstoff. Eine Million abgeschossener Rehe verträgt der mitteleuropäische Bestand ohne weiteres, so produktiv ist er geworden!

Ein Nachsatz dazu: Deshalb wäre die Wiedereinbürgerung des Luchses überhaupt keine Bedrohung für den Rehbestand. Er könnte auch die Verluste an diesen natürlichen Feind ohne Schwierigkeiten verkraften. Das zeigt die erfolgreiche Wiedereinbürgerung des Luchses in der Schweiz, wo er nicht einmal im für die Rehe schwierigeren Lebensraum des Bergwaldes ihre Bestände dezimierte. Die Jäger brauchten keine Sorge zu haben. Der Luchs wäre kein ernster Konkurrent für sie, sondern vielleicht die schnellste Möglichkeit, die Rehedichte in den Wäldern zugunsten der Fluren zu vermindern.

6. Comeback der Biber

Gelungene Wiedereinbürgerung

«Kleiner Bruder» sollen nordamerikanische Indianer den Biber genannt haben. Sie bewunderten angeblich seine Fähigkeiten, Staudämme zu erbauen und den Wasserhaushalt in den Flußtälern zu regulieren. Bald kamen aber tüchtigere Baumeister. Die meisten Indianer haben sie gar nicht mehr miterlebt. Sie nahmen ihre Aufgaben so ernst, daß ganze Flußsysteme kanalisiert oder in Ketten von Stauseen umgewandelt wurden. Die Biber taugten dann nur noch für Karikaturen: «Ich habe ihn zwar nicht selbst gebaut, aber die Idee stammt von mir», meint ein Biber zu einem anderen angesichts einer gewaltigen Staumauer aus Beton.

Für Wasserbauer und Naturschützer müssen die Biber daher ziemlich unterschiedliche Vorbilder abgegeben haben. Außerdem differierten die Meinungen über dieses Tier in der Alten und in der Neuen Welt ganz beträchtlich. Biber als Wasserbauer fand man hierzulande schon vor Jahrhunderten eher geschmacklos; die Tiere waren als Fastenspeise bei Mönchen – und nicht nur bei diesen! – geschätzt. Durch ein päpstliches Edikt hatten sie sich bestätigen lassen, was sie schon immer meinten: nämlich daß die Biber als Schuppenträger zu den Fischen gehörten. Damit waren sie als Fastenspeise erlaubt. Wären sie ein richtiges Säugetier, hätten gottesfürchtige Menschen vom Genuß ihres Fleisches in der Fastenzeit Abstand nehmen müssen. Wer das zum Lachen findet, verkennt die Lage. Denn es war für die Biber gar nicht gut, gerade dann getötet zu werden, wenn sie die schwere Zeit des Winters überstanden hatten. Unter Nachstellungen hatten sie auch schon im Herbst und Winter zu leiden, wenn ihr Fell besonders dicht geworden war.

Die Wertschätzung des «Kleinen Bruders» bezog sich in Europa nur auf seine Verwertbarkeit. Alles am Biber war wertvoll: Sein Fleisch, sein Fell, seine gewaltigen Nagezähne, die zu Amuletten verarbeitet wurden, und nicht zuletzt seine Duftdrüsen, mit deren Absonderungen er eigentlich seine Reviere markieren, aber nicht etwa höfischen Damen und Herren eine besondere Duftnote verleihen oder gar die Potenz der letzteren stärken wollte. Als die Biber schließlich im Lauf der Jahrhunderte immer seltener wurden, nützte es ihnen gar nichts, daß sie Tausende von Goldmark einbrachten. Die Wertschätzung war immer mit ihrem Tod verbunden.

Auf der anderen Seite wird heute die Lage fast spiegelbildlich verkannt. Wer darüber lächelt, daß Biber den Fischen zugerechnet wurden, sollte sich schleunigst die Aufgabe stellen, auf eine zeitgemäße Art und Weise zu begründen, wozu der Biber gut ist. Schließlich will man ihn vielerorts wieder einbürgern, wo er im Verlauf des vergangenen Jahrhunderts ausgerottet worden ist, oder man hat dies bereits getan. Naturschützer fragen nicht, wozu eine Art gut ist. Das wäre an sich in Ordnung, würde die große Mehrheit der Menschen den Naturschützern zuzurechnen sein. Leider trifft das nicht zu; die Menschen, die den Tieren ein eigenständiges Lebensrecht zubilligen, das nicht erst begründet werden muß, sind immer noch stark in der Minderzahl.

Es spricht für die Biber, daß ihr Comeback eine richtige Erfolgsstory geworden ist. Die bei weitem überwiegende Mehrheit der Menschen mag sie und will sie bei uns wieder heimisch sehen, auch wenn die Naturschützer keine zwingende Begründung für ihre Wiedereinbürgerung liefern können. Im Gegenteil: Viele hatten sogar gemeint, der Biber könne in unserer modernen Kulturlandschaft gar nicht mehr leben. Die Wiedereinbürgerung wäre ein sinnloses Unternehmen, das nur Geld und den daran beteiligten Bibern das Leben kosten würde. Als sie um die Mitte des 19. Jahrhunderts fast europaweit ausgerottet worden waren, herrschten noch ziemlich naturnahe Verhältnisse an den Flüssen und in den Talauen. Nennenswerte Flußkorrekturen gab es noch nicht. Die ersten größeren Eingriffe wurden gerade vorgenommen und, wie die Rheinregulierung, als Jahrhundertwerke der Landeskultur gefeiert. Sie sollten Vorbilder sein, wie man die Flüsse bändigen mußte, um etwas Brauchbares aus ihnen zu machen und um die Hochwassergefahren zu bannen. Stauseen gab es Mitte des 19. Jahrhunderts noch keine; ihre große Zeit kam erst in der ersten Hälfte des 20. Jahrhunderts.

Der Biber war nicht diesen technischen Großeingriffen zum Opfer gefallen. Er war ausgerottet worden, weil ihm bis zum letzten Tier nachgestellt wurde. Je seltener er wurde, desto höher stiegen die Preise für sein Fell und seine Drüsensekrete, die vornehm Castoreum genannt wurden, obgleich ihre Zweckbestimmung eine wenig vornehme war. Die Bevölkerung drückte sich direkter aus und nannte das Drüsensekret Bibergeil. Hauptsächlich deswegen wurden die letzten Biber getötet und die Art bis auf wenige Restvorkommen in ganz Eurasien ausgerottet. Das wertvolle, wärmende Fell, den Biberpelz, erhielt man längst aus Nordamerika. Dort wäre die Erschließung des heutigen Kanada und mancher der nördlichen Staaten der USA ohne die Bibervorkommen kaum vorstellbar. Es waren die Trapper, die die Flüsse hochzogen, um immer neue Fellmengen zu gewinnen. Sie entdeckten die Wasser- und begehbaren Landwege auf den Spuren der Biber und trieben damit die Erschließung Nordamerikas voran.

Die Pelzgewinnung lohnt sich jedoch nur, wenn die Pelzlieferanten nachhaltig genutzt werden können. Deshalb setzte nach der ersten Phase der übermäßigen Nutzung der kanadischen Biber bald die Gegenreaktion ein. Man wollte die Bestände nicht auslöschen. Nicht einmal dezimiert sollten sie werden, denn das Fallenstellen lohnt sich nur, wenn genügend regelmäßig Tiere mit genügend guter Fellqualität gefangen werden können. So wurden die amerikanischen Biber bereits geschützt, als die europäischen noch flächendeckend ausgerottet wurden. Denn der Preis des Bibergeils stieg mit seiner Seltenheit. Hätte es die Substanz massenhaft gegeben, hätte sich ihre Unwirksamkeit leicht nachweisen lassen. So steigerten Seltenheit und wahnwitzige Kosten die Wirksamkeit.

Um 1860 waren die Biberbestände fast überall in Europa und Nordasien vernichtet. Übrig blieben nur einige Restvorkommen, die sehr schwer zugänglich waren oder unter besonderem Schutz standen: Ein kleiner Bestand von möglicherweise weniger als 100 Bibern an der mittleren Elbe zwischen Dessau und Magdeburg; vielleicht ein paar mehr im südöstlichen Norwegen und wenige an der unteren Rhône, die man anscheinend vergessen hatte. Kaum besser sah es in Nord- und Zentralasien aus. Zu Beginn des 20. Jahrhunderts drohte der eurasiatische Biber als Art auszusterben. Der kanadische erholte sich damals schon wieder etwas, weil die Trapper und die Siedler in Nordamerika offenbar keinen Bedarf an solchen potenzsteigernden Mitteln hatten. Ihnen lag mehr an warmen Mützen und Jacken aus Biberfell.

Ein halbes Jahrhundert kümmerte sich fast niemand mehr so richtig um den Biber in Europa. Er wurde zur Legende. Die besten und eindrucksvollsten Bibergeschichten kamen aus Nordamerika, wo es noch unregulierte Flüsse in weiten Tälern gab. In Mitteleuropa hatte mittlerweile der Wasserbau ganze Arbeit getan. Kein einziger größerer Fluß war in unreguliertem Zustand übriggeblieben; die meisten der regulierten Flüsse waren zu Stauseenketten umgewandelt! Die Zeit des Bibers war unwiderruflich vorbei. Wer dieses Tier sehen wollte, mußte schon einen der wenigen Zoos aufsuchen, die Biber zu halten versuchten. Die große russische Biberfarm bei Woronesch war nicht zugänglich. Sie dürfte nach dem Zweiten Weltkrieg die einzige Anlage gewesen sein, in der systematisch die Zucht von Bibern versucht worden war. Offenbar blieben die Erfolge eher bescheiden.

Einzig die Schweden, danach auch die Finnen, bedauerten das Verschwinden der Biber. Sie versuchten, mit großem Erfolg, wie sich bald herausstellte, Biber aus Südnorwegen an den schwedischen Flüssen und an den finnischen Seen auszuwildern. Da die norwegischen Restbestände selbst nicht sonderlich produktiv waren, dauerte es einige Jahrzehnte, bis sich die Biber in Schweden wieder fest etabliert hatten und dazu übergehen konnten, sich von selbst weiter auszubreiten.

Die Finnen wollten nicht so lange warten und ließen sich Kanada-Biber für ihre Wiedereinbürgerung kommen. Man hielt die beiden Biberformen damals nur für Unterarten ein und derselben Art. Heute hat sich die Ansicht gewandelt: Kanada-Biber und Eurasiatischer Biber müssen als Zwillingsarten eingestuft werden, die sich zwar äußerlich sehr ähnlich sehen und auch sehr viele Gemeinsamkeiten in ihrer Lebensweise zeigen, aber doch verschieden genug sind, um verschiedenen Arten zugerechnet zu werden. Inwieweit die Biber selbst das wissen, scheint noch nicht so recht geklärt zu sein, denn da und dort soll es zu Vermischungen zwischen beiden Arten gekommen sein. Äußerlich kann niemand die beiden Arten sicher voneinander unterscheiden.

Für die Wiedereinbürgerung wurden die Kriterien aber noch viel enger gefaßt: Es sollte nicht nur die richtige Art, sondern sogar die richtige Unterart sein, die zur Wiederansiedlung verwendet werden sollte. Für die Wiedereinbürgerung des Bibers in Bayern hätte dies bedeutet, daß sie nicht mehr möglich gewesen wäre, weil es keinen einzigen Vertreter des früheren Bibervorkommens im Alpenvorland oder im Stromgebiet der Donau mehr gab. Auch der nächstverwandte, der Elbebiber, den manche Spezialisten als eigenständige Unterart vom gleichfalls noch vorhandenen Weichselbiber abtrennten, kam nicht in Frage, weil Ende der 60er Jahre die Grenze zur damaligen DDR noch völlig dicht war. Es gab keine Chance, Tiere aus dem Elbebiberbestand zur Wiedereinbürgerung in Bayern zu bekommen, obwohl der Bestand an der mittleren Elbe ganz gut gedieh. Es wurden sogar Elbebiber in die Schorfheide umgesiedelt und dort ein neues Vorkommen aufgebaut. Kanada-Bibcr durften es auf gar keinen Fall sein, die nach Bayern kommen sollten. So blieb gar keine andere Wahl als schwedische zu nehmen.

Doch der Widerstand war – auch innerhalb des Naturschutzes – groß. Erstens gab es nicht die richtigen Tiere, zweitens war der Lebensraum zu stark verändert, und drittens hatte der Naturschutz kein zugkräftiges Argument dafür, weshalb Bayerns Flüsse wieder Biber bekommen sollten. Ein Jahrhundert ohne

Biber hatte unwiderlegbar gezeigt, daß Biber kein unverzicht-
barer Bestandteil der Flußnatur sind.

Daß sie dennoch in Bayern wieder eingebürgert wurden und
daß das bayerische Beispiel Schule machte, verdanken die Biber einem herausragenden Naturschützer: Hubert Weinzierl.
Ihn ließ die Idee nicht mehr los, den schon seit rund 100 Jahren
ausgerotteten Biber in Bayern wieder heimisch zu machen. Er
baute Versuchsgehege an großen, abgezäunten Kiesgruben an
der Donau, besorgte sich Biber und sah, daß sich diese schnell
eingewöhnten, Burgen bauten und fortpflanzten. Was im
Großgehege ging, sollte auch in Freiheit gelingen. Dagegen
stand in erster Linie die ökologische Theorie. Die ökologische
Nische des Bibers, so die Theorie, sei an den regulierten, kana-
lisierten und gestauten Flüssen nicht mehr vorhanden. In
Schweden und Finnland gibt es die freifließenden Flüsse. Was
dort gelang, läßt sich im dicht besiedelten Mitteleuropa nicht
wiederholen. Doch Hubert Weinzierl ließ nicht locker. In der
Wiedereinbürgerung sah er ein Stück Wiedergutmachung für
die kommenden Generationen. Sie sollten wieder Biber sehen
können.

Sein Einsatz lohnte sich. Ein Vierteljahrhundert nach dem
Eintreffen der ersten Biber in Weinzierls Gehegen gab es an
Donau und Inn bereits so viele Biber, daß mit einem schnellen
Wiederverschwinden nicht mehr gerechnet werden mußte.
Das Experiment war geglückt: Anfang der 90er Jahre lebten
wieder rund 1000 Biber im Voralpengebiet von den Donau-
auen bei Wien bis zu den Spessarttälern. Auch in der Schweiz
war die Wiedereinbürgerung von Rhône-Bibern geglückt. Die
Art ist dabei, große Teile ihres früheren Vorkommens wieder
zurückzugewinnen.

Rund ein Jahrzehnt hatte es gedauert, um einen selbständig
lebensfähigen Biberbestand wieder aufzubauen. Zwischen 1970
und 1980 kaufte der *Bund Naturschutz in Bayern* etwa 50 Biber
aus Schweden, dann waren an Inn und Donau ausreichend
große Bestände begründet, die sich selbst überlassen bleiben
konnten. Denn die Biber überlebten den Transport gut und
akzeptierten die ihnen zugedachten Lebensräume mit wenigen

Ausnahmen. Es gab eigentlich überhaupt keine Probleme bei ihrer Wiedereinbürgerung, sieht man davon ab, daß sie da und dort Bäume fällten, die nach Meinung ihrer Eigentümer noch zu weiterem Wachstum bestimmt gewesen wären. Der *Bund Naturschutz in Bayern* richtete sogar einen Entschädigungsfonds ein, der im Fall von Biberschäden unbürokratisch Ausgleich bietet. Er wurde so gut wie nicht in Anspruch genommen.

Warum verlief die Wiedereinbürgerung so glatt? Es muß doch zu denken geben, wenn eine weitflächig ausgerottete Tierart wie der Biber eigentlich nur wieder zurückgebracht werden mußte in seine früheren Vorkommensgebiete. Es steht doch außer Frage, daß die Fließgewässer in Mitteleuropa stark und nachhaltig verändert worden sind. Warum fand der Biber auch in der veränderten Landschaft wieder seinen Platz? Lagen Ökologen und Naturschützer mit ihren Bedenken so falsch?

Ein wichtiger Gesichtspunkt war und ist zweifellos die Tatsache, daß die Bevölkerung den Biber sehr sympathisch findet. Sein kugeliger Kopf spricht die Menschen an; man findet ihn «süß» oder «herzig», vor allem, wenn er sich aufrichtet und ein Zweigstück in den Händen hält. Das nette Aussehen der Biber bereitete zwar den Boden für eine gute Aufnahme vor, aber es ist natürlich für die Beurteilung ohne Belang, ob eine solche, verhältnismäßig große und kräftige Tierart in der modernen Kulturlandschaft ausreichend Lebensmöglichkeiten finden würde.

Sehen wir uns den Biber genauer an. Seine Wiederkehr verrät mehr als manchem Zeitgenossen lieb ist. Die erfolgreiche Rückkehr des Bibers hängt eng mit unserer Einstellung zu (größeren) Tieren zusammen. Sie bedeutet auch, daß wir uns in vieler Hinsicht ein unzutreffendes Bild davon gemacht haben, was Natur ist und wie Tiere leben sollen. Die Wiedereinbürgerung des Bibers war ein Schachzug, dessen Bedeutung auch den meisten Naturschützern, die sich über diesen Erfolg freuen, noch nicht klargeworden ist. Sein Comeback betrifft nicht nur den Biber selbst, sondern auch den Fischotter und den Luchs, den See- und den Fischadler und zahlreiche weitere größere Säugetier- und Vogelarten. Sein Comeback hat auch

Folgen für unseren Umgang mit echten Fremdlingen, wie Bisamratte und Waschbär oder den Marderhund, und es deckt
auf, wer in Deutschland eigentlich die Zusammensetzung der
Tierwelt bestimmt. Soviel sei vorweggenommen: Die ökologischen Gesetzmäßigkeiten können wir den Kleintieren überlassen. Für die Größeren gelten andere Spielregeln.

Der Biber gehört zu den größeren Säugetieren. Ausgewach-
sen erreicht er ein Gewicht von mehr als 30 Kilogramm. Damit
übertrifft er normalerweise sogar Rehe, die viel größer als
Biber wirken, weil sie nicht annähernd so kompakt wie diese
gebaut sind. Große Biber werden über einen Meter lang. Die
Kopf-Rumpf-Länge liegt zwischen 80 und 110 Zentimetern.
Dazu kommen noch 30 bis 35 Zentimeter Schwanz. Der Biber-
schwanz ist spatelförmig abgeflacht und unbehaart. Sieht man
nicht genauer hin, könnte man meinen, er sei von Schuppen
bedeckt, wie sie die Fische tragen. Ihn als «Kelle» zu bezeichnen, beruhte auf der irrigen Annahme, der Biber würde seinen
Schwanz wie eine Kelle benutzen und damit den Schlamm,
den er auf seine Burgen aufträgt, nach Maurerart festklatschen.
Der Schwanz wird anderweitig benutzt; am wenigsten beim
Schwimmen. Da zieht ihn der Biber einfach mit. Will er aber
abtauchen, wirkt der flache Schwanz wie ein Höhensteuer. Für
ein präzises Antauchen der unter Wasser mündenden Röhre
zum Biberbau ist das sicher wichtig. Denn der Biber ist so
kompakt gebaut, daß er nicht einfach mit eleganten Drehbewe-
gungen seines Körpers das erreichen kann, was der Fischotter
in Perfektion vorführt, wenn er unter Wasser Beute verfolgt.

Beim Biber erzeugen nur die mit Schwimmhäuten zwischen
den Zehen in ihrer Wirksamkeit verstärkten Hinterbeine den
Vortrieb. Schnell schwimmen und tauchen kann er daher nicht.
Vielleicht wäre er schneller, könnte er den Schwanz zur Erzeugung von Vortrieb benutzen. Bei der erheblich kleineren
Bisamratte läßt sich beobachten, wie der seitlich abgeflachte
Schwanz beim Schwimmen mithilft. Bei den im Körper noch
kompakter als Biber gebauten Delphinen besorgt der Schwanz
allein den Vortrieb. Beim Biber ist er zwar auch zu einer waa-
gerechten Fläche abgeplattet und nicht seitlich, wie bei anderen

Abb. 10   Biber sind sehr kompakt gebaut. Sie können schwerer als Rehe werden. Kennzeichnend ist der abgeplattete Schwanz, die «Kelle».

wasserlebenden Säugetieren, aber weil der Schwanz während des Schwimmens nicht in entsprechender Weise bewegt werden kann, nützt das nichts. Wenn er nun aber nur beim Tauchen den Körper mitsteuert, ist es schwer zu verstehen, weshalb sich ein so eigenartiges Gebilde entwickelt hat, das erst dann brauchbar steuert, wenn es breit und flach genug geworden ist. Daß es auch ganz anders geht, zeigt der Fischotter, der trotz seines runden Schwanzes im Wasser so hervorragend beweglich ist, daß es ihm gelingt, Fische zu fangen.

Nun soll hier nicht einfach einer eigenartigen, höchst ungewöhnlichen Schwanzausbildung nachgeforscht werden. Das würde vom Thema zu weit wegführen. Es geht vielmehr darum klarzulegen, daß bereits dann eine unzutreffende Annahme zugrunde liegt, wenn wir den Biber als besonders angepaßtes Wassertier einstufen. Tatsächlich verbringt der Biber ungleich weniger Zeit im Wasser als der Fischotter, und außer

den Schwimmhäuten zwischen den Zehen der Hinterfüße zeigt
er nur einige weitere spezielle Anpassungen an das Wasserleben. Nicht einmal der Schwanz steht wahrscheinlich ursächlich mit dem Wasserleben in Verbindung. Daß er so geworden
ist, hängt mit zwei ganz anderen Notwendigkeiten zusammen,
nämlich mit der Speicherung von Fett und mit der Ableitung
von Wärme aus dem Körper.

Vergegenwärtigen wir uns, um diesen Zusammenhang zu
verstehen, die Körperproportionen einer kleinen Wühlmaus
und die des Bibers. Beide gehören zu den Nagetieren, leben
von ähnlicher Nahrung und zeigen im inneren Aufbau des
Körpers große Übereinstimmungen. Was sie unterscheidet, ist
im wesentlichen die Größe. In einem Biber hätten rund 1000
Mäuse Platz. Stellen wir uns nun vor, eine kleine, nur 30
Gramm schwere Wühlmaus würde wachsen und wachsen, bis
sie Bibergröße und 30 Kilogramm Gewicht erreicht hätte. Geben wir einem Computer die Form der Wühlmaus ein, dann
kommt durch einfache Vergrößerung schon etwas durchaus
Biberähnliches heraus. Dieser künstliche Biber hätte ziemlich
genau die kräftigen Zähne, die das echte Bibergebiß auszeich-
nen und in die Lage versetzen, durch frisches Holz zu schneiden, als wäre es weich wie eine Zuckerrübe. Hätten wir eine
kurzohrige Wühlmaus zur Vergrößerung ausgewählt, wären
auch beim künstlichen Biber die Ohren im Fell verborgen, und
der Schwanz wäre etwa so lang wie beim Biber – allerdings
drehrund, weil wir die Maus in allen Teilen gleichermaßen
vergrößern wollen.

Schwierigkeiten gäbe es bei den Beinen. Sie dürften aus
Gründen der Gewichtszunahme nicht im gleichen Verhältnis
wie der Körper länger werden, sonst könnten sie die 30 Kilogramm nicht tragen. Sie müssen kürzer bleiben, dafür aber
dicker und kräftiger werden. Dann entsprechen sie nicht nur
den Gewichtsanforderungen, sondern auch wieder den Propor-
tionen beim Biber.

Mit dieser an sich selbstverständlichen Einschränkung wäre
es rein von der Körperform her getan. Die Vergrößerung der
Maus hätte ein sehr biberähnliches Tier ergeben. Was wirklich

anders ist, das ist der Schwanz. Sogar das Fell würde passen, weil auch kleine Mäuse grobe äußere Grannenhaare und eine feine weiche Unterwolle haben. Die Schermaus schwimmt damit recht gut unter Wasser. Aber sie hat keinen auch nur im Ansatz biberähnlichen Schwanz. Und auch beim Fischotter, der früher vielerorts mit dem Biber gemeinsam an den Gewässern vorkam und immerhin etwa halb so schwer wie ein Biber werden kann, findet sich nichts von einer vergleichbaren Bildung.

Die Lösung zeigt sich erst, wenn wir den Stoffwechsel berücksichtigen. Würde man die 1 000 Wühlmäuse in das dicht abschließende Fell lebendiger Biber stecken, würden sie selbst dann nach kurzer Zeit eingehen, wenn sie alle genügend Luft zum Atmen bekämen. Nicht wegen des Gedränges kämen sie um, sondern sie stürben an Überhitzung. Sie würden so viel Wärme in ihren Körpern erzeugen, daß sie am Hitzestau sterben müßten. Genau darin steckt das Problem des Bibers, und daraus ergibt sich der Unterschied zum Fischotter. Der Biber erzeugt so viel innere Wärme, daß die Atmung nicht ausreicht, um den Überschuß schnell genug nach außen zu bringen. Dabei heizt er seinen Körper bei weitem nicht so stark auf wie die 1 000 Mäuse es tun würden. Aber schon die verringerte Wärmefreisetzung bedroht den Körper, weil dieser so kompakt gebaut ist. Der Fischotter hat, bezogen auf sein Körpergewicht, viel mehr Oberfläche als der Biber. Außerdem setzt er einen höheren Anteil der Stoffwechselenergie in die Fortbewegung um. Der Biber bewegt sich langsam, an Land geradezu plump.

Als die Biber für die Wiedereinbürgerung per Flugzeug aus Schweden nach München gebracht wurden, bestand die größte Gefahr in der Überhitzung. Sie wird um so bedrohlicher, je härter die Arbeit ist, die der Biber zu leisten hat. Wenn er im Winter Bäume fällt, um deren dünne Rinde im Kronenbereich zu erlangen, setzt dieses Holzfällen viel Wärme frei. Es darf aber zu keinem Wärmestau im Körper kommen. Der Biber leitet die überschüssige Wärme über den nackten Schwanz ab. Je nachdem, wieviel Blut er wie schnell durch den Schwanz

schickt, ergibt sich eine stärkere oder eine schwächere Abküh-
lung. Ein runder Schwanz hätte die kleinstmögliche Oberfläche zur Wärmeableitung; ein abgeflachter vergrößert sie entsprechend.

Am besten wird die Wärme im Wasser abgeleitet, weil die
Leitfähigkeit des Wassers viel größer als die der Luft ist. Ein
senkrecht abgeflachter Schwanz wäre nun aus naheliegenden
Gründen beim Aufenthalt an Land wie auch im Bau höchst
hinderlich. Nur im Wasser böte er gewisse Vorteile, weil sich
Wärmeableitung und Verbesserung der Schwimmfähigkeit
miteinander verbinden würden. Doch schnelleres Schwimmen
erzeugt mehr Wärme und macht damit ihre Abfuhr aus dem
Körper noch dringender. Deshalb konnte der Biber hieraus
keine nennenswerten Vorteile ziehen. Der Vorteil, schneller
und präziser abtauchen zu können, reichte beim waagerecht
abgeflachten Schwanz voll und ganz.

Es kommen andere Vorzüge hinzu: Wegen des sehr kompak-
ten Körperbaues kann der Biber nicht einfach über die ganze
Körperoberfläche verteilt Fettvorräte für nahrungsknappe Zeiten im Winter oder bei starkem Hochwasser ablagern. Einen
Gutteil des Speicherfetts, das seine Energiereserve darstellt, de-
poniert er im Schwanzansatz; und zwar genau dort, wo auch
andere, kompakt gebaute Nagetiere, wie Goldhamster oder
Meerschweinchen, ihren «Fettsteiß» ausbilden.

Der flache Schwanz ist an der Basis fast drehrund und sehr
kräftig. Der Biber kann sich darauf stützen, wenn er in einer
bestimmten, stark aufgerichteten Körperhaltung die Stämme
benagt, um Bäume zu fällen. Viel häufiger als er ihn als Ruder
benützt, setzt der Biber den Schwanz als Stützschwanz ein.

Zur Wärmeabfuhr taugte der Schwanz schon, als er noch
rund und wenig behaart war. Als Fettdepot eignete er sich
gleichfalls während der ganzen, wahrscheinlich jahrmillionen-
langen Entwicklung. Aber erst, als er ein gewisses Maß an
Abplattung erreicht hatte und der Biber, der – stammesgeschichtlich gesehen – erst auf dem Weg war, ein Biber zu
werden, sich zunehmend häufiger im Wasser aufhielt, kam die
Eignung als Höhensteuer beim Abtauchen hinzu.

Um es kurz zu machen: Der Biber *mußte* ins Wasser, weil es ihm an Land zu warm geworden wäre. Er hat sich nicht in erster Linie dem Leben im Wasser angepaßt, sondern erst im Verlauf seiner Entwicklung, die zu einer starken Größenzunahme geführt hatte. Warum er diesen Weg einschlug, läßt sich natürlich so lange nur mutmaßen, wie es keine ausreichenden Fossilfunde zu den Zwischenstadien der Biberentwicklung gibt.

Eines ist sicher: Der stammesgeschichtliche Erfolg der Nagetiere beruht auf ihrer Fähigkeit, sehr energiereiche Nahrung zu nutzen oder sehr effizient Energie aus der Nahrung zu gewinnen. Samen, vor allem stärke- oder ölhaltige Samen, liefern solche energiereiche Nahrung. Sie gehört zur Grundversorgung der meisten kleinen Nager. Die größeren können mit Masse wettmachen, was die Nahrung weniger an Qualität enthält. Beim Biber ging die Entwicklung weg von der energiereichen, aber nur in kleinen Portionen verfügbaren Nahrung und hin zu Pflanzen, die in größeren Mengen verzehrt werden konnten. Die Zwischenstufen sind vom Biber auch heute noch bevorzugt, wie etwa die stärkehaltigen Wurzelstöcke von Rohrkolben und Kalmus oder Teichrosen. Den weitaus größeren Teil seiner Nahrung liefern aber alle möglichen Wasser- und Uferpflanzen im Sommerhalbjahr sowie die Rinde verschiedener Baumarten im Winter.

Diese nährstoffarme Nahrung wird durch Mikroorganismen in den sehr großen und langen Blinddärmen des Bibers verarbeitet und aufgebessert. Dort entstehen die energieliefernden, flüchtigen Fettsäuren und die aus der Zelluloseverdauung freigewordenen, stärke- und zuckerhaltigen Verbindungen. Der Biber bietet seinen Mikroben ein geeignetes, jahraus, jahrein konstantes Innenmilieu. Allerdings muß er sich immer dann in besonderer Weise auf seine Mikroben einstellen, wenn er von den weichen Wasser- und Uferpflanzen auf die Rinde wechselt.

Die Rinde der meisten Bäume enthält Schutzstoffe, die sie vor dem Zugriff von Pilzen, Bakterien oder von pflanzenverwertenden Tieren weitgehend bewahren. Nur wenige Spezialisten können die chemische Abwehr überwinden, die in der

*Abb. 11   Wie die meisten Nagetiere benutzen Biber sehr geschickt ihre
Vorderpfoten als Hände. Der kleine Finger wird dabei wie ein Daumen
zum Festhalten der Zweige eingesetzt.*

Rinde steckt und dort das einzig Lebendige beschützt, das der
Baum im Winter oberirdisch enthält: die feine, wachstumsfä-
hige Zellschicht des Kambiums zwischen der abgestorbenen
Korkschicht außen, die zur Borke wird, und der gleichfalls toten
Holzschicht innen. In der Bastschicht dazwischen stecken die
lebenswichtigen Reserve- und Aufbaustoffe für neues Wachstum. Davon zehrt der Biber, wenn er die Rinde von Ästen und
Zweigen schält und als Nahrung benutzt. Eigentlich versorgt er
damit seine Mikrobenkulturen.

Der Biber wäre aber zu schwer, um in den Kronenbereich
der Bäume hinaufzuklettern. Dort oben befindet sich jedoch
die dünne, besonders nährstoffhaltige Rinde. Unten am Stamm
ist sie von dicker, ungenießbarer Borke überlagert. Der Biber
meistert diese Schwierigkeit nicht mit waghalsigen, bei seinem
Gewicht sicher lebensgefährlichen Kletterpartien, sondern er

Abb. 12   Mit ihren kräftigen Nagezähnen durchschneiden Biber fast mühelos Holz. Sie benagen Bäume etwas über dem Boden sanduhrförmig und fällen sie auf diese Weise. Von der dünnen, nährstoffhaltigen Rinde an den oberen Ästen und Zweigen ernähren sie sich im Winter.

fällt den Baum, indem er ihn am Boden umnagt. Sanduhrförmig schneidet er mit seinen scharfen, stets nachwachsenden Schneidezähnen Stück für Stück aus dem Holz, bis der Baum fällt. Da die Kronen zum Wasser hin meist stärker als landseitig ausgebildet sind, fallen die Bäume oft in diese «passende» Richtung. Sie können aber auch auf die falsche Seite fallen und dort hängenbleiben. Dann muß der Biber weitere Bäume fällen, bis er eine genügend große Lichtung hat, zu der die Bäume stürzen können. Manche Biber sind dabei geschickter als andere und sorgen dafür, daß weit weniger Bäume beim Sturz hängenbleiben.

Um den Baum als Nahrungsquelle geht es dem Biber, und nicht um das Wasser als Lebensraum. Deshalb sind seine Anpassungen daran auch vergleichsweise dürftig. Er nutzt den Gewässerlebensraum zu seinen Zwecken. Viele Voraussetzun-

gen dazu stammen aus seiner Herkunft aus der großen, artenreichen Gruppe der Nagetiere. Jede kleine Maus kann die Vor-
derbeine wie Hände benutzen, nur geht das so schnell, daß man
es kaum bemerkt. Wenn der Biber ein Stück Holz handhabt
und geschickt hin und her dreht, bis er es in der richtigen
Position hat, bewundern wir diese Fähigkeit, weil Biberpfoten
unseren Händen schon eher vergleichbar sind. Daß sie dabei
den kleinen Finger fast wie einen Daumen benutzen, ist eine
mindestens ebenso bedeutungsvolle Anpassung wie die Ausbildung von Schwimmhäuten zwischen den Zehen der Hinterfüße.

Blenden wir jetzt wieder zurück zur Ausgangsfrage, warum
der Biber so schnell wieder heimisch werden konnte, obwohl
die Fließgewässer so stark verändert worden sind. Die Abhängigkeit vom Wasser erscheint jetzt sicher nicht mehr so eng.
Der Biber braucht es, um sich kühl genug halten zu können; er
braucht es aber auch als Transportmittel, und zwar für das
Herbeischaffen von Nahrung zur Burg. Hat er einen Baum
gefällt, dessen Krone nicht ins Wasser hineinreicht, so wird er
diese dennoch zu verwerten versuchen. Ast für Ast schneidet er
ab und zerlegt die Krone in handliche Stücke. Nun beginnt ein
kräftezehrender Weg. Über Land gezogen, sind die Äste recht
sperrig. Der Biber reckt den Kopf, mit dem er die Äste
schleppt, so hoch wie möglich. Aber im Unterholz verhaken
sich die Äste doch immer wieder. Erst wenn es ihm gelungen
ist, ins Wasser zu kommen, erleichtert sich für ihn der Transport. Das Wasser trägt, und die Aststücke bleiben nicht mehr
hängen. So viele seiner Holztransporte wie möglich versucht
der Biber daher auf dem Wasserweg abzuwickeln. Das spart
Energie und setzt wenig Wärme frei. Die Fällungen der Biber
reichen daher selten mehr als 20 Meter vom Ufer weg ins Land
hinein. Zumeist beschränken sich die Biber bei ihren Aktivitä-
ten ganz auf die Uferzone. Ein Biberrevier zieht sich aus diesem Grund streifenförmig am Ufer entlang. Es kann sich über
mehr als zwei Kilometer ausdehnen. Nur auf dem Wasserweg
schafft der Biber solche Distanzen; auf dem Landweg würde er
sich zu Tode abrackern.

Am Ufer wachsen in der Regel Weichhölzer, wie Weiden, Pappeln oder Erlen. Die Rinde der Erlen enthält offenbar Stoffe, die der Biber nicht mag. Er zieht Zitterpappeln (Espen) allen anderen Baumarten vor, nimmt aber auch gerne Schwarzpappeln und verschiedene Weidenarten. Wahrscheinlich stellen sich seine verdauungsfördernden Mikroben auf die Inhaltsstoffe der Rinden ein. So wirkt die in der Rinde von Weiden enthaltene Salizylsäure hemmend auf das Wachstum vieler Bakterien. Doch der Biber kommt gut damit zurecht. Anders verhält es sich mit Eichen. Die Gerbsäure ihrer Rinde beeinträchtigt die Verdauung. Deshalb nutzt der Biber Eichen zumeist nur zum Schärfen der Zähne oder als Baumaterial für die Burgen und Dämme. Vor allem größere Eichen werden selten gefällt.

Die Weichhölzer sind in der Regel forstwirtschaftlich wenig bedeutsam und als Brennholzquelle heutzutage nicht mehr gefragt. Aber wenn Bäume gefällt werden, argwöhnen die Waldbesitzer natürlich Schlimmes. Als die ersten Biber aus Schweden an den unteren Inn kamen, fingen sie im Herbst gleich kräftig mit dem Fällen von Bäumen an. 150 bis 200 Weiden wurden in ein paar Wochen umgelegt, so daß größere Lichtungen entstanden. Die Bäume hatten Stammdurchmesser von 20 bis 45 Zentimeter, waren also schon ganz kräftig. Es sah ganz danach aus, daß die Biber den Baumbestand entlang der Ufer, wenn nicht ganz vernichten, so doch nachhaltig schädigen würden.

Es kam anders. Die Biber merkten offenbar schnell, daß die Winter in Bayern nicht annähernd so streng wie in Schweden sind. Sie richteten ihre Aktivität auf den Bedarf aus. Die Zahl der gefällten Bäume ging stark zurück auf ein Drittel der anfänglichen Menge oder weniger. Und sie hielten sich an Silberweiden und Pappeln. Eine gründliche forstliche Untersuchung zeigte, daß im Biberrevier nicht einmal der jährliche Zuwachs an Bäumen genutzt wird. Die Biber fällten zwischen fünf und acht Prozent des Baumbestandes pro Jahr; genügend wenig, um die nachwachsenden Jungbäume die Lücken wieder füllen zu lassen. Die Lichtungen erwiesen sich als besonders attraktiv für zahlreiche Tierarten, vor allem für Vögel und Schmetterlinge. Aber auch die Vielfalt der Pflanzen nahm zu, weil die

Biber ein Mosaik in der Einförmigkeit der Silberweidenbe-
stände schufen.

Im Lauf der Jahre, als sich Revier an Revier zu reihen begann, wurde auch deutlich, daß die Biber die Reviergröße nach
dem vorhandenen Angebot an Nahrung ausrichteten. Gibt es
viele geeignete Weichhölzer am Ufer, genügt ihnen schon eine
Strecke von 500 bis 800 Metern für die Anlage eines Dauer-
reviers. Ist der Vorrat an Nahrung aber geringer, weitet sich
das Revier bis über zwei Kilometer aus. Wiederum läßt sich erkennen, daß es nicht das absolute Angebot an Nahrung ist,
welches die Reviergröße bestimmt, sondern die Nachhaltigkeit
der Nutzung. Die Jungbiber müssen abwandern, wenn sie den
zweiten Sommer erreichen; sie können nicht im Revier verbleiben, auch wenn noch genügend Bäume darin stehen. Die
Dauerhaftigkeit des Reviers, seine nachhaltige Nutzbarkeit garantiert auf längere Sicht mehr überlebenden Nachwuchs als
eine Steigerung der Biberzahl im Revier. Die Familienverbände
ähneln sich deshalb in der Zusammensetzung. Beim alten Paar
leben die kleinen Jungen und vielleicht noch die Jungen des
vorausgegangenen Jahres; keine weiteren.

Die Markierung der Reviere mit spezifischen Duftstoffen
kennzeichnet sie individuell und gibt den durchwandernden
Bibern Auskunft darüber, ob das Revier besetzt ist. Vielleicht
läßt sich die vermutete Wirkung des Bibersekrets auf die darin
enthaltenen Sexualduftstoffe zurückführen. Jedenfalls war diese
Substanz mehr am Niedergang der Biber in Europa und Asien
schuld als die Qualität des Fells. Ihre Zusammensetzung vari-
iert individuell. Woraus das Bibersekret genau besteht, ist noch
nicht näher untersucht. Überhaupt weiß man über manche
exotischen Tierarten besser Bescheid als über heimische. Deshalb kommt es auch immer wieder zu Fehlurteilen, oder es
werden falsche Erwartungen geweckt.

Der Biber steckt noch voller ungelöster Geheimnisse. Wie
schafft er den Übergang von der Muttermilch zur so schwierig
zu verdauenden Rindennahrung? Viele Jungbiber sterben offenbar in dieser kritischen Übergangszeit nicht an äußeren Einwirkungen oder Erkrankungen, sondern an solch inneren

Schwierigkeiten. Muß die Darmflora sich neu einstellen, wenn die Rindennahrung gewechselt wird? Das Nahrungsspektrum der vom Biber genutzten Pflanzen ist sehr breit. Es umfaßt Hunderte verschiedener Pflanzenarten. Aber nur wenige werden jeweils in Mengen verwertet.

Oder ein bemerkenswertes physiologisches Problem: Der wissenschaftliche Name des Bibers, Castor, steht für kastriert. Nun sind die Biber aber zweifellos fortpflanzungsfähig. Will man aber, etwa für eine Wiedereinbürgerung, wissen, ob Männchen und Weibchen im passenden Verhältnis vorhanden sind, ergeben sich größte Probleme, denn die Biber zeigen keine äußerlichen Geschlechtsmerkmale. Die Hoden der Männchen bleiben im Körper. Dort sollten sie eigentlich wegen der zu hohen Körperwärme nicht funktionieren. Hängt ihre dennoch vorhandene Funktionsfähigkeit damit zusammen, daß über den unbehaarten, breitflächigen Schwanz das Blut gerade in diesem hinteren Körperbereich sehr effizient gekühlt wird?

Diese Fragen sollen nur andeuten, daß unser Wissen über den Biber kaum das Stadium des reinen Sammelns von Freilandbeobachtungen überschritten hat. So war zu Beginn des Wiedereinbürgerungsprojektes geargwöhnt worden, die Biber würden mit dem Bau von Dämmen den Abfluß verändern und wasserwirtschaftliche Probleme verursachen. Daß sie Dämme bauen, war ja bekannt. Die Biber hielten auch hier Überraschungen bereit. Nur an kleinen Waldbächen, wie etwa an der Gründlach im Nürnberger Reichswald, errichteten sie Dämme, die den kleinen Fluß so weit anstauen, daß sie darin gut schwimmen und tauchen können. An den großen Flüssen, wie an Donau und Inn, verzichteten sie völlig auf diese auch für sie durchaus anstrengende Tätigkeit. Man ist versucht anzunehmen, daß sie mit der vom Wasserbau vorgenommenen Regulierung der Wasserführung ganz zufrieden sind und eine eigene für unnötig erachten.

Die Verhaltensweisen der Biber laufen nicht einfach «artgemäß» wie vorprogrammiert ab, sondern sie richten sich individuell nach den örtlichen Gegebenheiten. Können sie in hohen Ufern aus Lehm und Sand unterirdische Röhren graben und

Wohnkessel anlegen, sparen sie sich den Bau von freistehenden Burgen. Sind die Ufer nicht hoch genug, überschichten sie den Wohnkessel mit Schlamm und Astwerk so, daß eine «Zweig-Uferburg» entsteht. Die Zugänge müssen nur unter Wasser verbleiben, und der Wohnkessel muß gut genug gegen die Einwirkung von Hitze und Kälte isoliert sein. Auch ihr Tagesrhythmus richtet sich nach den äußeren Gegebenheiten. Im Sommer sind die Biber fast nur nachts aktiv, weil die Außentemperaturen zu hoch sind. Im Herbst lassen sie sich zunehmend schon in den frühen Abendstunden beobachten; im Frühjahr mitunter sogar beim Sonnen in einem ruhigen Seitenarm. Sie liegen dann wie tot im Wasser, lassen sich die Sonne auf den Rücken scheinen und tauchen plötzlich wieder weg.

Im hochnordischen Verbreitungsraum, in Skandinavien und Kanada, sind die Biber auch im Sommer tagsüber zu beobachten, wie sie Bäume fällen oder Burgen bauen. Dort ist es kühl genug und das Wasser, das sie jederzeit aufsuchen können, eiskalt. In Mitteleuropa können die hochsommerlichen Wassertemperaturen dagegen auf 20 Grad Celsius und darüber ansteigen. Dann müssen die Biber die Kühle der Nacht zur Nahrungssuche abwarten oder ihre Aktivität fast wie im Winter auf ein Minimum drosseln.

Schließlich wären Biber von Natur aus keinesfalls scheu. Natürliche Feinde haben sie kaum zu fürchten; die Feindverluste spielen für die Regulation der Biberbestände keine Rolle. Wo ihnen aber der Mensch nachstellt, werden sie verständlicherweise scheu. In ihrer neuen Heimat am unteren Inn lassen sie sich vielfach auf wenige Meter Entfernung dabei beobachten, wie sie Rinde von einem Weidenast abnagen oder ihr Fell pflegen, weil sie seit ihrer Wiedereinbürgerung dort nie verfolgt worden sind. Das würde sich drastisch ändern, wenn die Biber wieder gejagt würden.

Schon munkeln interessierte Kreise wieder: Die Biber würden überhand nehmen, wenn sie nicht bejagt werden. Von einem Überhandnehmen sind die neugegründeten Bestände in Mitteleuropa aber weit entfernt, und es ist höchst zweifelhaft, ob es jemals dazu kommt, weil die Regulation der Biberbestände über ihre Reviere bestens funktioniert. Der Haupteffekt einer Bejagung wäre, daß die Tiere wieder so scheu würden, daß sie niemand mehr richtig beobachten kann. Gezwungen, die kurzen Nachtstunden auszunutzen oder sich nicht weit von sicherer Deckung zu entfernen, könnten ähnliche Auswirkungen wie bei den Rehen entstehen, die trotz großer Häufigkeit in Mitteleuropa fast überall so scheu sind, daß sie sich kaum beobachten und schon gar nicht mit herkömmlichen jagdlichen Methoden regulieren lassen. Mit noch größerem Argwohn als bei den Rehen sollten daher alle Versuche, auch versteckte, betrachtet werden, deren Ziel Nachstellungen der Biber sind. Wenn sie da und dort tatsächlich Schäden anrichten, die als nicht «tragbar» eingestuft werden, kann man sie ohne größere Schwierigkeiten einfangen und andernorts aussetzen, wo derartige Probleme nicht zu erwarten sind.

Das Comeback der Biber wirft ein bezeichnendes Licht auf das Naturverständnis unserer Gesellschaft und auf die wildbiologische Forschung, die viel zu stark einem Denken verhaftet ist, wie Natur sein sollte, anstatt sie zu nehmen, wie sie ist. Die Vorhersage von Wildbiologen, Ökologen und Naturschützern, der Biber könne an den mitteleuropäischen Gewässern nicht mehr leben, weil sich diese in einem viel zu schlechten Zustand befinden und zu sehr der Natur entfremdet worden sind, war schlichtweg falsch. In den 70er Jahren, als die Wiedereinbürgerung in Bayern vollzogen wurde, befanden sich Elbe und Mulde im Kernbereich des Bibervorkommens in der ehemaligen DDR in einem vergleichsweise katastrophalen Zustand. Bei einer nur ein paar Stunden dauernden Besichtigungstour im Hochwasserbett der Elbe unweit von Dessau korrodierte der Chemikalienschlamm die Gummistiefel. Was für ein hervorragendes Fell muß der Biber haben, daß er das aushielt! Der Fischotter hat diese chemische Belastung nicht ausgehalten, weil er ungleich stärker als der Biber mit dem Wasser verbunden ist. Davon wird noch die Rede sein. Hier ist es wichtig festzustellen, daß an nahezu allen Flüssen, Stauseen und Seen mit nicht breitflächig verschilften Ufern Biber leben können, weil ihre «ökologische Nische» viel weiter ist, als angenommen worden war.

Das wissenschaftliche Konzept der «ökologischen Nische» geht zu sehr von Befunden an hochgradig spezialisierten Insekten und anderen Wirbellosen aus. Die Säugetiere, zumal die größeren, sind, wie auch die Vögel, viel plastischer und weitaus weniger «nischenabhängig», als das sogar Fachbücher der Ökologie vorgeben. Was für eine «ökologische Nische» sollte denn einer Tierart zugeteilt werden, die allein in Europa vom Polarkreis bis zu den Alpen und vom atlantischen Klimabereich im Westen bis tief nach Nordasien hinein vorkommt? Sie gestaltet sich ihr Lebensmilieu bei Bedarf selbst.

In weitflächigen Flußtälern von Kanada setzt der Aufstau der Bäche und kleineren Flüsse eine Serie von Entwicklungen in Gang, die langjährige Zyklen durchlaufen. Die Nadelhölzer sterben ab, wenn sie von den Biberseen überflutet werden, Weichhölzer breiten sich aus, und weitflächig entstehen Wiesen, auf denen Elche äsen und andere Tiere Nahrung oder Lebensraum finden. Doch die Biberseen verlanden, und die Nadelhölzer rücken wieder vor – bis nach Jahren das Revier verlassen werden muß. Irgendwann kommen die Biber wieder und setzen einen neuen Zyklus in Gang.

In Mitteleuropa kommt es wohl nur ausnahmsweise zu solchen zyklischen Veränderungen durch die Biber. Dennoch können sie hier genauso gut leben und entsprechend dem Angebot an Nahrung ihre Reviere aufbauen. Sie siedelten sich mitten in Städten an Flußläufen an, nutzen Waldbäche in einförmigen Kiefern- und Fichtenforsten ebenso wie die überreich wuchernden Silberweidendschungel an Inn und Donau. Sie leben an kleinen Bächen und großen Flüssen. Was sie brauchen, ist nicht viel mehr als die Kombination von kühlendem Wasser und pflanzentragenden Ufern, die auch Bäume haben müssen, wenn im Winter die weichen Uferpflanzen dürr werden. Die Vielfalt der Baue und Unterschlupfmöglichkeiten, die der Biber nutzt, ist so groß, daß nicht einmal die Ufer einen nachhaltigen Einfluß auf Vorkommen und Häufigkeit der Biber nehmen.

Nur eine Einflußgröße war und ist entscheidend: der Mensch. Es liegt an uns, ob wir den Biber «zulassen», und nicht an der Natur der Bäche, Flüsse und Stauseen. Deshalb bildete sich

zwischen 1945 und 1990 eine so merkwürdige Grenze in Mittel-
europa aus, die Vorkommen von verschiedenen Arten größerer
und großer Säugetiere und Vögel zwar im Osten, nicht aber im
Westen Lebensraum ließ. Sie war weitgehend identisch mit dem
Eisernen Vorhang. Jenseits des Eisernen Vorhangs, der gewiß
keiner natürlichen, auf ökologischen Bedingungen basierenden
Grenze folgte, gab es Biber und Bär, Luchs und Wolf, See- und
Fischadler, Kranich und Großtrappen, um nur die markantesten
Tiere zu nennen, die westlich davon entweder überhaupt nicht
mehr vorhanden waren oder in grenznahen Einzelvorkommen,
die schärfstens bewacht werden mußten.

Der Biber überlebte an der mittleren Elbe, trotz wirklich
katastrophaler Verschmutzung von Elbe und Mulde, auf der
noch Ende der 70er Jahre meterhohe Schaumberge flußabwärts
trieben, als dieses Phänomen im Westen längst von den Flüssen
verschwunden war. Gerade drei bis fünf Seeadler-Brutpaare
konnten sich, rund um die Uhr bewacht, im Lauenburgischen
Grenzgebiet zur damaligen DDR im Westen halten, während
jenseits der Grenze mehr als 130 Paare brüteten. Auch Fischadler brüteten in dieser Größenordnung in der ehemaligen
DDR, im Westen aber kein einziges Paar mehr. Versuche einzelner Fischadlerpaare, sich hier anzusiedeln, scheiterten. An
der Wasserqualität kann es nicht gelegen haben, daß See- und
Fischadler nicht wieder von selbst heimisch wurden. Auf dem
Durchzug und zur Überwinterung nutzten viele auch die
«westlichen» Gewässer. Nicht an einen Horst und an die Versorgung von Jungen gebunden, konnten sie weit umher-
schweifen und den Störungen oder direkten Nachstellungen
auszuweichen versuchen.

Daß Fischadler von Natur aus den Menschen und seine Einrichtungen nicht meiden, zeigt ihr Verhalten jenseits des Atlan-
tiks an der amerikanischen Küste. Dort nisten Fischadler, wie
weiland bei uns Störche, auf hohen Pfosten, auf denen Wagen-
räder oder andere Nisthilfen angebracht worden sind, aber
auch auf Bäumen mitten im besiedelten Bereich. Mitunter brüten Fischadler sogar inmitten von Jacht- und Fischerboots-
häfen. Zwischen den Booten fangen die Adler Fische! Es ist die

gleiche Art, die auch in Europa vorkommt. Der Fischadler gehört zu den ganz wenigen Vogelarten mit einer fast weltweiten Verbreitung. Nirgendwo geht es ihm so schlecht, wie in Mitteleuropa diesseits des ehemaligen Eisernen Vorhangs.

Darüber sollten wir stärker nachdenken und keine wirklichkeitsfremden Theorien der «ökologischen Nische» bemühen, wenn es darum geht zu beurteilen, ob eine Art hierzulande noch leben kann und sollte. Eine kleine Minderheit entscheidet darüber, welche Großtierarten in Mitteleuropa leben dürfen – und nicht ökologische Zwänge!

Sicher haben zahlreiche Arten unter der Umweltverschmutzung zu leiden gehabt. Viele sind immer noch belastet. Aber offenbar konnte nicht einmal die ungleich stärkere Umweltbelastung der Gewässer in Ostdeutschland den Fischotter so stark vertreiben wie in Westdeutschland. Hier haben sich bezeichnenderweise die letzten Restvorkommen dort gehalten, wo die fischereiliche Nutzung der Gewässer keine Rolle spielt. In den kleinen, von Fichtennadeln beeinträchtigten und durch saure Niederschläge verarmten Bächen des Bayerischen Waldes etwa, in denen es nahezu keine Fische mehr gibt, überlebten Restbestände des Fischotters, und nicht dort, wo seine Nahrung in Hülle und Fülle zur Verfügung stünde, nämlich an den fischreichen Seen und Stauseen des Alpenvorlandes. Der Otter mußte sich mit Bisamratten als Nahrung behelfen, aber nicht, weil es keine Fische mehr gegeben hätte, sondern weil es dort, wo er überleben durfte, an Fischen mangelt. Die aus Nordamerika eingebürgerte, vielgeschmähte Bisamratte war seine Rettung!

Den Fischkonsum des Otters konnte sich der reiche Westen angeblich nicht leisten. Jenseits des Eisernen Vorhangs überlebten gesunde Otterbestände. Wie sie und wie andere Arten, die im Westen nicht «tragbar» waren, über die neue Zeit hinwegkommen werden, wird die Zukunft zeigen. Gut sieht sie nicht aus, wenn nun auch dort der Eigennutz kleiner Minderheiten, nämlich der Angler oder der Jäger, über die Interessen der Gesamtheit gestellt wird.

7. Die Wasservögel im Gewässer-Ökosystem

Von Stoffkreisläufen und Störungen

Aenus nannten ihn die Römer, als sie seine Ufer erreichten, weil seine Fluten so schäumten. Daraus entwickelte sich der spätere Name für den wasserreichsten Alpenfluß, für den Inn. Die Weinkenner, die Önologen, und der Inn tragen also Bezeichnungen gleichen Ursprungs. Noch deutlicher hat sich der Zusammenhang bei der Enns erhalten, einem kleineren östlichen Zufluß der Donau.

Zum Schäumen kommt der Inn seit etwa einem halben Jahrhundert nur noch bei sehr starken Hochwässern. Dann allerdings richten sich, wie seit Jahrtausenden, besorgte Blicke auf diesen Fluß, dessen Wassermassen den Lauf des größten europäischen Flusses, der Donau, bestimmen. Er ist längst noch nicht ganz unter Kontrolle, auch wenn das für gewöhnlich der Fall zu sein scheint. Denn sein außeralpiner Lauf ist in eine praktisch lückenlose Kette von Staustufen aufgegliedert worden. Die größten davon befinden sich am unteren Inn zwischen der Einmündung der Salzach und Passau, wo sich Donau und Inn treffen.

Die vier flächengrößten Stauseen sind zwischen 1940 und 1960 gebaut worden. Sie kontrollieren die Mittel- und Niedrigwasserführung, speichern aber keine Hochwässer. Für die Energiegewinnung in den Kraftwerken zählt nur die Wassermenge bis zur Fassungsgrenze der Turbinen. Kommt mehr Wasser, als die großen Kaplanturbinen aufnehmen können, muß es über das Wehr abgeführt werden. Etwa 1000 Kubikmeter pro Sekunde schaffen die Turbinen; bei starken Hochwässern fließt die fünffache Menge davon ungenutzt über die Überläufe ab. Dann wird der Inn wieder der Schäumende, der er zur Zeit der Römer und bis zur Regulierung im 19. Jahrhundert war. Die Hochwasserspitzen erreichen das 25fache der Niedrigwasserführung. Meistens kommen sie im Hochsommer, wenn anhaltende Niederschläge im Einzugsgebiet mit starker Schneeschmelze im zentralalpinen Gletscherbereich zusammenfallen.

Es sind hauptsächlich die Gletscher der Hochregionen im westlichen Teil der Alpen, die den Inn mit Wasser versorgen. Von Mai bis August führt er ein milchig-trübes Wasser. Die Anwohner nennen es Gletschermilch. Feinster Gesteinsabrieb verursacht die milchige Trübung, die einen Farbstich ins Graugrüne bekommt. Sie ist das Besondere, das den Inn auszeichnet. Unter allen größeren Flüssen in Mitteleuropa hat er mit Abstand die größte Menge an Schwebstoffen. Im langjährigen Durchschnitt transportiert er fast eine Million Tonnen Schwebstoffe im Juni und kaum weniger im Juli; 2,8 Millionen Tonnen im Jahresdurchschnitt. Bei starken Hochwässern können diese Mengen noch beträchtlich ansteigen.

Diese außergewöhnlich hohe Schwebstoff-Fracht hatte Folgen. Als die Staustufen gebaut wurden, füllten sich die Staubecken sehr schnell auf. Es dauerte nur 10 bis 15 Jahre, bis die Auflandung die Stauräume soweit gefüllt hatte, daß sich das Gleichgewicht zwischen Abtragung und Auflandung einstellen konnte. So verschwanden auf diese Weise 27 der ursprünglich 36 Millionen Kubikmeter Fassungsvolumen, die einer der Stauseen am unteren Inn zum Zeitpunkt der Einstauung hatte. Weiter ging die Auflandung nicht, weil das Wasser durch den sich verengenden Stauraum nun immer schneller durchfließen muß. Dadurch verstärkt sich während der Zeiten erhöhter Wasserführung zunehmend die Abtragung, die Erosion, so daß in den Niedrigwasserperioden kaum mehr Auflandung, Sedimentation, hinzukommt. So überraschend das klingt: Der Fluß hat innerhalb der Stauräume sein ursprüngliches Gleichgewicht zwischen Erosion und Sedimentation wiedererlangt, das er verloren hatte, als er im letzten Jahrhundert begradigt und weitgehend kanalisiert worden war. Als Folge des verkürzten Laufes stieg die Strömungsgeschwindigkeit. Der Inn grub sich

Abb. 13   *Das Mündungsdelta der Salzach in den Inn ist ein Beispiel
für die überraschend gute Wiederherstellung von Natur in einem Stausee.
Der gegenwärtige Zustand unterscheidet sich fast nicht mehr
von den ursprünglichen Verhältnissen vor der Regulierung von Inn
und Salzach im 19. Jahrhundert.*

in den Untergrund; er tiefte sich ein. Immer seltener kam das
Hochwasser aus dem eingetieften Kanal heraus, und die angrenzenden Auwälder fielen trocken. Nur ausnahmsweise gab
es Überschwemmungen. Sie hielten den Prozeß der Austrock-
nung nicht auf.

Als 1942/43 die ersten beiden Staustufen am unteren Inn in
Betrieb genommen wurden, traten zwei jeweils rund zehn
Quadratkilometer große Seen an die Stelle des eingetieften
Flusses. Damals, während des Zweiten Weltkrieges, ahnte
wohl niemand, daß sich daraus eines der bedeutendsten Was-
servogelparadiese Mitteleuropas entwickeln würde. Auch als
1954 die Salzachmündung eingestaut wurde und der Naturschutz allmählich, allerdings noch in sehr bescheidenem
Rahmen, Beachtung fand, wurde über die neuentstandene

«Wasserwüste» geklagt. Der Fluß schien verschwunden. Eine Kette träger Stauseen war übriggeblieben, der «Schäumende» vollends gebändigt. War die Kanalisierung die Vergewaltigung des fließenden Wassers, so sah man im Stau nun den Tod.

Es kam anders. Was die meisten nur für Schmutz hielten, die milchige Trübung des Inns während der Sommermonate, baute neues Leben, neue Natur auf. Gerade als die Salzachmündung eingestaut und zur «Wasserwüste» gemacht wurde, tauchten in den beiden älteren Stauseen flußabwärts die ersten Sandbänke auf. Dabei blieb es aber für ein paar weitere Jahre, denn der neue, flußaufwärts gebaute Stausee an der Salzachmündung hielt den größten Teil der Schwebstoffe zurück, die der Inn mit sich brachte. Die Wende kam, als Anfang der 60er Jahre schon weite Teile im Mündungsdelta der Salzach aufgefüllt waren. Nun wuchsen auch wieder die Sandbänke und Inseln in den Staustufen weiter flußabwärts.

Um die Mitte der 60er Jahre traten im Spätsommer in diesen Stauseen quadratkilometergroße Schlickflächen zutage, welche die schlimmsten Befürchtungen der Natur- und Heimatschützer zu bestätigen schienen: Aus den Stauseen waren verlandende, stinkende Kloaken geworden. Wo anfangs zehn Meter und mehr Tiefe die Regel waren, hatten die Schlickmassen nun die Wasseroberfläche erreicht und sichtbar gemacht, was sich unter dem Wasserspiegel im Lauf der Jahre abgespielt hatte. Stärker denn je waren nun die Naturschützer davon überzeugt, daß Stauseen Umweltkatastrophen sind und aufs schärfste bekämpft werden müssen.

Ganz anders sahen das die Wasservögel. Sie kamen zu Tausenden, ja zu Zehntausenden an den unteren Inn. Die Wasservogel-Zählungen, deren Hauptzweck darin bestand, die Gesamtbestände an Enten und anderen Wasservögeln über ganz Europa zu ermitteln, ergaben höchst überraschende Befunde. In den 60er und 70er Jahren konzentrierten sich hier zu den Zugzeiten im Herbst und im Frühjahr sowie zum Überwintern – sofern nicht zu große Flächen offenen Wassers vereist waren – so viele Schwimmvögel, daß sie ein Viertel des im gewässerreichen Bayern insgesamt ermittelten Bestandes ausmachten. Die Jahressummen erreichten eine Viertelmillion Wasservögel. Gleichzeitig konnten mehr als 20 000 Schwimmvögel an einem einzigen der vier großen Stauseen am unteren Inn registriert werden, die kaum mehr als ein Zwanzigstel der Gesamtfläche der Gewässer Bayerns einnehmen. Diesem Reichtum an Wasservögeln gemäß wurden die Stauseen am unteren Inn in die offizielle Liste der Feuchtgebiete von internationaler Bedeutung aufgenommen und später zum Europareservat erklärt.

Die Position, die der Naturschutz damals eingenommen hatte, war also ziemlich genau der «Meinung» der Wasservögel entgegengesetzt. Sie kamen selbst aus Sibirien und von Nordskandinavien an den unteren Inn, weil es diese Stauseen gab. Nicht nur in großen Massen auftretende Arten, wie Stockenten, Reiherenten oder Lachmöwen, fanden sich ein, sondern auch höchst seltene Vogelarten, wie Nachtreiher oder Kolbenenten. Die Nachtreiher entwickelten eine Brutkolonie, die bis zu 120 Paare umfaßte. Insgesamt wurden pro Jahr etwa 120 bis 130 verschiedene Wasservogelarten festgestellt, davon über 30 als regelmäßige Brutvögel. Die Gesamtzahl der Vogelarten für den unteren Inn kletterte innerhalb eines Jahrzehnts auf nahezu 300. Sie umfaßte damit fast alle europäischen Vogelarten, ausgenommen solche, die nur im Hochgebirge oder an den nordischen Meeresküsten vorkommen.

Im vorausgehenden Kapitel wurde festgestellt, daß auch die Wiedereinbürgerung des Bibers von den Stauseen am unteren Inn ausging. Somit erwies sich diese Stauseenkette nicht nur für Wasservögel als bedeutender neuer Lebensraum, sondern auch für verschiedene Arten seltener oder selten gewordener Säugetiere, darunter der Fischotter, dessen Versuche, sich dort anzusiedeln, bisher allerdings erfolglos blieben. Hervorragend ist der Artenreichtum an Insekten, insbesondere an Schmetterlingen. In den Buchten und Flachwasserzonen, die sich im Verlauf der Verlandung ausgebildet hatten, entwickelte sich ein reichhaltiges Leben an Wasserinsekten, Kleinkrebschen und anderen Wassertieren. Und die Artenlisten werden von Jahr zu Jahr länger.

Mittlerweile sind auf den neu entstandenen Inseln ausgedehnte Auwälder aufgewachsen, die heute so ziemlich die einzigen echten Urwälder Mitteleuropas sind, weil sie niemals forst-
lich beeinflußt wurden. 40 Jahre Entwicklung reichen dazu aus,
daß sich ausgereifte Weichholzarten entwickeln. Sie enthalten
ein völlig standortgerechtes Spektrum an Baum- und anderen
Pflanzenarten; einen Urwald, der üppig wuchert und einem
Dschungel gleicht. Indem der Lebensraum unter Schutz gestellt
wurde, war ein von menschlichen Eingriffen ungestörtes Aufwachsen garantiert. Nur die Biber greifen mit dem Fällen von
Weiden und Pappeln in die Baumbestände ein: Sie lockern sie
auf, schaffen Lichtungen, auf denen sich zahlreiche andere Arten
ansiedeln, und sie führen damit exemplarisch vor, wie sie ihren
Lebensraum langfristig nutzen, ohne ihn zu beeinträchtigen.

Wer gegenwärtig die Stauseen am unteren Inn aus der Luft
oder von erhöhten Aussichtspunkten sieht und nicht weiß, daß
es sich hier um einen Abschnitt des Flusses handelt, der von
vier Staustufen unterteilt wird, käme wohl kaum auf die Idee,
sie als Stauseen einzustufen. Vielmehr würde der Betrachter
meinen, einen über weite Strecken noch völlig natürlichen
Flußlauf vor sich zu haben. Besonders eindrucksvoll zeigt sich
diese Regeneration der Flußnatur im Bereich des Mündungs-
deltas der Salzach. Auch der Seeadler, der nahezu jeden Winter
dort zu finden ist, scheint das so zu sehen.

Auf 70 bis 80 Prozent der Strecke befindet sich der untere Inn
heute in einem naturnäheren Zustand als vor der Einstauung.
Denn damals war der Fluß reguliert und kanalisiert. Daß diese
Rückentwicklung in einen Zustand, wie er wahrscheinlich – so
zeigen es zumindest die alten Flußkarten – vor der Regulierung
im 19. Jahrhundert gegeben gewesen war, so schnell und so
weitgehend vonstatten ging, beruht einerseits auf der außergewöhnlich großen Schwebstoff-Fracht, die eine sehr schnelle
Auflandung der Staubecken ermöglichte, aber andererseits
auch auf der Art und Weise, wie die Stauräume angelegt worden sind.

Im Gegensatz zu den meisten moderneren, technisch perfek-
ten Stauräumen wurde bei den Staustufen am unteren Inn ver-

hältnismäßig viel von der früheren Flußaue in den Stauraum mit einbezogen. Über rund zehn Kilometer bildet bei der ältesten Staustufe die Niederterrasse die Begrenzung nach außen. Dämme wurden nur an verhältnismäßig kurzen Abschnitten gezogen, so unmittelbar vor dem Kraftwerk. Somit kam es nur stellenweise zu einer Trennung von Fluß und Aue; über mehr als die Hälfte des Staugebietes blieb die Flußaue mit dem Fluß innerhalb des Stauraumes verbunden. Dadurch konnte sich der Auwald schnell regenerieren, die Verlandung großflächig neue Inseln, Buchten und Seitenarme an Stellen wiedererstehen lassen, wo sie sich ursprünglich befunden hatten, bevor der Inn kanalisiert worden war.

Bei den modernen Stauseetypen mit eng gefaßten Dämmen sind solche Entwicklungen vielfach gar nicht möglich, weil kein Raum für die Regeneration vorhanden ist. Oder es fehlen Schwebstoffe und Geschiebe für eine entsprechend rasche Wiederauffüllung des zu groß geratenen Staubeckens. Bei großen Stau- und Speicherseen kann es Jahrhunderte, wenn nicht Jahrtausende dauern, bis die Becken aufgrund natürlicher Auflandungsvorgänge so weit aufgefüllt sind, daß sich das Gleichgewicht zwischen Erosion und Sedimentation wieder einstellt.

Die Stauseen am unteren Inn waren ein Glücksfall. Sie wurden in einer Zeit gebaut, in der nicht um jeden Quadratmeter gefeilscht werden mußte. Damals gab es auch so gut wie keine Auflagen zur Landschaftspflege, so daß sie nicht der Tendenz zur Vereinheitlichung zum Opfer fielen, die in den 70er und 80er Jahren um sich griff: Technische Großeingriffe mußten für das Landschaftsbild fortan so schonend wie möglich ausgeführt, das heißt mit viel grüner Kosmetik ohne nennenswerte Berücksichtigung der Lebensansprüche von Tieren und Pflanzen übertüncht werden. Dämme sollten möglichst nicht sichtbar bleiben und schnell wieder zuwachsen – was den Eidechsen und Schlingnattern, vielen Heuschrecken und Tagfaltern ihren inzwischen so rar gewordenen Lebensraum nahm.

Ein Vergleich der landschaftspflegerisch bepflanzten, «gestalteten» Dämme der vorletzten Staustufe am unteren Inn, die 1961 in Betrieb genommen wurde, mit den früher ohne solche

Auflagen gebauten im selben Bereich brachte dies an den Tag:
Die gestalteten Dämme wiesen bei allen Tier- und Pflanzen-
gruppen nur einen Bruchteil der Arten auf, die sich ganz von
selbst auf den nicht gestalteten eingestellt hatten; ausgenommen die gepflanzten Büsche, über die aber schon bald danach
Insekten in Massen herfielen, weil sie nicht standortgemäß
waren. So zerstörte ein Massenbefall mit dem Blattkäfer *Altica
tamaricis* einen Großteil der auf einem der neuen Dämme gepflanzten Sanddornbüsche. Jahre später mußten auch die anderen nachträglich wieder entfernt werden – angeblich weil sie
die Standsicherheit des Dammes beeinträchtigen würden.

Für das Auge aber waren diese neuen Dämme, das muß
zugegeben werden, schon nach ein paar Jahren weitgehend
«verschwunden», während auf den alten immer noch busch-
freie Wiesenflächen vorhanden sind, die eine beachtliche Artenfülle aufweisen, wenn auch mit stark rückläufiger Tendenz. Die
Gründe dafür werden im vorletzten Kapitel behandelt. Hier
genügt es festzuhalten, daß mit Gestaltungsmaßnahmen, die
unsere Vorstellungen darüber befriedigen sollen, wie eine bestimmte Landschaft auszusehen habe oder nach einem Eingriff
gestaltet werden müsse, die sich natürlicherweise einstellende
Artenvielfalt ziemlich stark beeinträchtigt werden kann. Was
sich innerhalb der Dämme ganz von selbst entwickelte, war
und ist gewiß natürlicher als das, was an den Dämmen und
darüber hinaus künstlich gestaltet wurde. Die Tier- und Pflanzenarten, die dort leben, sind mit ihrem Vorkommen und ihrer
Häufigkeit ein verläßlicheres Indiz für den Naturzustand als
Meinungen von Menschen.

Mit ziemlicher Verspätung wurden die Stauseen am unteren
Inn unter Naturschutz gestellt. Für die Salzachmündung zog
sich das Verfahren über fast 20 Jahre hin! Offensichtlich tun sich
auch Naturschützer schwer, Entwicklungen zu akzeptieren
und Neues so anzunehmen wie «Altes» – selbst da, wo es vorrangig nicht um bestimmte Landschaften, sondern um Arten
geht. Dabei hatten die Arten klar «entschieden». Mit ihrer
Vielfalt legten sie einen objektiven Maßstab für die Bedeutung solcherart regenerierter Flußstrecken. Vielleicht wagt der

Naturschutz es nicht zuzugeben, daß es durchaus Bedingungen geben kann und gibt, unter denen Technik und Natur miteinander zu vereinbaren sind. Schließlich erzeugen die Inn-Kraftwerke eine beachtliche Menge an elektrischer Energie: 480 Millionen Kilowattstunden pro Jahr im Durchschnitt in einem einzigen Kraftwerk, in dessen Staubereich auch alljährlich einige 1 000 junger Wasservögel aufwachsen und Zehntausende von Vögeln Nahrung und Zuflucht finden. Darum soll es nun gehen.

Warum kommen so viele Wasservögel an die Stauseen am unteren Inn, weit mehr als dem Flächenanteil der Stauseen an den Gewässern im nördlichen Voralpenbereich entspricht? Und warum mußten diese Stauseen unter Schutz gestellt werden, wo doch die Vögel ganz von selbst gekommen sind?

Die erste Frage stand tatsächlich am Anfang einer Forschungsarbeit, die sich über einen Zeitraum von sieben Jahren erstreckte (1971 bis 1977). Sie wurde von der Deutschen Forschungsgemeinschaft und vom Bayerischen Staatsministerium für Landesentwicklung und Umweltfragen gefördert (Reichholf & Reichholf-Riehm 1982). Die zweite Frage ergab sich im Verlauf dieser Ökosystemforschung an den Inn-Stauseen. Sie hängt eng mit einigen recht überraschenden Ergebnissen dieser Untersuchung zusammen.

Zunächst sah alles ganz einfach aus. Es sollte geklärt werden, warum sich alljährlich 200 000 bis 250 000 Wasservögel an den Stauseen am unteren Inn einfinden, um welche Arten es sich dabei handelt und wie sich die Vögel im Jahreslauf verteilen. Was die Wasservögel anbelangt, war die Aufgabe wirklich nicht schwer. Sie mußten nur Woche für Woche gezählt werden; in Phasen starken Vogelzuges auch in kürzeren Zeitabständen. Mit einem guten Fernrohr mit 40facher Vergrößerung und entsprechender Begeisterung ist das einfach. Da bei den Zählungen immer wieder Raritäten entdeckt werden, machen sie durchaus auch Spaß. Irrgäste aus Sibirien oder Nordamerika können darunter sein, oder auch besonders schwierig einzustufende Enten, bei denen sich dann herausstellt, daß es sich um natürliche Kreuzungen zwischen zwei verschiedenen Arten handelt.

Ist das Wetter günstig und die Sicht gut, bereiten die Zählungen keine Schwierigkeiten. Problematisch können sie im Hochwinter werden, wenn viele Wasservögel anwesend sind und die kurzen Tage oder die schlechte Sicht zur Eile drängen. Auch die Aufteilung in bestimmte Zählstrecken ist kein Problem, weil die Stauseen von den Dämmen aus gut überblickt werden können.

Das Resultat lag zu Beginn der Untersuchung eigentlich schon vor, weil bereits seit Mitte der 60er Jahre regelmäßig Wasservogelzählungen am unteren Inn durchgeführt worden waren. Die Zählungen Anfang der 70er Jahre bestätigten die früheren Befunde: Je nach Ausmaß der Vereisung überwintern einige 1000 bis über 10000 Schwimmvögel. Schon im Februar setzt der Frühjahrszug ein, und er erreicht gewöhnlich um die Wende vom Februar zum März den ersten Höhepunkt mit knapp 30000 Schwimmvögeln. Danach gehen die Bestände rasch zurück und fallen auf ein Minimum zur Brutzeit ab. Im Mai und Juni sind nur noch einige 1000 anwesend, vielleicht auch nur ein paar 100 Wasservögel, wenn die in mehreren Kolonien brütenden Lachmöwen ausgeklammert werden. Schon im Juli setzt der Zuzug wieder ein. Nun steigen die Zahlen kontinuierlich bis zum Maximum im Spätherbst, das 30000 bis 40000 gleichzeitig anwesender Schwimmvögel erreichte; in manchen Jahren auch mehr. Gegen Ende Dezember beginnt normalerweise die Vereisung. Viele Wasservögel verlassen nun den unteren Inn, es sei denn der Winter verläuft so mild, daß es zu keiner nennenswerten Eisbildung kommt.

Dieses Muster ist für die meisten mitteleuropäischen Wasservogelgebiete typisch. Zu den beiden Zugzeiten im Frühjahr und Herbst sind mehr Vögel anwesend als zur Brutzeit oder im Winter. Das Besondere war und blieb die Menge der Vögel. Warum kamen so viele an diese Stauseen? Es gibt zwischen dem Neusiedler See im Osten oder dem Bodensee und den Schweizer Seen im Westen so viele Gewässer im Bereich des nördlichen Alpenrandes, daß sich die Vögel nicht ausgerechnet an den Inn-Stauseen in so großen Mengen hätten einfinden müssen. Anfangs waren sie dort nicht einmal geschützt. Sie

Abb. 14 a   Die verschiedenen Wasservögel haben in den unterschiedlichen Tiefenbereichen des Wassers ihre ökologische Nische: Je nach Körperbau und Größe finden sie an der Wasseroberfläche oder im Bodenschlamm ihre Nahrung. 1 Kormoran (Fischfresser), 2 Tauchente (Schlammorganismen), 3 Haubentaucher (Fischfresser), 4 Höckerschwan (Pflanzenfresser), 5 und 6 Gründelenten, 7 Wasserläufer, 8 Strandläufer (alle Schlammorganismen), 9 Schwalben und Segler (Mücken im Luftraum), 10 Schwimmente (abdriftende Organismen), 11 Lachmöwen (Fluginsekten und abdriftendes Material).

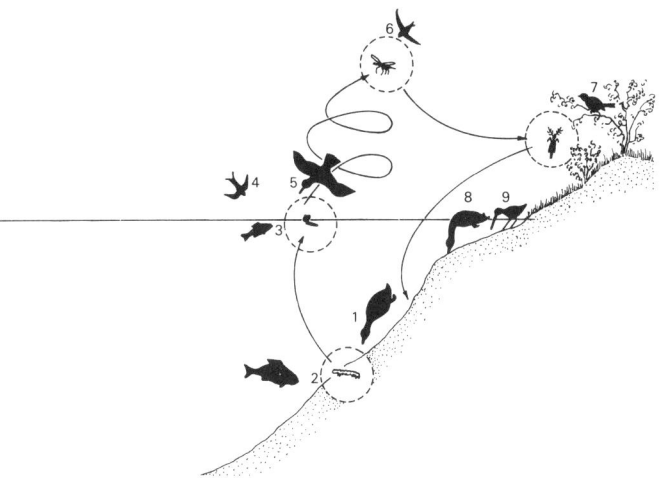

Abb. 14 b   Zuckmücken (Chironomiden) sind die wichtigste Nahrungsquelle für die hier am Wasser lebenden Vogelarten. Die Larven werden selbst aus mehreren Metern Wassertiefe noch von Tauchenten (1) herausgeholt. Dort sind sie auch eine wesentliche Fischnahrung (2). Die aufsteigenden Puppen werden von kleinen Fischen (3), von Schwalben (4) und Möwen (5) dezimiert. Den Mücken im freien Luftraum stellen die Mauersegler (6) nach, Singvögel (7) fangen sie im Uferbewuchs. Gründelenten (8) und Watvögel (9) holen sich auch noch von den Larven im Schlamm.

wurden im Sommer vom Bade- und Erholungsbetrieb gestört, im Herbst und Winter gejagt und im Frühjahr, kaum daß die Witterung etwas angenehmer geworden war, durch Angler immer wieder von ihren Rast- oder den Brutplätzen vertrieben. Dennoch kamen Zehntausende. Was zog sie zu den Inn-Stauseen?

Mit dieser Frage begann die eigentliche Untersuchung. In einem ersten Schritt galt es herauszubekommen, wie es mit der Nahrung der Wasservögel aussieht. Wovon leben sie? Wieviel Nahrung gibt es in den verschiedenen Tiefenzonen, die nicht für alle Wasservögel gleichermaßen erreichbar sind?

Erste Untersuchungen dazu verschafften einen Überblick. In den Stauseen gibt es für die Wasservögel drei Grundtypen von Nahrung: Wasserpflanzen, Kleintiere im Bodenschlamm («Schlammfauna») und (kleine) Fische. Die Aufgliederung der Zehntausende von Wasservögeln in die drei entsprechenden Ernährungstypen zeigte als erstes Ergebnis, daß Fische mengenmäßig keine größere Rolle spielen konnten. Es gab im Artenspektrum einfach viel zu wenige Wasservögel, die von Fischen leben. Dagegen waren Verwerter von Wasserpflanzen, wie etwa Höckerschwäne, Bläßhühner und bestimmte Enten, fast genauso häufig wie Schlammfaunaverwerter. Berücksichtigt man, daß die Schwäne viel größer als die Enten sind und entsprechend mehr Wasserpflanzen benötigen, kommen für die damaligen Gegebenheiten zu Beginn der 70er Jahre sogar fast genau die gleichen Wasservogelmengen heraus: Etwa 20 000 «Wasservogeleinheiten» (etwa 1 Kilogramm schwere Wasservögel) entfielen auf die Pflanzenverwerter, und die gleiche Größenordnung kam den Schlammfaunaverwertern zu. Mit 100 bis 200 Wasservogeleinheiten, die sich von Fischen ernähren, blieb der Wert für diese Gruppe unter einem Prozent der anderen.

Nun kam es darauf an, diesen drei Grundtypen von Wasservögeln das jeweilige Nahrungsangebot gegenüberzustellen. Jetzt wurde die Arbeit aufwendig. Denn die verschiedenen Wasservogelarten haben ganz verschiedene Reichweiten bei der Nahrungsaufnahme im Wasser. Viele kleine, wie die Strand-

und Wasserläufer, die aus der arktischen Tundra zu den Zugzeiten an den unteren Inn kommen, können nur im Flachwasser nach Nahrung suchen. Einige der größeren Arten dieser
Gruppe erreichen Nahrung vielleicht noch 20 Zentimeter tief
im Wasser, aber die meisten müssen sich mit dem ganz flach
überfluteten Bereich oder gerade trockengefallenen Schlick-
bänken als Nahrungsraum begnügen. In dieser Zone können
auch kleine Enten, wie die Krick- und die Knäkenten, nach
Nahrung suchen.

Größere Arten mit längeren Hälsen reichen tiefer ins Wasser
hinab; die Höckerschwäne bis gut über einen Meter tief. Andere wiederum tauchen. Sie holen sich ihre Nahrung unter
Umständen aus mehreren Metern Wassertiefe. Allerdings lohnt
sich das Tauchen nur, wenn die entsprechende Tiefe recht nah-
rungsreich ist. Sonst wäre der Aufwand, gegen den Auftrieb
hinabzutauchen, größer als der energetische Gewinn, der in der
heraufgetauchten Nahrung steckt. Für Enten etwa, die nach
Würmern und Mückenlarven im Bodenschlamm tauchen, sollten wenigstens 100 Gramm davon pro Quadratmeter verfügbar sein. Andernfalls lohnt sich das Tauchen nicht. Es kostet
mehr Energie, als der Vogel gewinnt.

Besonders während des Herbstes, wenn es bei den meisten
Wasservögeln darum geht, Reserven für die nahrungsknappe
Zeit des Winters anzulegen oder Fettvorräte für den Fernzug ins
Winterquartier aufzubauen, muß die «Tankstelle» viel herge-
ben, auf der sie zwischengelandet sind, um ihre Energievorräte
zu erneuern. Einen Rastplatz zu haben, reicht meistens nicht
aus. Er muß auch entsprechend reichlich Nahrung bieten. Von
diesen Anforderungen wurde bereits eine wichtige Rahmenbe-
dingung abgesteckt: Die Inn-Stauseen mußten den Tauchenten
auf jeden Fall mehr Nahrung als nur ein paar Gramm pro Quadratmeter geboten haben, sonst wären sie nicht zu Zehntausenden gekommen und wochenlang geblieben.

Für die Untersuchung bedeutete dies, daß die Erfassung des
Nahrungsvorrates in den Stauseen auf verschiedene Tiefenzonen aufzuteilen war: Das Flachwasser vom Ufer bis in etwa
20 Zentimeter Tiefe, daran anschließend die Tiefenzonen von

20 bis 50 Zentimeter, von 50 bis 100, von 100 bis 200 Zentimeter und die noch größeren, schon durch starke Strömungen
gekennzeichneten Tiefen. Aus jeder Tiefenzone mußten zahlreiche Proben über alle Monate des Jahres und über mehrere
Jahre hinweg genommen werden, um Besonderheiten einzelner Jahre, wie starke Hochwässer oder Ausbleiben hoher Wasserführung durch Mittelwertsbildung, glätten zu können. Insgesamt ergab das fast 4000 Proben in drei Jahren, die mit einer
Art Miniatur-Bagger genommen wurden. Er stanzte ein Qua-
drat von 15 Zentimetern Seitenlänge aus dem Schlick und griff
etwa zehn Zentimeter tief hinein. Der Schlick wurde durch ein
feines Sieb gewaschen. Zurück blieben neben einigen eingeschwemmten Holzstückchen, die leicht zu entfernen waren,
vor allem die Kleintiere des Bodenschlammes, und zwar genau
von der kritischen Größe, die von den feinen Lamellen der
Entenschnäbel noch erfaßt werden können. Bakterien oder die
allerkleinsten Entwicklungsstadien der Kleintiere im Bodenschlamm passierten das Netz. Sie hätten aber auch die Entenschnäbel passiert.

Der im Netz verbliebene Rest, einschließlich der organischen
Stoffe, die im Schlick abgelagert worden sind und die den
Kleintieren im Bodenschlamm als Nahrung dienten, wurde auf
eine ganz andere Weise mengenmäßig genauer erfaßt, nämlich
durch Verbrennung. Im Glührückstand des Schlammes fand
sich dann der rein anorganische Anteil, im wesentlichen der
feine Sand, den die Gletschermilch mitgebracht hatte. Die Ge-
wichtsdifferenz zum unverbrannten Schlamm entspricht der
Menge der in ihm lebenden Kleinlebewesen. Die ins Netz ge-
gangenen Organismen konnten hingegen weiter bearbeitet
werden. Waren es wenige, wurden sie einfach ausgezählt und
die 225 Quadratzentimeter der Baggerproben auf den Quadratmeter der betreffenden Tiefenzone umgerechnet. Waren es
viele, mußte ihr Frischgewicht bestimmt werden. Es wurde
dann genauso umgerechnet.

Bald zeigte sich, daß eigentlich nur zwei Gruppen von Kleintieren im Bodenschlamm mengenmäßig von Bedeutung waren,
nämlich die Schlammröhrenwürmer, den Aquarianern unter

ihrer wissenschaftlichen Gattungsbezeichnung *Tubifex* als wertvolles Fischfutter wohlbekannt, und die Larvenstadien der nicht stechenden Zuckmücken (*Chironomiden*), von denen einige größere Formen gleichfalls rot gefärbt wie die *Tubifex* sind. Sie enthalten einen unserem roten Blutfarbstoff ähnlichen Stoff zur Aufnahme und zum Transport von Sauerstoff. Wo *Tubifex* und «Rote Mückenlarven» in Massen vorkommen, ist das Wasser mit Abwasser belastet und Sauerstoff darin knapp. Auch in den Inn-Stauseen gab es stellenweise große Massierungen solcher Roter Mückenlarven und von Schlammröhrenwürmern, oft aber auch nur Mengen von grünlichgelben Zuckmückenlarven, die eine bessere Sauerstoffversorgung anzeigen.

Die Mengen waren beachtlich. In Tiefen um einen Meter fand sich im Durchschnitt pro Quadratmeter mehr als ein Kilogramm solcher Organismen der Schlammfauna. An manchen Stellen wurden sogar bis zu drei Kilogramm ermittelt. In größerer Tiefe nahm diese Biomasse wegen der stark zunehmenden Strömungsgeschwindigkeit wieder ab. Auch im Flachwasser gab es erheblich weniger davon; meistens weniger als 100 Gramm. Nur im Herbst, wenn die Wasserstände zu fallen anfingen und nahrungsreichere Tiefenzonen zu flacheren Bereichen wurden, nahm scheinbar auch dort die verfügbare Nahrungsmenge zu. Im Spätsommer erreichte die biologische Produktion den Höhepunkt. Im Frühjahr war viel weniger von ihr vorhanden: Gewöhnlich erreichte die Biomasse kaum mehr als ein Zehntel der Menge, die im Herbst zu finden war.

Die Produktion kam nicht gleichmäßig in Schwung, wie man hätte annehmen können. Vielmehr bildete sich nach einem kleinen Vorgipfel im März ein deutlicher Sattel aus, bevor im Juli die Biomasse in allen Tiefenzonen stark anzusteigen begann. Das hängt mit dem Einsetzen der Gletschermilch zusammen, die im Mai und Juni vom Inn geführt wird. Je nach Verlauf der Witterung kann sie bis tief in den Juli hinein das Wasser trüben oder rascher wieder von der Klarwasserphase abgelöst werden.

Der von der Wassertrübung verursachte Rückgang der Biomasse im Bodenschlamm trifft die Kleintiere nicht annähernd so stark wie die zweite Gruppe von Wasservogelnahrung, die Wasserpflanzen. Sie können in den strömungsgeschützten Buchten nur dann in größerer Menge aufwachsen, wenn entweder überhaupt kein schwebstoffhaltiges Wasser eindringt oder wenn die Trübung nicht den Sommer über anhält. Denn im Gegensatz zu den Mückenlarven und den Würmern im Bodenschlamm brauchen die Wasserpflanzen Licht zum Wachsen. Bei starker Trübung, wie sie die Gletschermilch verursacht, dringt nicht genügend Licht bis zum Boden durch. Die Samen oder die Winterknospen keimen dann nicht. Sind die Lichtverhältnisse günstig, wuchern rasch Massen von Laichkräutern, Wasserpest, Armleuchteralgen oder andere Wasserpflanzen, die im Lauf des Sommers die Buchten füllen. Dort steigt ihre Biomasse bis auf mehr als ein Kilogramm Frischgewicht pro Quadratmeter an; gleichfalls ein attraktives Nahrungsangebot für Wasservögel.

Die Wasserpflanzenentwicklung läßt sich leichter als die der Schlammfauna verfolgen. Die Pflanzen können, Woche für Woche, auf den Probeflächen einfach abgeerntet werden. Da sie praktisch kein Wurzelwerk ausbilden, erfaßt man mit den oberirdischen Sprossen die ganze Pflanzenbiomasse. Durch Abzäunen bestimmter Vergleichsflächen war es möglich, direkt das Ausmaß der Beweidung zu verfolgen, das von den Wasservögeln ausging. Die mengenmäßig wichtigsten Arten, die Bläßhühner, die allein rund 55 Prozent der Wasserpflanzenproduktion verzehrten, die Höckerschwäne, auf die etwa 20 Prozent entfielen, und die Schnatterenten, die sich von den restlichen 15 Prozent ernährten, blieben zum Teil das ganze Jahr über im Gebiet. Im Herbst setzte zwar ein starker Zuzug von Bläßhühnern ein, aber die rund 500 Höckerschwäne gehörten zum Dauerbestand der Inn-Stauseen.

Mit den Prozentangaben wurde schon auf ein wichtiges Ergebnis vorgegriffen: Die pflanzenverwertenden Wasservögel verzehrten zusammen etwa 90 Prozent der aufgewachsenen pflanzlichen Biomasse. Etwa zehn Prozent blieben übrig. Sie fielen als «Zerreibsel» an. Dieser Pflanzenabfall kann dem organischen Abfallmaterial zugerechnet werden, das in seiner Ge-

samtheit Detritus heißt und auch tierische Abfälle enthält. Von
diesem Detritus leben die Mückenlarven und die Schlammröhrenwürmer, aber auch andere Tiergruppen des Bodenschlammes, wie die Klein- und die Großmuscheln. Detritus ist ihre
Nahrungsbasis, ebenso wie die Wasserpflanzen die Nahrungsbasis der Schwäne, Bläßhühner und Schnatterenten sind.

Genaugenommen sind es die Bakterien, die diesen Detritus
zersetzen, von denen die Schlammfauna im wesentlichen lebt.
Aber so detailliert müssen wir die Verhältnisse hier gar nicht
betrachten. Es geht um die größeren Zusammenhänge, insbe-
sondere um die Verhältnisse zwischen Angebot und Verbrauch.
Die Tausende von Schlammproben enthalten hierzu die ent-
scheidenden Befunde. Es war mühsam und aufwendig, die
Proben zu nehmen und sie auszuwerten. Aber sie lohnten sich.
Denn sie deckten die beiden Hauptkanäle des biologischen
Energieflusses im Ökosystem eines solchen Stausees auf.

Der eine Kanal setzt an den Wasserpflanzen an. Der Vorrat, die
stehende Ernte an Wasserpflanzen am Ende des Sommers, betrug 690 Tonnen. Die pflanzenverwertenden Wasservögel verzehrten davon bis zum Beginn der winterlichen Vereisung Ende
Dezember 621 Tonnen. Diese Menge ergab sich aus der Bedarfs-
berechnung für die Bläßhühner, Höckerschwäne und Schnatterenten. 98 Tage lang verzehrten sie Wasserpflanzen. Auf einen ein
Kilogramm schweren «Einheitsvogel» bezogen sind das etwa
300 Gramm pro Tag, und auf mehr als 21 000 solcher Vögel
umgerechnet ergibt sich die Menge von 621 Tonnen.

Die direkte Untersuchung bestätigte die Annahme. Von den
rund 700 Tonnen Wasserpflanzen in der einen großen Bucht, in
der sie aufwachsen konnten, waren nach der Nutzung durch
die Wasservögel nur noch zehn Prozent übrig; das meiste davon
schon zerrieben als Detritus. Dieser enthält auch die Samen
oder die Winterknospen, aus denen im nächsten Frühjahr die
neue Generation von Wasserpflanzen hervorgeht. Ein Nutzungsgrad von 90 Prozent bedeutet eine recht effiziente Nutzung. Er bedeutet aber auch, daß Angebot und Nachfrage in
einem ausgewogenen Verhältnis zueinander stehen. Es waren
gerade so viele Schwäne anwesend, so viele Bläßhühner und

Schnatterenten im Herbst gekommen, daß der Nahrungsvorrat aufgebraucht wurde. Die Effizienz der restlichen zehn Prozent wäre zu gering gewesen. Schließlich müssen die Bläßhühner bis zu zwei Meter tief tauchen, um an die Pflanzen heranzukommen.

Die im Flachwasser wachsenden Pflanzen weiden sie zuerst und recht gründlich ab. Dort sind auch die Schwäne und die Schnatterenten tätig. Letztere parasitieren später im Jahr, wenn das Flachwasser keine Pflanzen mehr enthält, bei den Bläßhühnern. Sie beobachten ein abtauchendes Bläßhuhn, und in dem Augenblick, in dem es die Oberfläche erreicht, versuchen sie blitzschnell ein Stück von den mitgebrachten Wasserpflanzen abzureißen. Sie selbst können nicht tauchen. Für die Bläßhühner bedeutet dies zwar einen Verlust an die Schnatterenten, aber da es noch aufwendiger wäre, diese zu verjagen, finden sie sich damit ab. Die mittelgroße Schnatterente ist nämlich im Gegensatz zu den Bläßhühnern, die lange Anlaufstrecken auf dem Wasserspiegel brauchen, bis sie abheben können, in der Lage, sofort aufzufliegen. Damit entziehen sie sich schnell genug aus der Reichweite der wehrhaften Bläßhühner.

Umgekehrt üben die Bläßhühner Druck auf die großen Höckerschwäne aus, die eigentlich mit Abstand die stärksten unter den pflanzenverwertenden Wasservögeln sind, weil die noch schwerfälligeren Schwäne die Bläßhühner nicht aus ihrem Nahrungsrevier vertreiben können. Der Anteil der Schwäne an den Wasserpflanzenvorräten fällt daher verhältnismäßig gering aus, der Anteil der viel kleineren Schnatterenten jedoch unverhältnismäßig hoch: Die Schwäne brachten es bei der Nutzung des Wasserpflanzenvorrates auf 20 Prozent, die Schnatterenten auf 15 Prozent. Konkurrenzstärke, so die Schlußfolgerung daraus, ist nicht gleichbedeutend mit Körperkraft. Die schwächste Art, die Schnatterente, kommt hier am besten, die stärkste, der Höckerschwan, am schlechtesten weg. Wie im vierten Kapitel beschrieben, haben diese Konkurrenzverhältnisse sehr starken Einfluß auf die Bestandsentwicklung der Höckerschwäne, insbesondere auf die Bestandsregelung und das damit zusammenhängende Territorialverhalten.

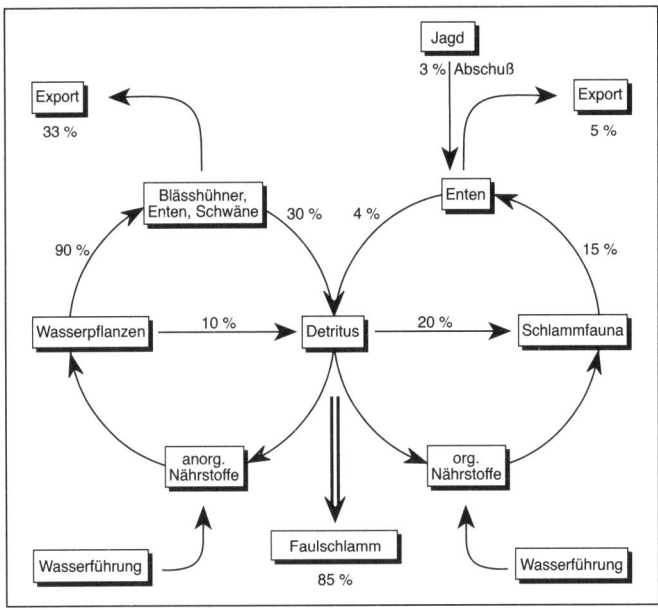

*Abb. 15 Verlauf der Umsätze im Ökosystem der Inn-Stauseen
(Angaben in Prozent = genutzte Anteile zu jedem Pfeil). Der gering-
fügig erscheinende Anteil von nur 3 Prozent von der Jagd abgeschossener
Enten wirkt jedoch über den Vertreibungseffekt nachhaltig auf die übrigen
Umsätze im rechten Teilkreis. Er führte dazu, daß etwa 85 Prozent
der vom Fluß eingetragenen, fäulnisfähigen organischen Stoffe zum
Faulschlamm wurden. Das änderte sich, als die Bejagung der Wasservögel
eingestellt wurde (Abb. 16).*

Der zweite große Kanal des biologischen Energieflusses sind
die Organismen der Schlammfauna, von denen die Wasservögel
leben. Mit einer ähnlichen, jedoch erheblich aufwendigeren
Vorgehensweise ließ sich auch hier der Vorrat bestimmen. Der
Höhepunkt der Schlammfauna-Biomasse wurde im September
erreicht. Dann steckten 4200 Tonnen von ihr in einem der
Stauseen, also rund sechsmal so viel wie Wasserpflanzen-Biomasse. Bei vergleichbaren Verhältnissen hätte nun auch die
sechsfache Menge schlammfaunaverwertender Wasservögel vor-

handen sein sollen. Das war aber nicht der Fall. Vielmehr ergab sich fast die gleiche Zahl von etwas über 21 000 Wasservogel-Einheiten dieses Nutzungstyps. Da die Enten, die von den Kleintieren im Bodenschlamm leben, in ihrer Körpergröße viel enger beisammen liegen als die Schwäne, Bläßhühner und die Schnatterenten, erübrigte sich eine größere Umrechnung.

Die Schlammfauna ist gehaltvoller, als es die Wasserpflanzen sind. Die von Schlammfauna lebenden Wasservögel brauchen deutlich weniger pro Tag; im groben Durchschnitt etwa 200 Gramm bei einem Kilogramm Körpergewicht. Im Gegensatz zu Fischen sind die Mückenlarven oder die Schlammröhren-würmer aber immer noch recht wasserhaltig, so daß mehr von ihnen verzehrt werden müssen als wenn Fische als Nahrungs-grundlage dienen. Auch hier brauchen wir gar nicht weiter ins Detail vordringen. Der errechnete Verbrauch von 550 Tonnen deckte sich wiederum recht gut mit dem direkt nachweisbaren Verzehr an Kleintieren des Bodenschlammes, aber überhaupt nicht mehr mit dem Vorrat. Der Nutzungsgrad schwankte in drei Untersuchungsjahren zwischen 10 und 15 Prozent. So wenig wie die Schlammfaunaverwerter weggebracht hatten, war bei den Wasserpflanzenverwertern übriggeblieben.

Konnte es sein, daß sich die beiden Wasservogelgruppen in der Effizienz ihrer Nahrungsausnutzung so sehr unterscheiden? Das wäre schwer vorstellbar. Denn das Spektrum der Arten, die sich vorwiegend von den Kleintieren im Bodenschlamm ernähren, ist viel größer als das der Pflanzenverwerter. Letztere umfassen nur drei bis vier Arten, erstere aber, zusammen mit den Mischköstlern, bei denen der tierische Anteil den pflanz-lichen überwiegt, ein rundes Dutzend. Drei Arten davon ge-hören allein zu den Tauchenten, die mit viel Aufwand metertief hinabtauchen, um den Bodenschlamm nach Organismen durchzuschnattern, und alle drei kommen in großen Zahlen vor: Reiherente, Tafelente und Schellente. Sie teilen sich sogar in recht feiner jahreszeitlicher Einnischung den von ihnen ge-nutzten Bereich auf. Die Tafelenten erreichen im Spätherbst ihr Maximum, die Reiherenten im Spätwinter oder im Frühjahr, und die Schellenten liegen im Winter dazwischen. Bei den Un-

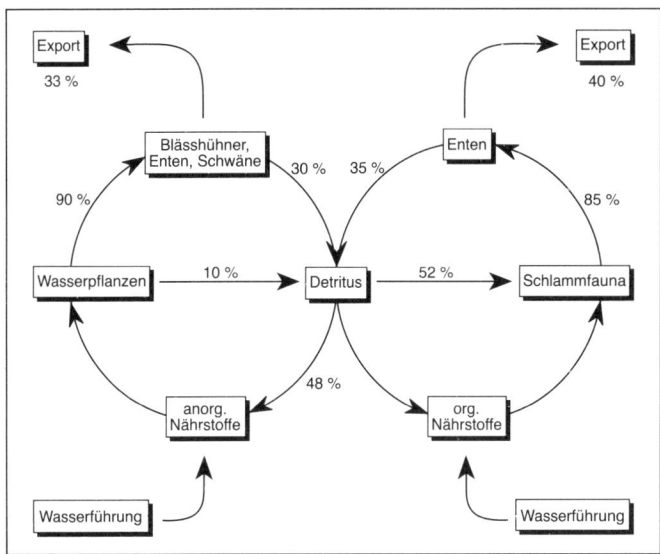

*Abb. 16   Nährstoffkreisläufe im Ökosystem der Inn-Stauseen nach
Einstellung der Jagd: Nun wird die Schlammfauna zu 85 Prozent genutzt, und die Enten exportieren 33 Prozent der aus den Wasserpflanzen
aufgenommenen Nährstoffe sowie 40 Prozent, die von der Schlammfauna
stammen. Es kommt zu keiner Wasserverschmutzung mehr, und die
Bildung von Faulschlamm unterbleibt weitestgehend.*

tersuchungen zeigten sich immer wieder auch Stellen, an denen
die Schlammfauna zu 70 bis 80 Prozent von den Enten «abgeweidet» worden war. Nur in der Gesamtbilanz blieb das Ergebnis so niedrig.

Die Ursache kam bald zutage. Die Wasserpflanzenbestände
waren praktisch vollständig in einer großen Bucht aufgewachsen, die während der Untersuchungen schon unter Naturschutz stand. Die Bejagung der Wasservögel war in diesem
Wasservogelschutzgebiet, wie man es eigentlich auch erwarten
sollte, eingestellt worden. Das Schutzgebiet umfaßte aber nur
diese Bucht, die «Hagenauer Bucht» auf der oberösterreichischen Seite. Die übrigen Stauräume am unteren Inn wurden in

der herkömmlichen Weise bejagt, damals noch von Mitte August bis Mitte Januar.

Nun konzentrierten sich die Untersuchungen auf den Einfluß, der von der Bejagung der Wasservögel auf die Effizienz ihrer Nahrungsnutzung ausgeht. Zunächst galt es, die räumliche Verteilung der Wasservogeljagd zu ermitteln und die abgeschossenen Mengen an Enten festzustellen. Die Jäger waren sehr kooperativ, wußten sie doch, daß sie nur geringe Anteile von den vorhandenen Entenmassen schossen. Tatsächlich beliefen sich die Anteile nur auf drei bis fünf Prozent. Das machte zwar in der Gesamtbilanz der Jagdstrecken mehrere 1 000 Enten aus, aber bei über 100 000, die im Jahreslauf hier rasteten, fällt ein so geringer Prozentsatz in den Bereich der Zählungenauigkeiten. An der Bejagung konnte es also nicht liegen?

Es lag doch daran! Nur wurde der eigentliche Zusammenhang erst deutlich, als die durchschnittlichen Wasservogelmengen während der herbstlichen und frühwinterlichen Jagdzeit auf die in den Stauseen bejagten Flächenanteile bezogen wurden. Dann kam heraus, um was es sich handelte: den Vertreibungseffekt. Nicht die abgeschossenen Enten hatten die Bilanz verändert, sondern die ungleich größere Zahl der bei der Bejagung vertriebenen. Nur im jagdlich befriedeten Schutzgebiet entsprach die Menge der Wasservögel dem Nahrungsangebot. In allen übrigen Bereichen der Inn-Stauseen lag sie mehr oder weniger stark unter dem vom Angebot her zu kalkulierenden Werten. Wo nur ein Drittel der Fläche bejagt worden war, lag der Mittelwert bei 11 000 Wasservögeln im Herbst, bei auf ganzer Fläche ausgeübter Wasservogelbejagung nur noch bei knapp 2 000. Die Bejagung traf vor allem die Gruppe der Schlammfaunaverwerter, weil die Wasserpflanzen im Schutzgebiet aufwuchsen. Der Vertreibungseffekt war die Ursache für den so auffallend geringen Nutzungsgrad.

Nun wäre das dann ziemlich gleichgültig gewesen, wenn es nur um die Menge der abgeschossenen Enten gegangen wäre. Aus der Sicht der Nutzung der Entenbestände oder ihrer Erhaltung ließe sich aus ein paar Prozent abgeschossener Enten gewiß keine Gefährdung ableiten. Schließlich bezog sich dieser

Wert auf die gesamte Zeit der Entenjagd bis Mitte Januar. Danach kehrte Friede ein, und die verbliebenen Enten konnten weitestgehend ungestört überwintern.

Eine solche Sicht wäre indes viel zu eng. Es geht um mehr. Die Enten bleiben nicht isoliert in diesem Stausee-Ökosystem. Ihre Tätigkeit ist eingebunden in Kreisläufe. Die beiden Kanäle des biologischen Energieflusses sind mit den beiden Nutzungsschritten Wasserpflanzen-Wasservögel und Schlammfauna-Wasservögel keineswegs ausreichend charakterisiert. Bei den Wasserpflanzen klang das schon an. Wenn die Enten rund 90 Prozent der Jahresproduktion verzehrt haben und nur zehn Prozent übrigbleiben, wird mehr als nur ein Mengenverhältnis ausgedrückt. Es geht dabei auch um Umsätze.

Das wird klar, wenn wir uns vergegenwärtigen, was passiert, wenn die Wasserpflanzen nicht oder nur höchst unvollständig, zu zehn Prozent vielleicht, abgeweidet würden. Die abgezäunten Probeflächen zeigten den dann eintretenden Effekt genauso deutlich, wie er in engen Buchten in Dammnähe zu beobachten ist, wo häufig genug Menschen hinkommen und sich Wasservögel nicht in nennenswerten Mengen aufhalten. Dort sterben die Pflanzen während der winterlichen Vereisung ab. Ein langsamer Verrottungsprozeß setzt ein. Waren größere Pflanzenmengen vorhanden, bildet sich unter der Eisdecke Faulschlamm, weil nicht genügend Sauerstoff im Wasser vorhanden und nicht genug Zeit gegeben ist, um die Pflanzenmassen vollständig abzubauen. Schicht für Schicht entwickelt sich blauschwarzer, durch Faulgase übelriechender Schlamm. Die Wasserqualität nimmt in diesen Buchten entsprechend ab. Im Lauf der Jahre würden sich die Verhältnisse so verschlechtern, daß fast kein Pflanzenwuchs mehr zustande kommt. An genug Stellen läßt sich diese Entwicklung auch heute noch an den Inn-Stauseen nachvollziehen, weil zwischen den jüngeren, hellen Sand- und Schlickschichten, die von den Hochwässern aufgetragen worden sind, die dicken schwarzen Faulschlammzonen liegen.

Ganz anders sieht es aus, wenn die Wasservögel die Unterwasservegetation genutzt haben. Sie erzeugen dabei nicht nur die schon genannten zehn Prozent Abfall, sondern natürlich auch der Pflanzennutzung entsprechende Mengen an Exkrementen. 30 bis 40 Prozent der verwerteten Pflanzensubstanz kann ihr Anteil betragen. Aber diese Exkremente haben, im Gegensatz zu plötzlich massenhaft absterbenden Wasserpflanzen, einige wichtige Eigenschaften, ja sogar Vorteile. Das organische Restmaterial ist darin schon weitgehend zersetzt. Es wird im Lauf des Herbstes abgegeben, wenn die Wassertemperaturen noch hoch genug für den weiteren bakteriellen Abbau sind, und es kann mit der Strömung verteilt werden. Zu dieser Zeit ist das Wasser noch nahezu mit Sauerstoff gesättigt.

Schließlich fallen jene Anteile an der aufgenommenen Wasserpflanzen-Biomasse weg, die von den Wasservögeln veratmet, das heißt in ihrem Stoffwechsel verbrannt, oder als Fettreserven und Aufbaumaterial im Körper festgelegt worden sind. Ein rundes Drittel verläßt auf diese Weise das Wasser in Form von ausgeatmetem Kohlendioxid und Stoffwechselwasser; der Rest wird mit dem Abzug der Wasservögel regelrecht exportiert. Sie entfernen damit Jahr für Jahr beträchtliche Nährstoffmengen aus dem Gewässer, die sich sonst darin ansammeln würden. Entgegen der weitverbreiteten Annahme, viele Wasservögel würden die Gewässer verschmutzen, trifft genau das Gegenteil zu: sie reinigen es!

Allerdings gilt es nur dann, wenn die Vögel tatsächlich die Nahrung aus dem Gewässer holen und nicht von außen zugefüttert werden. Auf Parkgewässern mit massiver Zufütterung der Wasservögel kommt es durchaus zu Wasserverschmutzung! Überläßt man sie sich selbst, und müssen sie sich nach dem im Wasser vorhandenen Nahrungsangebot richten, werden sie zu Netto-Exporteuren von Nährstoffen.

Die Abbildung 15 zeigt im linken Teil des Kreislaufes, daß die Wasserpflanzenverwerter tatsächlich rund ein Drittel der Nährstoffe, die in diesen Kreislauf einbezogen sind, dem System entziehen. Nicht so im damit gekoppelten rechten Teil, der auf der Schlammfauna aufbaut. Hier sind die Folgen in beide Richtungen zu verfolgen. Der geringe Nutzungsgrad von nur etwa 13 Prozent ermöglicht keinen nennenswerten

Nährstoffexport. Hingegen wird von der Schlammfauna ein viel zu geringer Teil des vom Fluß eingeschwemmten organischen und fäulnisfähigen Materials genutzt. Der weitaus größte Teil fällt als Faulschlamm aus. Ein paar Prozent abgeschossener Wasservögel bringen damit den Kreislauf völlig durcheinander. Im Kurztext heißt das, daß das Wasser weiter belastet wird. Nur wenn die Schlammfaunaverwertung entsprechend hohe Nutzungsraten erzielen könnten, würde der Umsatz intensiv genug werden, so daß sich kein fäulnisfähiges Material ansammelt. Theoretisch ganz überzeugend – aber hält diese Annahme auch einer Überprüfung stand?

Die entscheidende Überprüfung konnte fast nahtlos angeschlossen werden. Die zuständigen Revierinhaber zeigten sich betroffen und bereit, die Probe aufs Exempel zu machen. Sie stellten die Bejagung der Wasservögel freiwillig ein und ermöglichten damit das Großexperiment. Abbildung 16 zeigt das Ergebnis. Nach Einstellung der Jagd auf Wasservögel erreichten auch die Schlammfaunaverwerter ähnlich hohe Leistungen wie die Wasserpflanzennutzer. 85 Prozent der Schlammfauna wurden von den Enten verzehrt. Die verbliebenen 15 Prozent konnten schon während des Herbstes vollends mineralisiert werden. Auch die Wasservogelexkremente setzten die abbauenden Kleinorganismen anscheinend mühelos um. Es gab keine Ansammlung von organischem Detritus mehr. 40 Prozent Export verbesserten die Bilanz nachhaltig; sie kamen zu den unverändert bei etwa 33 Prozent liegenden Mengen hinzu, welche die Pflanzenverwerter aus den Stauräumen abtransportierten.

Beide Kreisläufe waren nun genügend geschlossen. Sie verarbeiteten den Zustrom an organischen Stoffen, welche die Strömung mit sich brachte. Die obersten Schlammschichten wurden hell und blieben gut mit Sauerstoff versorgt. Die «kleine Ursache» des Abschusses von Enten hatte «große Wirkungen» entfaltet: Auswirkungen, mit denen niemand gerechnet hatte.

Damit ist bereits die zweite Ausgangsfrage, zumindest zum Teil, beantwortet. Die Unterschutzstellung war notwendig, weil die beabsichtigten oder unbeabsichtigten Eingriffe des Menschen Wirkungen zeitigten, die der Funktion der Inn-Stauseen als Reservate für Wasservögel und Regenerationsraum für die Flußauen abträglich waren. Der Inn war zu sehr mit Abwässern belastet; weitere Belastungen hätten erhebliche Verschlechterungen bedeutet, zumal in den 70er Jahren der Erholungsdruck stark zunahm. So gut wie nirgends mehr gab es ungestörte, nahrungsreiche Gewässer, auf die sich die Wasservögel hätten zurückziehen können.

Ein anderer Stausee, der Ismaninger Speichersee bei München, der ein Dreivierteljahrhundert lang einen Großteil der Abwässer Münchens aufzunehmen hatte, war wegen seiner ganz miserablen Wasserverhältnisse und als Werksgelände der *Bayernwerk AG* das einzige Gewässer dieser Art, das frei vom Erholungsdruck war und in dem auch keine angelfischereiliche Nutzung im Hochsommer, wie sonst überall an Seen und Stauseen, stattfindet. Dorthin mußten sich die Enten und andere Wasservögel zur Mauser zurückziehen, die sie gerade im Hochsommer für drei Wochen flugunfähig macht. In dieser Zeit haben sie einen besonders hohen Nahrungsbedarf, weil die Federn des Fluggefieders schnell wachsen müssen und kräftig werden sollen. Weil aber große Abwassermengen in den Speichersee eingeleitet wurden, drohte den sich dort versammelnden Wasservögeln immer die Gefahr, daß Seuchen ausbrechen.

Anfang der 70er Jahre, als vielleicht die schlechtesten Wasserverhältnisse eingetreten waren, brach Botulismus aus und tötete mehr als 20000 Wasservögel in wenigen Tagen. Die Seuche wird von einem Bakterium hervorgerufen, das sich nur in sehr sauerstoffarmem bis sauerstofffreiem Milieu entwickelt. Nahe verwandte Typen dieses Bakteriums mit der wissenschaftlichen Bezeichnung *Clostridium botulinum Typ C* rufen beim Menschen die sehr gefährliche Wurstvergiftung hervor. Das Gift, das diese Bakterien produzieren, gehört zu den stärksten Giften, die es in der Natur gibt. Hohe Wassertemperaturen und faulende Tierkadaver sind die Auslöser von Wasservogel-Botulismus. Am Speichersee, aber auch an anderen Konzentrationspunkten der Wasservögel, wo sie vom Erholungsdruck im

Hoch- und Spätsommer auf belastete Refugien zusammenge-
drängt worden sind, gab es in der Folgezeit immer wieder
Ausbrüche von Enten-Botulismus, die Zehntausenden von
Wasservögeln und auch anderen Vögeln das Leben kosteten.
Der ausufernde Erholungsbetrieb, der auch die letzten stillen
Winkel erfaßte, verursachte letztlich diese Verluste.

Es ist so leicht, sich als Vogelfreund und Naturschützer zu
geben, solange keine eigenen Interessen davon betroffen sind
oder Verzichte nötig wären. Die staatlichen Naturschutzbehörden sind aus politischen Gründen oft nicht in der Lage, entsprechende Entscheidungen zu fällen und Verbote zu erlassen. So
ist es nicht gelungen, die angelfischereiliche Nutzung aus dem
Naturschutzgebiet am unteren Inn herauszubekommen oder
wenigstens eine entsprechende Einschränkung zu erwirken,
wie sie für die Sicherung der Brutbestände der Wasservögel
notwendig wären.

Die Angler haben auch nach 20 Jahren des Bestehens dieses
Schutzgebietes von internationaler Bedeutung unbeschränkten
Zutritt. Sie dürfen mitten in der Brutzeit in die stillen Buchten
und abgelegenen Winkel fahren, Boote benutzen und für die
Allgemeinheit gesperrte Wege befahren, obwohl seit 15 Jahren
bekannt ist, daß ihr Vorhandensein zur Brutzeit die Bestände an
brütenden Wasservögeln um 80 Prozent herunterdrückt. Schon
ein bis zwei Angler pro Kilometer Ufer reichen aus, um scheue
Wasservogelarten am Brüten zu hindern oder sie zur Aufgabe
ihrer Nester zu veranlassen.

Wiederum wurde der Beweis dafür direkt im Gelände er-
bracht. Auf österreichischer Seite wurde das wichtigste Brut-
gebiet für Wasservögel, das nach dem Bau einer Straße in das
Schutzgebiet am unteren Inn für die Angler zugänglich geworden war, zur Brutzeit gesperrt. Die Folge davon war, daß sich
die dezimierten Brutbestände schon im darauffolgenden Jahr
wieder auf das ursprüngliche Niveau erholten. Im bayerischen
Teil des Schutzgebietes, das mit dem Prädikat «Europareservat»
ausgezeichnet worden ist, hat auch der speziell interessierte
Naturfreund so gut wie keine Chance, Zutritt zu erhalten.
Ausnahmegenehmigungen werden sehr restriktiv gehandhabt.

An sich wäre das bei der allgemeinen Überlastung naturreicher Gebiete ganz richtig. Aber die Einschränkung gereicht zur Farce, weil Hunderte von Anglern allein durch den Besitz einer für das Gebiet gültigen Angelkarte ungehinderten und uneingeschränkten Zutritt haben. So gut das Schutzgebiet hinsichtlich der durchziehenden und rastenden Wasservögel funktioniert, so schlecht ist es aus diesem Grund um die Brutbestände bestellt. Viele seltene Arten gingen in den letzten beiden Jahrzehnten seit der offiziellen Ausweisung zum Naturschutzgebiet zurück, weil zur Brutzeit nicht nur keine Entlastung kam, sondern die Störungen zugenommen haben. Nur störungstolerante Arten, wie Schwäne, Stockenten und Bläßhühner, brüten, auf die Brutkapazität des Schutzgebietes bezogen, in annähernd normalen Beständen. Deshalb ist es unerläßlich, daß wirkungsvolle Schutzmaßnahmen ergriffen werden.

Vielleicht ist es schon bald zu spät. Die Entwicklung geht weiter. Nach und nach hat sich die Wasserqualität des Inns verbessert. Immer mehr Kläranlagen wurden in Betrieb genommen. Außerdem stieg in den Stauräumen die Strömungsgeschwindigkeit, weil die Auflandung fortschritt. Sie hat sich nun stabilisiert. Die Verbesserung der Wasserqualität bedeutet einen Rückgang der Produktivität. Immer weniger organisches Material steht den Organismen der Schlammfauna zur Verfügung. Ihre Bestände gehen zurück. Die Mengen verlagern sich; «Qualität» gewinnt an Bedeutung. Seit den späten 8oer Jahren finden sich auf den Stauseen am unteren Inn nur noch 10 bis 20 Prozent der früheren Wasservogelmengen ein. Sie stehen dennoch im Einklang mit dem Nahrungsangebot, weil die Bejagung weiterhin eingestellt ist.

Haben sich viele Wasserpflanzen entwickelt, kommen viele Bläßhühner oder Schnatterenten – und umgekehrt. Das gilt auch für die Tauchenten und die anderen Wasservögel, die sich von der Schlammfauna ernähren. In Zunahme begriffen waren dagegen in den letzten zehn Jahren die Fischverwerter. Sie signalisierten damit den Wechsel in den Lebensgemeinschaften im Wasser. Die verbesserte Wasserqualität kam den Fischen zugute. Davon profitierten Kormorane und Reiher. Aber auch für

sie blieben die Stauseen nur rund ein Jahrzehnt überdurch-
schnittlich ertragreich. Längst gehen auch die Fischbestände
wieder zurück, weil immer weniger Nahrung von der Strömung herangeführt und in die Buchten eingetragen wird.

Am Schwinden der Fischbestände sind nicht die Kormorane
schuld, sondern die Entwicklungen in der Wasserqualität. In
ein paar Jahren, längstens nach gut einem Jahrzehnt, werden
sich insgesamt die alten Verhältnisse eingestellt haben, wie sie
vor der Regulierung und vor der massiven Belastung mit Abwässern herrschten. Der Inn wird wieder ein verhältnismäßig
wenig produktiver, eiskalter Alpenfluß sein, der mit derselben
Geschwindigkeit wie vor der Regulierung durch die verlande-
ten Stauräume fließt. Verbleiben sie Naturschutzgebiet und
wird dieser Schutz in allen Bereichen wirkungsvoll, werden
sich hier seltene Arten einstellen. Sie kommen nicht in großen
Beständen vor, denn die trägt das Gewässer nicht; sie brauchen
ausreichend Schutz, werden sich aber nach und nach an den
Menschen gewöhnen, wenn er ihnen nicht mehr nachstellt.
Wie die Biber, die an den Inn-Stauseen eine neue Heimat gefunden haben.

Was als Ausblick bleibt, ist ernüchternd. Machen wir dennoch die Bilanz auf. 3500 Tonnen Biomasse produzierte ein
Inn-Stausee in seinen besten Zeiten. Sie entsprachen umgerechnet einem Energiefluß von 3,5 Millionen Kilowattstunden.
Wie fügen sich diese beiden Kenngrößen in den allgemeinen
Energiefluß und in die Stoffumsetzungen ein, die in einem solchen Stausee-Ökosystem ablaufen? Oder anders gefragt: Wel-
chen Anteil macht der lebenserfüllte Teil an den Abläufen im
Naturhaushalt aus?

Betrachten wir zunächst die Materialfrachten. Durch den
Stausee fließen durchschnittlich 20 Milliarden Kubikmeter
Wasser pro Jahr. Sie transportieren 2,8 Millionen Tonnen
Schwebstoffe. Die Biomasseproduktion belief sich auf 3500
Tonnen pro Jahr; der Export davon auf 1500 Tonnen, vor-
nehmlich durch Wasservögel, aber auch durch Fische, die ab-
wanderten oder herausgefangen wurden. Setzt man die 2×10^{10}
Tonnen Wasser gleich 100 Prozent, dann machen die festen

Schwebstoffe 0,014 Prozent, die Biomasse nur noch 0,00002 Prozent und der Export 7,5 Millionstel eines Prozents aus. Das grenzt an nichts.

Ganz ähnlich sieht es mit dem Energiefluß aus. Die Energieleistung des Flusses im Staubereich beträgt etwa 600 Millionen Kilowattstunden; 480 Millionen davon werden zur Erzeugung von elektrischem Strom genutzt. Das ist nur ein kleiner Teil der von der Quelle bis zur Mündung insgesamt im Fluß steckenden Energie. Der biologische Energiefluß erreichte immerhin 3,5 Millionen Kilowattstunden, also 0,6 Prozent. Nach Abschluß der Verlandung und Verbesserung der Wasserqualität ging er auf ein Zwanzigstel davon zurück. Da auch die Erzeugung von Strom nur einen kleinen Teil der tatsächlich im Fluß steckenden Energie ausnutzt, ergibt sich das gleiche Bild wie bei den Materialfrachten: Die Leistungen des Ökosystems grenzen an Null. Dabei handelt es sich bei einem solchen Stausee-Ökosystem um ein hochproduktives!

8. Verrostende Gewässer

Ein einfaches Ökosystem:
Eisenbakterien und ihre Umwelt

Die Beschränkung auf die mengenmäßig wesentlichen Vorgänge, wie sie im voranstehenden Kapitel vorgenommen wurde,
vereinfacht das Stausee-Ökosystem ganz beträchtlich. Die tatsächliche Vielfalt der Arten und ihrer Umweltbeziehungen wird
mit dieser Art des Vorgehens zwar überschaubarer gemacht,
aber eben auch vergröbert. Zahlreiche Feinheiten gehen dabei
verloren. Die ökologische Forschung muß diesen Weg wählen,
weil sie sonst im Detail steckenbleibt. Die Vielfalt der Beziehungen läßt sich auch mit den leistungsfähigsten Computern
noch nicht bewältigen. So formen allein die rund 120 verschiedenen Arten von Wasservögeln, welche die Inn-Stauseen alljährlich aufsuchen, ein dichtverwobenes Netzwerk von Wechselbeziehungen untereinander und mit ihrer Umwelt. Diese
setzt sich nicht einfach aus «Wasserpflanzen», «Schlammfauna»
und «Fischen» zusammen, sondern aus Dutzenden verschiedener Wasserpflanzenarten, Hunderten von Kleintierarten und
wenigstens 20 verschiedenen Fischarten. Dazu kommen Groß-
insekten, Schnecken und Muscheln, Säugetiere, wie die Bisamratte oder der Biber, mehrere Arten von Mäusen und Spitz-
mäusen und einige Arten von Fröschen, Kröten und Molchen.
Insgesamt sind mehr als 1000 Tier- und Pflanzenarten im Netzwerk dieses Stausee-Ökosystems beteiligt; die Fülle der ein-
zelligen Organismen und der Bakterien kennen wir so gut wie
gar nicht.

Jahrzehntelang verlor sich die ökologische Forschung in diesem Labyrinth von Arten und Wechselbeziehungen, ohne nennenswerte Erkenntnisfortschritte zu gewinnen. Die Artenzahl
war einfach zu groß, gleich ob es sich um eine Wiese, einen Wald

oder einen See handelte. Die Forschungen lieferten Schaubilder der Komplexität, aber keine Voraussagen, wie sich das jeweilige System verhalten oder weiterentwickeln wird. Jede weitere Überprüfung zeigte, daß zwar ein Teil der Arten und Beziehungen weiter vorhanden war, daß aber zahlreiche neue hinzugekommen und andere verschwunden sind. Beim Versuch, sie zu fassen, zerrann das komplexe Gebilde wie Nebel.

Rigorose Vereinfachung brachte den Fortschritt. Die Ökosystemforschung konnte erst einsetzen und zu einer zentralen Richtung innerhalb der Ökologie werden, als sich das Augenmerk auf die Stoffkreisläufe und Energieflüsse richtete. Die beteiligten Organismen wurden zu «Funktionseinheiten» und als solche mit Erfolg zu funktionellen Gruppen zusammengefaßt, deren Gesamtverhalten und Leistungsfähigkeit die Schlüssel zum Verständnis der Abläufe lieferte.

Mehr noch: Dieser funktionelle Ansatz ermöglichte eine fast beliebige Abgrenzung der Systeme, die untersucht werden sollten. In der Ökosystemforschung steckt die Fragestellung den Rahmen ab. Das System bekommt ein Innen und ein Außen einfach zugeteilt durch die Abgrenzung, die vorgenommen wird. Ökosysteme sind keine «natürlichen Funktionseinheiten» oder gar so etwas wie «Super-Organismen», sondern willkürlich, zumeist aus praktischen Gründen abgegrenzte Ausschnitte aus dem Naturhaushalt. Sie haben kein Innen und Außen wie ein Organismus. Es fehlt ihnen die zentrale Funktionssteuerung, die das Innenleben eines jeden Organismus reguliert, und sie sind infolgedessen auch nicht in der Lage, sich fortzupflanzen. Wer sie mit Super-Organismen gleichsetzt, macht schwerwiegende Fehler. Ökosysteme können beliebige Zustände ein nehmen und diese mehr oder minder lange beibehalten, schnell wechseln oder kontinuierlich verändern, ohne daß das irgendwelche Bedeutung für sie oder für ihre Abgrenzung hätte.

Das hat Folgen für unsere Vorstellung vom «Gleichgewicht in der Natur». Darauf werde ich im Abschlußkapitel zurückkommen. An dieser Stelle kommt es auf etwas anderes an, das mit diesem Ökosystem-Begriff zusammenhängt. Ohne weitere Erläuterung war der Stausee einfach als Ökosystem be-

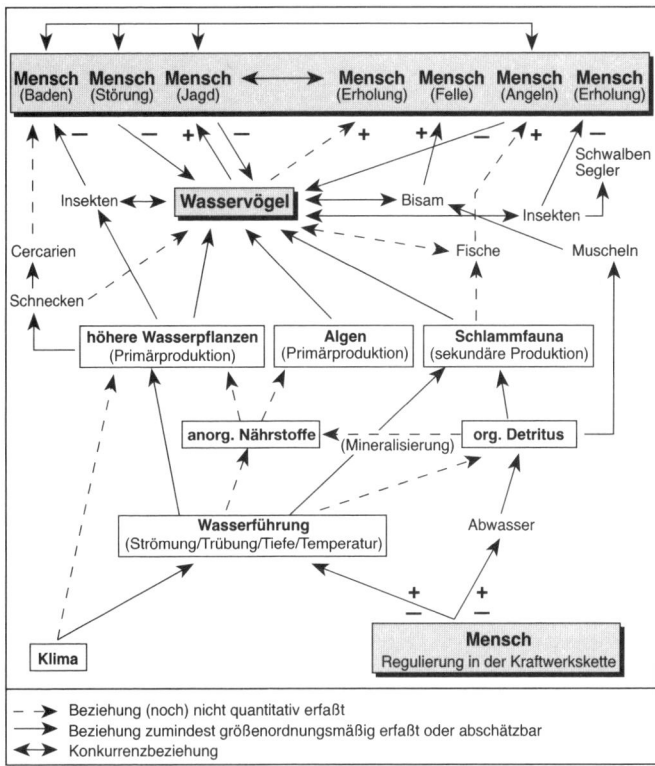

*Abb. 17   Sehr stark vereinfacht und doch komplex genug ist das
Schaubild zu den Abläufen und Beziehungen im Ökosystem
der Inn-Stauseen. Das Verhalten eines komplexen Systems läßt sich nicht
vollständig vorhersagen.*

trachtet und mit seinen äußeren Grenzen, die von der Technik
gezogen worden sind, auch als System abgegrenzt worden.
Alles Beschriebene spielte sich innerhalb des Stauraumes ab:
die Stoffkreisläufe und der Energiefluß, die Veränderungen im
Zusammenhang mit der Verlandung, die Wiederherstellung
einer naturnahen Flußaue in den weitflächigen Verlandungs-
zonen, das Kommen und Gehen der Wasservögel, und so fort.
Da die Dämme klare Grenzen ziehen, erscheint eine solche

Abgrenzung auch in ökologischer Hinsicht sinnvoll und richtig.

Dennoch hat sie Folgen; sogar ziemlich unerwartete und weitreichende. Überall da, wo Dämme gezogen worden sind, kam es unweigerlich zur Trennung des früheren Einflußbereiches – Teile der Aue – vom Fluß. Das Hochwasser kann nur so weit wirken, wie es die Stauraumbegrenzung zuläßt. Ausgegliederte, durch die Dämme vom Fluß abgeschnürte Auen werden nicht mehr überflutet oder nur noch auf eine andere Weise durch Rückstau der Zuflüsse, die bei Hochwasser nicht mehr in den Inn fließen können. Wenige Jahre nach ihrer Errichtung wurden die Dämme dicht. Die feinsten Schwebstoffe der Gletschermilch verstopften alle Poren und verhindern, daß Flußwasser nach außen durchsickert.

Der Wegfall der früher meist alljährlichen Überschwemmungen ließ eine landwirtschaftliche Nutzung der Aueböden zu. Große Flächen ehemaligen Auwaldes wurden gerodet und zu Maisfeldern umgewandelt. Die Veränderung bedeutet einen gewaltigen Verlust an Artenvielfalt, denn die Auen sind so ziemlich der artenreichste, die Maisfelder der artenärmste Lebensraum in Mitteleuropa. Stellenweise wurden auch auf größeren Flächen Pflanzungen kanadischer Hybridpappeln angelegt, die zwar nicht ganz so artenarm wie die Maisfelder sind, aber dennoch kaum mehr etwas mit der natürlichen Reichhaltigkeit des Auwaldes gemeinsam haben. Nur wenige Arten, wie der Pirol, der gerne in den hohen Astgabeln dieser Pappeln nistet, oder der seltene Schlagschwirl, der im dichten Unterholz lebt, profitierten davon. Insgesamt ergab sich ein starker Verlust in der Artenbilanz außerhalb der Dämme.

Wollte man eine umfassendere Bilanz machen, müssen diese Verluste den Gewinnen innerhalb der Stauanlagen gegenübergestellt werden. Daß diese Bilanz für die Inn-Stauseen dennoch so positiv ausfällt, daß sie mit Fug und Recht zu Feuchtgebieten von internationaler Bedeutung ernannt und als Europareservat ausgewiesen worden sind, spiegelt das ganz unerwartet hohe Ausmaß der inneren Renaturierung wider, die weit größere und reichhaltigere Naturflächen wiedererstehen ließ als sie außerhalb der Dämme verlorengingen. Wären die Flächenbilanzen in dieser Hinsicht nicht so sehr zugunsten der Renaturierung in den Stauseen gelagert, hätten sie gewiß ähnlich kritische Ablehnung verdient, wie viele andere Aufstauprojekte an mitteleuropäischen Flüssen. Wenn Stauseeprojekte vom Naturschutz abgelehnt werden, während ebendieser Naturschutz die Ausweisung anderer Stauseen als Naturschutzgebiete fordert, so hat das gute Gründe. Der Naturschutz kann auf sachlich-ökologischer Basis sehr wohl unterscheiden und in gewissem Sinn auch werten.

Diese Einschränkung ist notwendig. Denn die Komplexität der Natur bringt es mit sich, daß wohl niemals eine wirklich umfassende Vorhersage ihres Verhaltens möglich sein wird. Auch dazu lieferten die Stauseen am unteren Inn ein lehrbuchhaftes Beispiel. Es läßt sich, insbesondere im Frühjahr, in den Innauen beobachten. Gerade dann, wenn das erste frische Grün sprießt, färben sich Gräben und Altwässer in den Auwäldern am unteren Inn außerhalb der Stauseen intensiv ockerrot. Das Wasser sieht aus, als ob Tankwagenladungen gelbroter Farbe hineingekippt worden wären. Die Farbintensität wechselt von hellem Ockerrot über ein kräftiges Rotbraun bis hin zu braunschwarz. An flachen Stellen bilden sich ölig-schillernde Beläge auf der Wasseroberfäche. Dunkel-rotbraun sind die Stengel von Schilf und Seggen, soweit sie sich im Wasser befinden. In Gräben, in denen das Wasser fließt, treiben dicke gelbrote Flocken mit der Strömung ab. Sie lösen sich vom Grund und vom Ufer, wo die Farbe regelrecht zu wachsen scheint. In stehenden Gewässern dunkelt das Rotbraun schneller als in leicht fließenden Abschnitten. Rührt man darin, treten schwarzbraune, blauschwarze bis tiefschwarze Fetzen an die Oberfläche, und der Geruch nach faulen Eiern, verursacht von Schwefelwasserstoff, breitet sich aus.

Gewässer, die von diesen Vorgängen stark erfaßt worden sind, erweisen sich bei genauerer Überprüfung als «tot». Kein einziger Organismus ist zu finden. Man müßte schon das Mikroskop zu Hilfe nehmen, um noch ein Lebewesen zu finden. Nur an der Wasseroberfläche halten sich, später im Sommer,

Wasserläufer auf und fangen Insekten, die aufs Wasser fallen. Auch die obersten Wasserschichten können noch ein wenig von Leben erfüllt sein, und unter besonderen Bedingungen schafft es eine Zuckmückenart, hier zu überleben. Ihre dünnen, recht beweglichen Larven benagen die schleimig-gelbroten Beläge. Bei stärkerer Vergrößerung ist zu erkennen, daß sie sich kleine Flocken der ockerfarbenen Substanz einverleiben. Das geht nur, wenn das Wasser darüber noch wenigstens vier Milligramm Sauerstoff im Liter enthält. Meistens fällt der Sauerstoffgehalt aber unter ein Milligramm ab, und wenige Zentimeter unter der oberen Schicht der Farbbildung läßt sich nahezu überhaupt kein gelöster Sauerstoff mehr nachweisen.

Die Verursacher sind Bakterien. Sie stecken in Schleimscheiden und sondern Eisenoxid ab, und zwar das dreiwertige in Form von Eisenoxihydrat. Eisen spielt in ihrem Leben eine zentrale Rolle. Aus der «Verbrennung» von zweiwertigem (FeO) zu dreiwertigem (Fe_2O_3) Eisen gewinnen sie ihre Lebensenergie. Die Ausbeute an Energie ist mit einem Zwanzigstel des Ergebnisses der (für uns) normalen Sauerstoffatmung zwar dürftig, aber die Eisenbakterien sind keine anspruchsvollen Organismen. Für ihre Lebenstätigkeit reichen die 135,6 Kilojoule Energie, die auf zwei Mol umgesetztes Eisen freiwerden. Die Reaktion verbraucht dabei Sauerstoff; und dieser fehlt dann im Wasser, vor allem im Bodenschlamm, wenn die Eisenbakterien kräftig wuchern. Der chemische Vorgang läßt sich mit dem Verrosten von Eisen vergleichen. Deshalb ist die Bezeichnung «verrostende Gewässer» gar nicht so übertrieben.

So einfach diese chemische Reaktion ist, so komplex sind ihre Folgen. Die Verknappung von Sauerstoff bis zur praktisch völligen Zehrung ist nur *eine* Auswirkung. Sie führt zur unvollständigen Zersetzung organischer, eiweißhaltiger Stoffe im Gewässer. Der darin enthaltene Schwefel wird zu Schwefelwasserstoff (H_2S) umgebaut. Dieser reagiert mit dem Eisen zu schwarzem Schwefeleisen (FeS), das sich in unterschiedlichen Mengenverhältnissen mit dem Ocker vermischt und die verschiedensten Farbabstufungen zwischen hell-ockerrot und blauschwarz erzeugt. Dieser Ockerschlamm ist ausgesprochen

Abb. 18   Leuchtend rot sind die schwammigen Beläge, die sich in diesem Graben am unteren Inn entwickeln. Es handelt sich um Massenvermehrungen von Eisenbakterien, also um einen natürlichen Vorgang.

lebensfeindlich. Seine Bestandteile können nicht mehr in die biologischen Kreisläufe zurückgeführt werden.

Doch lange bevor sich diese Endstufe der Entwicklung einstellt, kommt es zur Verödung im Gewässer. Die feinen Ockerflöckchen, die sich bilden, weil das Eisenoxid in den Schleimscheiden der Bakterien steckenbleibt, geraten schon bei Beginn stärkerer Verockerung an die atmungsaktiven Oberflächen der Lebewesen im Wasser. Sie verstopfen die Kiemen der Fische und die entsprechenden Einrichtungen der Larven von Libellen und anderen Wasserinsekten. Sie lagern sich den Wasserpflanzen an und beeinträchtigen den Gasaustausch. Die wenigen Spezialisten, wie die schon genannte Larve einer Zuckmückenart, sind nicht in der Lage, durch Verzehr der Bakterienrasen ihr Wachstum in nennenswertem Umfang zu stoppen. Im Gegenteil: Gerade im noch gut mit Sauerstoff versorgten Gewässer wuchern die Eisenbakterien besonders schnell, weil sie für die Nutzung des gelösten Eisens Sauerstoff benötigen. Mit dem Verbrauch von Sauerstoff verschlechtern sie ihre Lebensbedingungen.

Die Verockerung findet nicht nur im Gewässer selbst statt, sondern auch im Uferbereich, insbesondere in den sumpfigen Zonen. Dort beeinträchtigt sie das Pflanzenwachstum sichtlich. Die Schilfbestände werden lichter, weil die Halmzahl pro Quadratmeter auf ein Viertel des Normalwertes oder weniger abnimmt. Auch die Höhe des Schilfes geht zurück und die Halme bleiben recht dünn; nicht selten zu dünn, um dem Druck oder Zug von Wind und Witterung noch standhalten zu können. Beeinträchtigt wird auch das Wachstum der Seggen, nur nicht so auffällig, weil die Großseggen im Gebiet zumeist in dichten Büschen wachsen. Die schlechte Sauerstoffversorgung im Boden hindert Bäume und Sträucher daran, in die Verockerungszonen vorzudringen. Es entwickeln sich kaum mehr Insekten im Boden, so daß die davon lebenden Vogelarten rückläufige Bestände zeigen. Und so fort – die Auswirkungen sind vielfältig.

Der Rückgang der Fischvorkommen ist ein erstes Signal, daß der Verockerungsprozeß in Gang gekommen ist. Er wird, wenn nicht drastische Gegenmaßnahmen ergriffen werden, weitergehen und schließlich jenen rotbraunen bis schwarzblauen Schlamm erzeugen, aus dem sich auf absehbare Zeit nichts mehr herausholen läßt. In ferner Zukunft kann sich daraus ein Eisenerzvorkommen bilden, wie das vor vielen Jahrmillionen an verschiedenen Stellen der Erde geschehen ist. Bedeutende Eisenlagerstätten, wie die lothringische Minette, verdanken ihre Entstehung der Tätigkeit der Eisenbakterien. Solche Aussichten sind für uns hier und heute ziemlich belanglos.

Die Verockerung wird als «Umweltkatastrophe» eingestuft, auch wenn die davon betroffenen Gewässer insgesamt nur ein paar Quadratkilometer ergeben würden. Ihre Verteilung am unteren Inn im niederbayerischen Teil des Inntales weist auf einen Zusammenhang hin, der erst durch umfangreichere Forschungen aufgedeckt werden konnte. Früher gab es das nicht, meinen übereinstimmend die Kenner des Gebietes. Die Verockerungen begannen erst in den 50er und 60er Jahren, stellenweise auch noch später.

Anfangs schien es sich nur um Sickergräben und nahe den Dämmen gelegene Altwässer zu handeln, die von der Verockerung erfaßt wurden. Merkwürdigerweise blieben sie aber fast ausnahmslos auf die niederbayerische Seite beschränkt. Am rechten Inn-Ufer auf der oberösterreichischen Seite gab es keine Anzeichen dafür, wohl aber hinter dem Damm an der Salzachmündung zwischen Inn und Salzach. Auffällig war auch, daß sich die Verockerung mosaikartig verteilte. Es gab sehr stark verockerte Altwässer neben solchen, die nicht die Spur davon zeigten. Absolut nichts davon ließ sich innerhalb der Stauräume feststellen; auch dann nicht, wenn eine starke Verockerung jenseits des Dammes herrschte und der betroffene Altwasserzug eigentlich innerhalb des Stauraumes seine Fortsetzung hatte. Nur der Damm trennte den ehemaligen Seitenarm des Inns ab.

Könnten eiserne Spundwände in den Dämmen die Verursacher sein? Diese anfänglich ins Auge gefaßte Möglichkeit mußte verworfen werden, weil sich herausstellte, daß auch außerhalb der Dämme dort, wo zwar Dämme ausgebildet wa-

ren, aber kein Wasserdruck von innen nach außen gerichtet sein
konnte, weil der Fluß dafür viel zu tief lag, durchaus – sogar
sehr starke – Verockerungen auftreten konnten. Sie fehlten auf
der österreichischen Seite in entgegengesetzter Position, nämlich wenn im kraftwerksnahen Bereich der neue Wasserspiegel
des Stausees hoch über dem Hinterland lag und folglich, zumindest bis zur Abdichtung des Dammes, ein starker Wasserdruck durch den Damm hindurch gegeben war. Dort hätte
stärker Eisen aus den Spundwänden herausgelöst worden sein
müssen als weit flußaufwärts, wo ohne Druck von innen starke
Verockerungen außen aufgetreten sind. Eine Eisenquelle muß
aber auf jeden Fall die Ursache sein, denn die Eisenbakterien
benötigen den erhöhten Eisengehalt, um sich entwickeln zu
können.

Die Lösung dieser rätselhaften Verhältnisse greift weit über
den Fluß und die Talaue hinaus. Die Quelle des Eisens sind die
aus der Tertiärzeit stammenden Lehme des an das Inntal angrenzenden niederbayerischen Hügellandes. Die Niederschläge
bringen Spuren davon in Lösung und tragen das Eisen ins
Grundwasser. Ohne auffällige Erhöhung des Eisengehaltes
fließt es ins Inntal hinunter, metertief unter der Erde. Dort
wird dieser Grundwasserstrom von einem anderen überlagert,
der im Tal selbst entsteht. Die eiszeitlichen Schottermassen des
Inntales sind erdgeschichtlich viel jünger als der Lehm im angrenzenden Hügelland und arm an Eisen oder Eisenverbindun-
gen. Die Bäche, die im Inntal entspringen und vom Grundwasser der eiszeitlichen Schottermassen gespeist werden, enthalten
sehr wenig gelöstes Eisen. Sie fließen durch das Tal und erreichen den Fluß.

Südlich davon grenzen andere geologische Formationen an,
die nicht aus der Tertiärzeit stammen und die keine eisenhaltigen Böden aufweisen. Das von dort kommende Grund- und
Oberflächenwasser ist arm an Eisen oder weist normale Werte
auf. Nur das aus dem Tertiärhügelland stammende bringt mehr
als üblich Eisen gelöst mit sich. Es tritt nun an den tiefsten
Stellen des Tales zutage. Das sind die Sickergräben entlang der
Dämme oder die Altwässer in den Auen und nicht mehr die

Flußsohle. Diese wurde durch die Eindämmung vom Grundwasser getrennt.

Seit die Dämme abgedichtet sind, dringt weder Wasser aus den Stauräumen nach außen, noch kann das Grundwasser von draußen zum Fluß kommen. Es muß entweder in Poldern gesammelt und über den Damm gepumpt werden oder, wo dies möglich ist, am Damm entlang bis zum Kraftwerk und daran vorbeigeführt werden, bis es in den flußabwärts anschließenden Stauraum, nun ganz oben, eingeleitet werden kann. Mit dieser Umleitung der Bäche aus dem Vorland erhalten die vom Fluß abgetrennten Seitenarme, die zu Altwasserketten geworden sind, einen gewissen Frischwasserzustrom, der ihre Verlandung zwar nicht unterbindet, aber doch deutlich abbremst. Die Entwässerung zu den Stauräumen hin schien damit technisch perfekt vollzogen – bis sich die Verockerungen zeigten!

Warum es überhaupt dazu kommt, ist nun klar. Ursprünglich, im natürlichen wie im regulierten Zustand des Flusses, transportierte das Grundwasser gelöstes Eisen in leicht erhöhten Konzentrationen. Das war seit Urzeiten so, nämlich seit sich die eisenhaltigen Flächen des Tertiärhügellandes vor vielleicht 30 Millionen Jahren gebildet hatten. Verockerungen bildeten sich deshalb nicht in erkennbaren Mengen aus, weil die Hochwässer immer wieder für eine Ausräumung sorgten. Wo die Bakterien zu wuchern anfingen und Ockerschlämme bildeten, dauerte der Vorgang nur kurze Zeit, höchstens ein paar Jahre. Dann brachte der Fluß mit Sicherheit wieder ein entsprechend starkes Hochwasser, das den Ockerschlamm mit sich riß und zum Schwarzen Meer abtransportierte.

Erst mit der Einstauung änderte sich die Lage nachhaltig. Das Grundwasser hat nun auf kilometerlangen Strecken keinen Zugang zum Fluß mehr. Es staut sich an den tiefsten Stellen des Tales und tritt zutage. Nun setzt die Tätigkeit der Eisenbakterien ein. Was diese mikroskopisch kleinen Winzlinge leisten, erscheint vernachlässigbar; noch weniger bedeutsam als die Anteile am Stofftransport und Energiefluß, welche die Fülle der Organismen in den Stausee-Ökosystemen einnehmen. Aber dann verstärken sich die Einzelleistungen der Eisenbakterien milliarden- und abermilliardenfach. Exponentielles Wachstum hat eingesetzt. Es bereitet uns nach wie vor große Schwierigkeiten in der Vorstellung, weil wir gewohnt sind, in einfachen, linearen Zusammenhängen zu denken.

Was anfängt, sich exponentiell zu entwickeln, sieht anfangs in der Tat wie keine Veränderung aus. Jahrelang blieb die beginnende Verockerung unbemerkt, weil die Flöckchen die sich bildeten, zu winzig waren. Damals, in der Anfangsphase, hätte ihr noch entgegengewirkt werden können. Vielleicht hätte die Wassermenge gereicht, die später über Heberleitungen aus den Stauseen in die verockernden Gewässer geholt wurden, um den aufkeimenden Wuchs der Eisenbakterien wieder – und rechtzeitig – auszuschwemmen. Nachdem sie sich aber richtig festgesetzt hatten und die Gewässer erfüllten, reichten ein paar Sekundenliter Frischwasser nicht mehr. Jetzt müßten wirklich starke Hochwässer durch die Altwasserzüge und Ockergräben geleitet werden können, um diese wieder zu säubern und einen Neubeginn zu ermöglichen.

Die Altwässer sind im niederbayerischen Inntal zu Eisenfallen geworden. Stellenweise lassen sich schon über 300 Milligramm Eisen pro Liter im Bodenschlamm feststellen; Tendenz steigend, solange die Bakterien weiterwuchern können. Die Altwässer sind damit auf absehbare Zeit grundsätzlich verändert. Sie präsentieren ein Naturphänomen, das sich selten in dieser Klarheit beobachten läßt. So betrachtet, ist die Verockerung gar nicht so schlimm. Allerdings sehen die Nutzer, wie etwa die Fischerei, das anders.

Die Verockerung ist ein durch und durch natürlicher Vorgang. Der Eingriff, den der Wasserbau vornahm, hat nur die Rahmenbedingungen verändert. Dadurch konnte der Prozeß in Gang kommen. Entscheidend ist dabei, daß niemand vorher in der Lage gewesen wäre, bei der Beurteilung eines derartigen Stauseeprojektes solche Folgen vorauszusagen. Daß sich die Verockerung einstellte, ist kein Versagen der Technik, kein Fehler der Planungsbehörden oder kein Zeichen dafür, daß schlampig gearbeitet worden wäre. Sie war schlicht und einfach nicht vorhersehbar. Die Natur ist zu komplex. Wir kön-

nen Glück haben und in einem Fall die Auswirkungen eines
Eingriffes ausreichend richtig abschätzen, wir können aber
auch Pech haben, und später wesentliche Folgen überhaupt
nicht vorausahnen, geschweige denn vorausberechnen. Dreh-
und Angelpunkt dieser Feststellung ist die Tatsache, daß nicht-
lineare, oft exponentiell verlaufende Entwicklungen sich jeder
Voraussage entziehen, wenn man sie vom Ansatz her nicht
kennt. Die Natur ist so, und nicht so, wie wir uns das oft
wünschen würden.

Die Verockerung der Altwässer vermittelt aber noch eine
weitere, ziemlich bedeutsame Erkenntnis. Es sind auch die Systeme der Natur nicht «naturgemäß» auf Recycling, auf gut
funktionierende, weitgehend verlust- oder reibungsfrei arbei-
tende Kreisläufe angelegt. Das Ökosystem Inn-Stausee sieht
für viele nicht zuletzt deshalb so «schön» aus, weil im unge-
störten Fall die beiden großen Kreisläufe so gut funktionieren.
Die drei Hauptbestandteile eines Ökosystems, die Produzenten, die Konsumenten und die Reduzenten, wirken zusammen
und bilden die Kreisläufe aus. Die grünen Pflanzen bauen organisches Material auf. Sie sind die Produzenten im Stausee-Ökosystem. In durchaus vergleichbarer Weise bauen auch die Organismen der Schlammfauna aus dem organischen Abfall, dem
Detritus, neues Material auf. Sie produzieren im «abhängigen»
Kreislauf, weil ihre Leistung davon abhängt, wieviel organisches Material, das zersetzt werden kann, von der Strömung
mitgebracht wird. Die Pflanzen bauen ihre Biomasse eigen-
ständig auf; sie sind unabhängige Produzenten.

Im Stausee-Ökosystem wirken beide, die Wasserpflanzen
und die Schlammfauna, als Produzenten. Die Wasservögel sind
die Nutzer, die Konsumenten. Was sie übriglassen und was sie
an Abfall und Exkrementen freisetzen, wird schließlich von
den abbauenden Mikroorganismen, den Reduzenten, wieder
zersetzt und in die mineralischen Bestandteile zurückgeführt,
die dem neuen Pflanzenwachstum als stoffliche Grundlage dienen. Bei den organischen Abfällen verhält es sich ganz ähnlich.
Auch hier werden die von den Bakterien zersetzten Teile wieder
in die neue Produktion eingeschleust. Damit entspricht das

Stausee-Ökosystem genau den Erwartungen eines gut funktionierenden Zusammenspiels von Produzenten, Konsumenten
und Reduzenten. Um die Rückführung bemühen wir uns zur
Zeit in unserer Menschengesellschaft verstärkt, weil immer deutlicher wird, daß wir sonst im selbsterzeugten Müll und Abfall
ersticken müßten. Recycling muß sein, wenn unser System
langfristig Bestand haben soll. Daran geht kein Weg vorbei.

Doch «von Natur aus» war das nicht so. Was die Eisenbakterien vorführen, gehört zu den ältesten und einfachsten Ökosystemen der Erde. Es ist nichts anderes als die Nutzung von
Ressourcen, was diese Bakterien betreiben. Kein Recycling
schließt sich an. Nur durch immerwährendes Wachstum der
Bakterienrasen, durch Vermehrung, bleiben sie erhalten. Was
sie hinterlassen, wird im Laufe der Zeiten mineralischer Müll;
eine Eisenhalde, die nur noch eingeschmolzen werden kann.
Dazu ist kein organischer Stoffwechsel in der Lage. Also häu-
fen sich die Rückstände der Eisenbakterien an, solange diese an
Ort und Stelle leben und wuchern. Was sich nicht ansammelt,
wird vom Wasser fortgespült und im Meer versenkt.

Den weitaus größten Teil der Zeitspanne von mehr als drei
Milliarden Jahren, die das Leben existiert, funktionierte die Natur nur auf diese Weise. Es wurden Stoffe genutzt, umgesetzt
und Endprodukte angehäuft. Das Recycling ist eine «Erfin-
dung» der letzten halben Milliarde Jahre. Richtig funktioniert
es seit dem letzten Zehntel der Existenzzeit des Lebens. Vorher
hatte eine überschäumende Produktion Unmassen an pflanzlichen Stoffen angehäuft, weil die Photosynthese ein so erfolgreicher Vorgang war. Sein Abfallprodukt, der Sauerstoff, ver-
brannte und vergiftete die Erde, bis die Sauerstoffatmung eine
neue Dimension für das Leben freisetzte.

Der zweite Schritt in der Ausbildung der Ökosysteme der
Erde erfolgte, als sich Produktion und Abbau einigermaßen
ausglichen. Einerseits wurde das für die Photosynthese unent-
behrliche Kohlendioxid immer knapper, weil immer mehr
Kohlenstoff in den Pflanzenmassen und in den Kohle- und Erd-
öllagern gebunden worden war, andererseits verbesserten die
freien Sauerstoffmassen die Abbauleistung der Mikroben. Das

Ökosystem enthielt nun mit Produzenten und Reduzenten zwei gleichrangige Partner.

Die Konsumenten, das sind vor allem die Tiere, wären nicht nötig gewesen, hätten sich Produktion und Abbau genau ausbalanciert. Wo heute entsprechend ausgeglichene Verhältnisse herrschen, wie beispielsweise im tropischen Regenwald, nehmen die Tiere in den Stoffumsetzungen auch nur recht bescheidene Rollen ein. So steht den größenordnungsmäßig etwa 1 000 Tonnen pflanzlicher Biomasse im tropischen Regenwald nur ein verschwindend geringer Anteil tierischer Biomasse von 50 Kilogramm pro Hektar gegenüber. Daß Tiere wichtige Funktionen als Bestäuber oder Samenverbreiter erfüllen, steht nicht im Gegensatz dazu. Das Mißverhältnis bedeutet nur, daß die Tiere mengenmäßig bei den Stoffumsetzungen im tropischen Regenwald eine ganz untergeordnete Rolle spielen.

Deshalb paßt auch der Mensch als «Massenkonsument» nicht in dieses Ökosystem. Er ist auf hochproduktive, Überschüsse erzeugende Systeme angewiesen. Wo sie nicht von Natur aus vorkommen, muß er sich solche selbst schaffen, sonst kann er nicht, zumindest nicht in größerer Siedlungsdichte, überleben. Die Abfolge Produzenten, Konsumenten, Reduzenten und ihr Schluß zu einem gut funktionierenden Kreislauf entspricht unseren Lebensbedürfnissen. Wir haben solche Systeme nötig, nicht die Natur! Deshalb brauchen wir uns auch nicht zu wundern, wenn die von uns gesteuerten Ökosysteme so ganz anders werden oder schon geworden sind als früher. Wir haben sie «funktionsgerecht» gemacht, zumindest zu machen versucht. Und ob es Naturfreunde und Naturschützer wahrhaben wollen oder nicht: Diese menschengemachten oder -gesteuerten Systeme funktionieren. Dem hohen Einsatz an Stoffen und Energien entsprechen die Massen von Abfall und die hohen Energieverluste, die mit ihrem Funktionieren verbunden sind. Sie wurden zu Umweltbelastungen.

Warum sie die Umwelt belasten, scheint längst klar zu sein. Es funktionieren die Kreisläufe nicht mehr. Doch Kreisläufe sind das Ergebnis von Mangel, so meine These für die Abschlußkapitel, und Artenvielfalt ist die Folge davon. Das ist

verwirrend. Denn im Rückschluß bedeutet diese These, daß
wir Mangel anstreben müßten, um Kreisläufe aufbauen oder
erhalten zu können. Mangel, das heißt einfacheres Leben, geringeren Energieverbrauch, geringere Mobilität, weniger Produktion, gerade so viel, wie fürs Leben gebraucht wird! Steckt
also doch die «Zurück-zur-Natur-Ideologie» in der Ökologie?
Mancher argwöhnt das, wenn er sich der Konfrontation mit
Naturschützern ausgesetzt sieht und Abstriche an den eigenen
Vorteilen, Gewinnen oder Möglichkeiten machen soll.

So weit die überlieferte Geschichte zurückreicht, gab es in
den Gesellschaften der Menschen Forderungen nach einfachem
Leben, Genügsamkeit und Mäßigung. Die Forderungen, die in
unserer Zeit zur Sicherung des Überlebens der Menschheit auf
der Erde erhoben werden, sind nichts anderes als die Fortsetzung bis hin zur globalen Dimension.

Die Kapazität des «Raumschiffs Erde» ist begrenzt. Der
Mensch vermehrt sich exponentiell, und das muß zur Katastrophe führen. Die Logik ist zwingend, aber die Voraussagen,
wann der Zusammenbruch erfolgen wird, haben sich ausnahmslos als falsch herausgestellt. So nimmt die Neigung nicht
gerade zu, derartige Weltuntergangsszenarien zu akzeptieren
und als Orientierung für das eigene Handeln zu benutzen. Der-
weilen verschlechtern sich die Umweltverhältnisse fortwäh-
rend. Das große Artensterben hat längst begonnen; die welt-
weite Veränderung des Klimas ist nicht mehr aufzuhalten.

Was ist davon zu halten? Ist die Ökologie die Wissenschaft
vom Unheil? Sollte sie an die Stelle der Religionen treten, um
den Menschen zu sagen, was sie tun sollen und nicht (mehr)
tun dürfen?

9. Mangel und Fülle

Artenschwund durch Eutrophierung

Mehr als die Hälfte aller Vogelarten Mitteleuropas gilt als gefährdet. Ein Teil davon ist so selten geworden, daß mit dem völligen Verschwinden dieser Arten gerechnet werden muß. Bei den Eidechsen und Schlangen, Fröschen, Kröten und Molchen sieht die Lage noch viel ernster aus: Nur wenige Arten dieser Tiergruppe kommen noch in einigermaßen gesicherten Beständen vor. Viele Fischarten drohen zu verschwinden, und sogar rund ein Drittel der Pflanzenarten steht auf der «Roten Liste».

Diese Auflistung der Naturschutzbehörden, kurz «Rote Liste» genannt, enthält all die Arten von Tieren und Pflanzen, die in ihrem Fortbestand als gefährdet eingestuft werden. Es gibt verschiedene Kategorien des Gefährdungsgrades. Sie entsprechen dem Ausmaß der Seltenheit der Arten und der Stärke der Rückgänge in den letzten zwei bis drei Jahrzehnten. Für viele, nicht zu den besser erforschten Wirbeltieren gehörende Kleintiere kennt man die Verbreitungsverhältnisse und die Häufigkeiten der Arten nicht gut genug, um sinnvolle Einstufungen des Gefährdungsgrades vornehmen zu können. Doch auch für Insekten, Spinnen und andere Wirbellose gilt, daß sich ihre Lebensbedingungen nachhaltig verschlechtert haben. Deshalb schlagen die Naturschützer immer lauter Alarm. Der Artenschwund greift um sich, und allen Bemühungen zum Trotz scheint er sich nicht generell abbremsen zu lassen.

Den wenigen, eher bescheidenen Erfolgen im Artenschutz stehen anhaltend große Verluste gegenüber. Gäbe es nicht eine Anzahl von Arten, die von sich aus und ganz ohne direkte Förderung durch den Menschen häufiger wurden oder sogar neu in den mitteleuropäischen Raum zuwanderten, wäre die

Bilanz noch viel schlechter. Mitteleuropa verarmt. Noch nie
gab es so weitreichende Naturschutzbemühungen und so viele
neue Naturschutzgebiete wie in unserer Zeit, aber dennoch
werden die Bilanzen für die Arten schlechter und die «Roten
Listen» länger.

Woran mag das liegen? Haben freilebende Tiere und Pflanzen
einfach keine Chancen mehr in unserer hochtechnisierten Welt?
Verträgt sich moderne Zivilisation nicht mit Natur? Vielen
Menschen bereitet der ungehemmte technische Fortschritt Un-
behagen, um es gelinde auszudrücken. Widerstand formiert
sich gegen die Allmacht der Technik – verständlicherweise,
wenn man sich bewußtmacht, wohin sich mancher Ballungsraum «entwickelt» hat. Wozu er degradiert worden ist, wäre
wohl der treffendere Ausdruck!

An den Wochenenden strömen die Menschen in Massen aus
der Unwirtlichkeit der Städte hinaus ins Grüne oder an die
Seen, sofern das Wetter solche Ausflüge einigermaßen gestattet. Der Exodus in den Sommermonaten, speziell in der Ferien-
zeit, hat längst Dimensionen angenommen, die jene Massen-
verschiebungen von Menschen während der Völkerwanderung
in den Schatten stellen. Doch anders als damals geht es heute
nicht ums Überleben oder um neue Siedlungsgebiete. Die
«Völkerwanderung» an den Wochenenden und zu den Ferien-
zeiten wird von dem Wunsch angetrieben, hinaus in die Natur
zu kommen und – wenigstens für kurze Zeit – einen Platz an
der Sonne zu finden.

Ganz klar, daß sich beides bestens zusammenfügt: Artenschwund und Suche nach Natur. Wo, wie in den Ballungsräu-
men, die Natur so gründlich denaturiert worden ist, muß man
eben hinaus aufs Land oder gar in ferne Länder, um sie wieder-
zufinden. Doch wieder einmal trügt das Vorurteil. Das, was
der Mensch sucht, wenn er «hinaus in die Natur» will, ist nicht
das, was sehr viele Tier- und Pflanzenarten suchen. Nicht die
schöne, offene, gepflegte Kulturlandschaft beherbergt den
größten Artenreichtum. Das war früher so. Vor 100 Jahren war
sie tatsächlich sehr artenreich, die bäuerliche Kulturlandschaft.
In zahllosen Gemälden verklärt und verewigt, repräsentiert sie

für viele Naturfreunde den Idealzustand, zu dem es aus wirtschaftlichen Gründen kein Zurück mehr geben wird – zumindest nicht auf absehbare Zeit! Aber an ihrem naturnahen Zustand orientieren sich so gut wie alle Konzepte für Naturschutz und Landschaftspflege. Und dabei wird ganz außer acht gelassen, daß sich der Artenreichtum in unserer Zeit stark verlagert hat. Gegenwärtig weisen die Städte oft mehr Arten als das Umland auf, von einigen wenigen Stellen mit besonders hohem Artenreichtum abgesehen: Stauseen oder andere, zumeist künstlich angelegte Feuchtgebiete.

Mit über 100 Brutvogelarten liegt das Stadtgebiet von München deutlich über dem Durchschnitt für das Umland und sogar etwas über dem gesamtbayerischen Durchschnitt, auf eine Flächengröße von etwa 300 Quadratkilometer bezogen. In Westberlin kommen sogar 120 Brutvogelarten vor, und seit 1946 sind dort, man möchte es kaum für möglich halten, 270 verschiedene Vogelarten festgestellt worden. Herausragende Vogelschutzgebiete im mitteleuropäischen Binnenland bringen es nur auf ein paar Arten mehr.

Noch eindrucksvoller als die bloßen Artenzahlen sind die Mengen der brütenden oder länger anwesenden Vögel. Am Ismaninger Speichersee, der ehemals großen «Nachkläranlage» der städtischen Abwässer Münchens, unmittelbar vor den Außenbezirken der Millionenstadt gelegen, sammeln sich seit Jahrzehnten alljährlich große Mengen von Enten und anderen Wasservögeln. Im Hochsommer, im Juli und August, sind bis zu 50000 Enten auf dem Speichersee versammelt. Sie wechseln dort ihr Fluggefieder. Im Jahreslauf dürfte wohl eine Viertelmillion Schwimmvögel zusammenkommen, die den Speichersee aufsuchen. Er ist damit der mit Abstand bedeutendste Sammelplatz für Wasservögel im mitteleuropäischen Binnenland während der Sommermonate und eines der drei großen Mauserzentren für Tauchenten, die es zwischen dem holländischen Ijsselmeer im Westen und dem Wolgadelta im Osten gibt.

Die Tundra ist mitten in Deutschland wurde ein Buch betitelt, das von den Rieselfeldern der Stadt Münster handelt. Dort sammelten sich für Binnenlandverhältnisse geradezu phantastische Mengen von Strand- und Wasserläufern, Bekassinen und anderen Watvögeln, deren Brutgebiete in der nordischen Tundra liegen. Und es gibt Zehntausende bis Hunderttausende von Möwen und Saatkrähen, die in den Großstädten überwintern.

Wer die Vorkommen dieser häufigen Arten einfach mit «Massenarten» abtut und die Möwen die «Ratten unter den Vögeln» nennt, drückt ein weitverbreitetes Vorurteil aus: daß eine «gute» Art selten oder gar bestandsbedroht zu sein hat. Naturschutz, der darauf aufbaut, hat Schlagseite und verschweigt, daß auch allgemein zu den «guten Arten» gerechnete Vögel, wie etwa die Meisen, in Städten sehr häufig sind. In Westberlin hat man 15000 besetzte Brutreviere von Kohl- und Blaumeisen ermittelt. 1000 Paare des als gefährdet in der «Roten Liste» geführten Gartenrotschwanzes, 100 bis 150 Paare vom Pirol, der 1990 die Ehre hatte, «Vogel des Jahres» zu sein. In Berlin kamen bei diesen Erhebungen sogar 90 bis 130 Paare der landauf-landab höchst selten gewordenen Haubenlerche zusammen. In weiten Gebieten Bayerns etwa ist dieser einst häufige, ja charakteristische Vogel ganz verschwunden! Natürlich gibt es in Berlin, wie in fast allen Städten und größeren Siedlungen, Amseln in großer Zahl. Etwa 40000 Brutreviere sind gezählt worden, dazu weitere 36000 vom Grünfinken.

Faßt man diese Werte zusammen, so ergibt sich rund eine Viertelmillion Brutpaare aus 120 verschiedenen Vogelarten für das 480 Quadratkilometer große Stadtgebiet des früheren Westberlin. Das entspricht etwas über 500 Brutpaaren pro Quadratkilometer; ein Wert, der nur in erstklassigen Brutgebieten für Vögel unter Bedingungen der «freien Natur» in Mitteleuropa zu übertreffen sein wird. Die Kulturlandschaft hat keine Chance, hiergegen Konkurrenz zu machen; weder nach Zahl der Brutvogelarten noch hinsichtlich der Siedlungsdichte der Vögel.

Dabei sind die Vögel kein Ausnahmefall. In Berlin leben mindestens 50 verschiedene Arten von Säugetieren, von denen sich allein 43 im Stadtgebiet auch fortpflanzen. Ein Drittel aller im Bundesgebiet nachgewiesenen Kriechtierarten kommt in Berlin vor, und es leben dort elf verschiedene Arten von Lurchen. Erdkrötenansammlungen bis zu 1000 Tieren sind von Laichgewässern in Berlin bekannt.

Die Pflanzenwelt steht dem nicht nach. Der Botaniker Wolfram Kunick veröffentlichte 1982 höchst eindrucksvolle Befunde: In der zentralen Stadtzone mit geschlossener Bebauung fand er 380 Pflanzenarten pro Quadratkilometer. Bei aufgelockerter Bebauung stieg die Artenzahl auf 424, und am Stadtrand gab es noch 357 Arten, also deutlich weniger als im eigentlichen Stadtgebiet! Doch der Stadtrand beherbergt mit 58 seltenen Pflanzenarten dreimal so viele Raritäten wie das dicht bebaute Stadtgebiet.

Ähnlich eindrucksvolle Untersuchungsergebnisse zum Vorkommen von freilebenden Tieren und Pflanzen gibt es für Hamburg und Saarbrücken, für Augsburg und London sowie für zahlreiche andere Städte. Die Stadt ist längst ein wichtiger Lebensraum für viele Arten geworden – nur wird das kaum wahrgenommen, oder es wird in der Bedeutung heruntergespielt! Dabei stehen sogar solche Paradearten des Naturschutzes wie Wanderfalke und Uhu auf der Liste der Stadtbewohner.

Das Vorkommen von Vögeln und Pflanzen in den Städten zu erfassen, fällt nicht besonders schwer. Wer den Ruf des Pirols kennt, wird ihn auch im Stadtpark nicht überhören.

Anders verhält es sich mit Tiergruppen, die nicht so augenfällig sind oder die sich akustisch nicht so gut bemerkbar machen wie die Vögel. Ein Beispiel aus der eigenen Arbeit mag dies verdeutlichen. Vier Jahre lang fingen wir in einem nur 6000 Quadratmeter großen Innenhof der Schloßanlage von Nymphenburg in München mit Lebendfang-Lichtfallen nachtfliegende Schmetterlinge. Die hohen Schloßgebäude umschließen diesen Innenhof, der nur ein paar größere Bäume und eine nicht weiter bewirtschaftete Wiesenfläche enthielt, praktisch völlig lichtdicht. Die Lichtfalle konnte keine Schmetterlinge anlocken, die im Innenhof nicht schon waren. Die Falter werden dabei lebend gefangen. Sie bleiben unverletzt und werden am nächsten Morgen wieder freigelassen. Markierungsversuche bestätigten eine normale Lebenserwartung.

Das Ergebnis dieser Lichtfallenfänge war höchst überra-
schend. In einer einzigen Fangnacht im Juli flogen bis zu 150
Falter die Lichtfalle an, die 60 verschiedenen Arten angehörten.
Insgesamt erreichte die Zahl der festgestellten Schmetterlings-
arten nach vier Fangjahren einen fast nicht für möglich gehalte-
nen Wert: 360 verschiedene Arten! Die tagsüber an blühenden
Büschen und anderen Blüten in der Stadt zu beobachtenden
Falter, wie die Tagpfauenaugen, die Kleinen Füchse, die Admi-
räle oder die Kohlweißlinge, waren also nur ein schwacher
Abglanz des tatsächlich im Stadtgebiet vorhandenen Reich-
tums an Schmetterlingen. Weil die allermeisten Arten tagsüber
versteckt sind und erst nachts fliegen, sieht man sie nicht. Die
einfache Methode des Lichtfallenfanges präsentierte eine unge-
ahnte Vielfalt.

Viele kleine, zart gebaute Arten, die keine guten und aus-
dauernden Flieger sind, wiesen im Artenspektrum nachdrück-
lich darauf hin, daß es sich bei dieser Artenfülle nicht etwa um
zugeflogene Falter aus dem Umland handeln konnte. Selbst
wenn ein Fünftel der nachgewiesenen Arten Zuflieger von
außen gewesen wären, was nicht sonderlich wahrscheinlich ist,
bliebe das Ergebnis überraschend genug: Mehr als 300 Schmet-
terlingsarten auf gut einem halben Hektar Fläche in der
Stadt!

Zarte, zerbrechliche Falter passen nun gar nicht zur vorherr-
schenden Ansicht über die Lebensbedingungen in der Stadt.
Allein die vielfältigen Formen der Umweltbelastungen sollten
im Ballungsraum natürliche Vielfalt verringern oder weitgehend vernichten. Daß dem nicht so sein muß, werden viele,
die sich um bessere Lebensbedingungen für die Menschen in der
Stadt bemühen, nicht wahrhaben wollen. Recht haben sie, aber
nur insofern sie die Lebensbedingungen für die Menschen einstufen. Es ist keine Frage, daß die Luft in den Städten belastet
ist. Hohe Ozonwerte, Smogalarm oder unterschwellige Rei-
zungen der Atemorgane sind Realitäten der städtischen Umwelt. Die lufthygienischen Verhältnisse müssen noch erheblich
weiter verbessert werden, der Verkehrslärm muß gemildert
und das innerstädtische Grün gefördert werden. Zahlreiche

weitere Maßnahmen des Umweltschutzes bedürfen keiner weiteren Begründung mehr, sondern sie müßten unverzüglich ergriffen werden.

Wenn allen Belastungen zum Trotz dennoch in den Städten reiches Tier- und Pflanzenleben zu finden ist, so steht dieser Befund keineswegs im Gegensatz zu den Forderungen des Umweltschutzes. Nur: Wer den Artenreichtum in der Stadt einfach mit den für den Menschen zutreffenden Umweltbelastungen in Übereinstimmung bringen möchte, gerät in Schwierigkeiten. Schmetterlinge und Wildpflanzen, Vögel und Ameisen reagieren auf ihre Weise auf die Umweltgegebenheiten. Warum sollten sie wie Menschen reagieren? Was uns nicht gefällt oder nicht guttut, muß anderen Arten nicht in gleicher Weise mißfallen oder abträglich sein. Wir täten gut daran, die Arten selbst als Weiser für die Lebensbedingungen heranzuziehen, die sie – und nicht wir – aufsuchen oder bevorzugen.

Wenn in natürlichen oder zumindest recht naturnahen Mischwäldern Amseln nicht einmal ein Zehntel der Häufigkeit erreichen, die sie überall in Städten und Dörfern zeigen, dann ist eben nicht der aus unserer Sicht zu bevorzugende Wald, ihr ursprünglicher Lebensraum, der bessere, sondern der Siedlungsraum des Menschen. In jeder freiland-ökologischen Untersuchung wird davon ausgegangen, daß die Art dort, wo sie am häufigsten ist, auch die für sie günstigsten Lebensbedingungen vorfindet. Kommt aber die Menschenwelt mit ins Spiel, machen sogar professionelle Ökologen mitunter merkwürdige «Verrenkungen», um den Vorrang der «natürlichen Umwelt» vor der künstlichen zu retten.

Nun könnten wir das einfach als eine Schwäche abtun, die vielleicht bloß zeigt, daß mitunter doch auch vorgefaßte Meinungen oder Vorurteile in wissenschaftliche Auswertungen einfließen können. Sei's drum! Die Parabel von der Stadtmaus und der Feldmaus drückt so etwas Ähnliches aus: Masse und Überfluß in der Stadt sind nicht gleichzusetzen mit Lebensqualität. Das paßt doch wiederum bestens zu unseren Absichten, die unnatürliche Zusammenballung von Menschen und Gebäuden negativ einzustufen. Die wahren Werte, die richtige Lebensqualität: Sie sind anders gelagert! Sollten wir da nicht doch auch der Amsel, die im ersten Licht des dämmernden Morgens von der Spitze eines Baumes am Waldrand ihr Lied erklingen läßt, mehr Lebensqualität zuschreiben als ihren Artgenossen in der drangvollen Enge städtischer Vorgärten, wo Fernsehantennen die Baumwipfel ersetzen müssen und hinter jeder Hecke feindlich gesinnte andere Amselmännchen nur darauf warten, einen heftigen Streit vom Zaun zu brechen? Mehr als die Hälfte aller Brutversuche der Amseln scheitern. Katzen oder Elstern räumen die Nester aus und fangen flügge gewordene Jungamseln, und wer die volle Flugfähigkeit erreicht, wird in artgemäßer Weise im Tiefflug die Straße überquerend an den Autos den Tod finden. Gefährlich leben die Amseln in den Städten, katastrophal gefährlich!

Doch erneut erweisen wir uns nur allzu leicht als befangen im Vorurteil, das sich aus den vielen persönlichen Beobachtungen zusammenfügt. Es ist richtig, daß so viele Amseln und andere Vögel in den Städten ihren Feinden, dem Straßenverkehr oder anderen Gefahren zum Opfer fallen. Aber es wäre falsch, daraus den Schluß zu ziehen, daß es ihnen dort deshalb schlechtgeht. Worauf es ankommt, ist die Bilanz. Und sie stimmt allemal: nicht nur für die Amseln, sondern auch für all die anderen Vögel, Säugetiere, Schmetterlinge und so fort, die im Lauf der Jahre oder Jahrhunderte den Siedlungsraum des Menschen als Lebensraum gewählt haben. In der Bilanz kommen nämlich, auf den Bestand bezogen, in der Stadt mehr Jungvögel durch als draußen in der Flur oder im Wald. Wäre dem nicht so, hätte es keinen Zuzug in die Städte gegeben, hätten sich keine größeren Bestände aufbauen können als im Umland, würden nicht nach wie vor weitere Arten in die Städte zuwandern.

Der Besiedlungsprozeß, der vielleicht schon anfing, als die ersten Städte gebaut worden sind, hält immer noch an. Nicht einmal die supermoderne Stadt hat an Attraktivität für freilebende Tiere verloren. Akzeptieren wir doch, daß wirklich nicht wenige Arten aktiv und ohne Zwang in den menschlichen Siedlungsraum gekommen sind. Billigen wir diesen Arten zu, daß sie nach eigenen, für sie verbindlichen Kriterien dabei vorgegangen sind und daß sich diese Kriterien nicht mit unseren (Wunsch-)Vorstellungen decken müssen. Dann sehen wir vielleicht auch eher die Chancen, die darin begründet sind. Und es wird der Blick geschärft, der sich in gleicher Weise auch auf die freie Landschaft richten muß.

Was geschieht in der freien Landschaft? Warum nehmen in der sogenannten Kulturlandschaft, also in den Fluren und Forsten, so viele Arten so stark ab? Der Siedlungsraum macht nur rund zehn Prozent der Landesfläche aus. Unter Naturschutz steht gar nur ein bißchen mehr als ein Prozent. Rechnet man Straßen und Schienenwege, Industrieflächen und Abbaugebiete dazu, verbleiben in Mitteleuropa immer noch rund 80 Prozent für Fluren und Wälder. Mehr als 50 Prozent entfallen allein auf das agrarisch genutzte Land. Hier fanden und finden die ausgeprägtesten Artenrückgänge statt. Was vertreibt den Wiedehopf oder den Wendehals aus Feld und Flur? Niemand stellt diesen Vögeln nach, niemand schießt den Grünspecht oder gar die Feldlerche. Auch Kiebitz und Brachvogel, seit langem geschützt, unterliegen keinem intensiveren Druck durch Nachstellungen von Menschen.

Die meisten der «Rote Liste»-Arten der Pflanzen kennt kaum jemand. Es liegt, von ganz wenigen Ausnahmen abgesehen, gewiß nicht daran, daß Menschen in großer Zahl auf die Fluren ausschwärmten, um mit Schäufelchen irgendwelche seltene Wildkräuter auszugraben. Das könnten sie in den Städten einfacher haben. Dort nimmt das Artenspektrum eher zu, während auf den Fluren anhaltend starke Verluste zu verzeichnen sind. Eine bessere Einstellung zu den Arten, die auch im Siedlungsraum leben (können), ist allein schon deshalb geboten, weil die Städte vielleicht wichtige Rückzugsgebiete werden, wenn die Entwicklungen draußen in der Flur so weitergehen wie bisher.

Um welche Entwicklungen handelt es sich? Was ist die Ursache für die starken Rückgänge? Gibt es überhaupt so etwas wie «eine Ursache»? Oder bewirkten ganz unterschiedliche Gründe den Rückgang bei den Arten der Kulturlandschaft?

Betrachten wir ein paar weitere Beispiele und Gegebenheiten, die vielen vertraut sind. Seit Jahren wird das Verschwinden
der Schmetterlinge und der Maikäfer beklagt. «Es gibt keine
Maikäfer mehr» wurde sogar zu einem Schlager. Die Jüngeren
können sich gar nicht mehr vorstellen, wie häufig Tagfalter
noch vor 30 Jahren überall über den Wiesen herumgaukel-
ten. Bläulinge konnte man mit der Hand fangen. Maikäfer
schwärmten in solchen Massen, daß sie ganze Waldstücke kahl-
fraßen. Inzwischen gibt es ziemlich sicher mehr Schokoladen-
maikäfer als an warmen Maiabenden ausschwärmende Käfer.
Erste Abweichungen von der natürlichen Käferform zeigen bei
den Schokoladeprodukten unmißverständlich an, daß das natürliche Vorbild nicht mehr zur Verfügung steht.

20jährige Untersuchungen im niederbayerischen Inntal geben Einblick in die Veränderungen und Hinweise auf ihre Ursachen. Auf festgelegten Zählstrecken erfaßten wir den Sommer über das Vorkommen und die Häufigkeit von Tagfaltern
im Wald, auf den Fluren, in Dörfern, im Auwald und an den
Inndämmen – Jahr für Jahr in gleicher Weise. Je nach Verlauf
der Witterung gab es gute und weniger gute Falterjahre. In der
Gesamtbilanz kam keine Tendenz zustande. Die Tagfalter
schienen nicht seltener geworden zu sein. Im Durchschnitt
wurden pro Jahr 26 verschiedene Tagfalterarten registriert, und
die Zählsummen variierten weit weniger als erwartet. Fast sah
es so aus, als ob die Naturschützer übertrieben hätten. Doch
ihre Klage über den Rückgang der Schmetterlinge war berech-
tigt. Es lag an der Art der Auswertung, daß er nicht deutlich
genug sichtbar wurde.

Die genauere Betrachtung der Ergebnisse zeigte dies. Die 26
Arten pro Jahr traten nicht in gleichem Maße Jahr für Jahr auf,
und sie waren auch ganz ungleich über die verschiedenen Lebensräume verteilt. Die große Mehrzahl der registrierten Falter
entfiel auf wenige Arten. An erster Stelle der Häufigkeit standen die Kohlweißlinge, gefolgt von Tagpfauenaugen, Kleinen
Füchsen, Landkärtchen und Admirälen, die in manchen Jahren recht häufig waren. Auch Distelfalter gehörten zur Gruppe
der häufigsten Arten. Zahlreich waren ebenso Zitronenfalter

und Ochsenaugen, während nur noch recht selten Schwalben-
schwänze, Bläulinge und Schachbrettfalter zu beobachten waren. Andere, in den Bestimmungsbüchern als häufig einge-
stufte Falter waren selten oder fehlten ganz. Insgesamt waren
mehr als 30 der rund 40 Tagfalterarten, die während der gesamten Untersuchungszeit registriert worden sind, selten bis sehr
selten. Nur eine Handvoll Arten konnte als häufig eingestuft
werden.

Der Artenbestand eines Untersuchungsjahres unterschied
sich von dem des vorausgegangenen oder nachfolgenden Jahres
oft auffallend stark. Im Durchschnitt schien rund ein Drittel
der Arten «ausgewechselt» zu sein, aber die Jahre konnten sich
auch in bis zu zwei Drittel der Arten voneinander unterscheiden. Das bedeutet, daß das Artenspektrum keineswegs stabil
war, sondern überraschend stark fluktuierte. Kein einziges
Untersuchungsjahr hätte als «typisches Jahr» herausgegriffen
werden können. Was in einem war, konnte im nächsten ganz
anders sein. Prognosen lassen sich aus solchen Befunden fast
gar nicht mehr ableiten. Darüber im letzten Kapitel mehr.

Hier ist ein anderer Befund herauszustreichen: Die meisten
Falterarten waren so selten, daß die Schwankungen der
Schmetterlingshäufigkeit von Jahr zu Jahr von den wenigen
häufig vorkommenden verursacht wurden. Also mußten diese
genauer betrachtet werden. Das war deshalb leicht möglich,
weil die Zählstrecken in unterschiedlichen Typen von Lebensräumen lagen. Ihre getrennte Auswertung zeitigte ein ganz
unerwartetes Ergebnis: Auf den Fluren und in den Wäldern,
besonders aber in den Dörfern, hatte die Tagfalterhäufigkeit
kräftig zugenommen. Im Verlauf des Jahrzehnts von 1971 bis
1981 betrug die Zunahme etwa 100 Prozent. Die Falter erscheinen rund doppelt so häufig Anfang der 80er Jahre wie noch zu
Beginn der 70er. Die Zunahme hielt bis in die letzten Jahre an.
Anfang der 90er Jahre gab es fast dreimal so viele Tagfalter in
den Gärten der Siedlungen wie vor 20 Jahren. Auch auf den
Fluren fliegen wieder häufiger Schmetterlinge. Doch dort handelt es sich vor allem um Kohlweißlinge und Tagpfauenaugen;
also um die allgemein häufigsten Arten.

Da die Bilanz über die zwei Jahrzehnte ausgeglichen war, müssen diesen Zunahmen entsprechend starke Abnahmen gegenüberstehen. Sie sind vorhanden, und sie fanden vornehmlich an den Inndämmen statt. Zu Beginn der Untersuchungen ragten die Dämme mit ihrem Reichtum an Tagfaltern aus allen anderen Lebensräumen hervor. Über den warmen, trockenen, kurzrasigen und blütenreichen Flächen der Dämme flogen mehr Tagfalter als über allen anderen Probestrecken im Inntal zusammen. Mehrere 100 Falter auf nur 50 Meter Dammlänge waren nicht nur keine Seltenheit, sondern ganz normal. Bläulinge, Schachbrettfalter, Braune Waldvögel, Heufalter und viele andere Arten, den Schwalbenschwanz eingeschlossen, gab es an den Dämmen in großer Zahl. So sah es früher überall auf den Wiesen und Weiden aus. Scharen von Tagfaltern verschiedenster Arten tummelten sich über einem Meer von Blüten.

Der Falterreichtum der Dämme hatte überhaupt den Anlaß zu diesen Untersuchungen gegeben. Doch im Lauf der Jahre änderte sich die Lage. An den Dämmen ging das Schmetterlingsvorkommen fast kontinuierlich zurück. Nach einem Jahrzehnt war der Wert auf knapp die Hälfte abgesunken; Tendenz weiter fallend. Die witterungsmäßig besonders günstigen Jahre in den 80er und 90er Jahren, welche die wärmsten in diesem Jahrhundert enthielten, brachten keine Tendenzwende.

Das wärmste jemals im Voralpenbereich registrierte Jahr, seit es meteorologische Aufzeichnungen gibt, der Sommer 1992, den eine wundervolle Maiwitterung eingeleitet hatte, fiel für die Tagfalter nur mäßig bis unterdurchschnittlich aus. Während es in den Gärten von Faltern wimmelte und recht selten gewordene Arten darin wieder auftauchten, gab es an den Dämmen eher weniger als in den Vorjahren. Der Niedergang hält an. Zwei ganz unterschiedliche, einander entgegengerichtete Entwicklungen hatten also die Gesamtbilanz auf gleich gebracht: Die starke Abnahme an den Dämmen wurde durch die Zunahmen im Siedlungsraum weitgehend ausgeglichen. Klammert man die hier und in der freien Flur häufigen Arten, die Kohlweißlinge, Tagpfauenaugen und Kleinen Füchse, aus dem Artenspektrum aus, ergibt sich für das knappe Vierteljahrhundert seit Beginn der Untersuchung ein anhaltender, ausgeprägter Rückgang; gerade so, wie er von den Naturschützern beklagt worden ist.

Am stärksten fallen die Rückgänge bei Arten aus, die noch gut bekannt sind und früher sehr häufig waren, wie etwa beim Schachbrettfalter oder bei den Bläulingen. Auf Rasenflächen in München waren in den letzten Jahren Bläulinge häufiger als an den früher so reichhaltigen Inndämmen, 150 Kilometer östlich von München. Klimatische Gründe können für diese Entwicklung nicht verantwortlich sein. Die Witterung verlief zwischen München und Passau zu ähnlich. Völlig gleich war sie natürlich im Untersuchungsgebiet im niederbayerischen Inntal in den verschiedenen Lebensraumtypen. Diese liegen insgesamt nur vier Kilometer auseinander, und sie befinden sich auf gleicher Meereshöhe. Unterschiede können nur im kleinklimatischen Rahmen auftreten. Doch müßten diese wohl zwischen Wäldern und Fluren oder im Vergleich zum Siedlungsraum größer sein als etwa zwischen den Fluren und den mit niedriger Vegetation bewachsenen Dämmen. Wälder, Siedlungsraum und Fluren stimmen jedoch im Trend überein, während die Dämme ganz stark davon abweichen. Hinzu kommt, daß diese nicht landwirtschaftlich genutzt worden sind. Sie blieben weitestgehend unbeeinflußt von Nutzungen.

Man hätte erwarten können, daß sich der Artenreichtum und die Faltervielfalt besonders an den nicht bewirtschafteten Dämmen erhalten hätte. Wären dort die Schmetterlingshäufigkeiten angestiegen, hätte es gut in den Erwartungsrahmen gepaßt. Die Zunahme warmer Sommer begünstigt die Tagfalter, und eine Verdoppelung oder Verdreifachung ihrer Häufigkeit stünde in Einklang mit den klimatischen Entwicklungen. Genau das Umgekehrte war aber eingetreten! Natur, die sich selbst überlassen blieb, verarmte, während vom Menschen gestaltete positiv abschneidet.

An den Befunden ist nicht zu rütteln. Aber erst, was hinter ihnen steht, gibt Aufschluß über die grundlegenden Veränderungen, die sich in unserer Kulturlandschaft vollziehen. Werfen wir nochmals einen Blick auf das Artenspektrum. Es besagt

nicht nur, daß die ohnehin schon häufigen Arten weiter zugenommen haben, sondern es verweist auch auf die Nahrungs-
pflanzen der Raupen dieser Arten. Bei den Kohlweißlingen
handelt es sich um Kreuzblütler verschiedener Arten, wie sie in
Gärten und auf den Feldern in großem Umfang angebaut werden. Pfauenauge, Kleiner Fuchs, Admiral und Landkärtchen
leben im Raupenstadium hauptsächlich oder ausschließlich an
Brennesseln. Ihre Zunahme bedeutet, daß in zunehmendem
Maß wieder Brennesselecken, die früher als Unkraut massiv
bekämpft worden sind, in den Gärten und Anlagen stehenblei-
ben und wachsen dürfen.

Aber es steckt noch eine viel bedeutsamere Information in
diesem Befund. Brennesseln und andere Pflanzen, an denen die
Raupen gegenwärtig häufiger Schmetterlinge oder die Larven
anderer Insekten leben, gehören zu den sogenannten «stickstoff-
liebenden» (nitrophilen) Pflanzen. Sie kommen mit hohen Ga-
ben von Stickstoff zurecht oder brauchen diese für ihr Wachstum. Hingegen leben all die Futterpflanzen der heute selten
gewordenen Falterarten – und zu ihnen gehören sehr viele, die
wir wegen ihrer schönen Blüten schätzen – auf mageren, stick-
stoffarmen Böden. Sie werden verdrängt, wenn ihren Wuchs-
orten größere Mengen Stickstoff zugeführt werden. Die meisten der gegenwärtig so selten gewordenen Ackerwildkräuter
oder Wiesenblumen sind nicht etwa durch die Unkrautbekämp-
fungsmittel totgespritzt worden. So flächendeckend sind diese
Mittel nie angewandt worden, daß sie das weitgehende Verschwinden vieler Pflanzenarten oder zumindest ihre starken
Rückgänge hätten auslösen können. Die Reaktion der Tagfalter
an den Inndämmen weist auf einen ganz anderen Zusammenhang hin. Dort wurde nicht gespritzt, ja nicht einmal gedüngt,
und dennoch fiel die Tagfalterhäufigkeit sehr stark ab, während
sich auf den Fluren die wenigen dort lebenden Arten halten und
in ihren Beständen sogar verbessern konnten. Die stickstofftole-
ranten Schmetterlinge nahmen zu!

Wie konnte das so kommen? Sicher liegt es nicht ursächlich
daran, daß in den Gärten durch die Zierblumen den nektar-
suchenden Faltern heute mehr Blüten zur Verfügung stehen

als auf den Wiesen und Feldern. Die Blumen in den Gärten sind ein Ersatz für Verlorengegangenes. Worum handelt es sich dabei?

Über diese Frage geben die Rückgänge der Falterarten an den Dämmen genau Auskunft. Es nahmen genau die Arten besonders stark ab, deren Raupen an Pflanzen leben, die nur auf mageren, sonnigen Stellen wachsen können. Thymian und Wilde Möhre, um nur zwei Arten stellvertretend für viele andere, weniger bekannte anzuführen, gedeihen heute fast nicht mehr an den Dämmen. Diese sind im Verlauf der Jahre von einer immer dichter werdenden Vegetationsdecke überzogen worden, die immer weniger Blüten hervorbringt und kaum mehr Sonne direkt bis an den Boden durchkommen läßt. Die Folge davon ist, daß all jene Pflanzenarten verschwunden sind, an denen die bunte Faltervielfalt hing.

Nun sind aber die Dämme, um das nochmals zu betonen, landwirtschaftlich nicht genutzt worden, seit die Untersuchungen ansetzten. Nur an wenigen Stellen mähten die Landwirte zweimal im Jahr. Diese wenig ertragreichen Mähwiesen schneiden im Detail noch am besten ab. Die gar nicht bewirtschafteten Flächen haben die stärksten Verluste an Tagfaltern und Blüten zu verzeichnen. An steilen, sonnenbeschienenen Dämmen, die noch dazu durch einen über einen halben Kilometer breiten Auwaldgürtel vom landwirtschaftlich genutzten Gelände abgeschottet sind, kann kein nennenswerter Eintrag von Düngemitteln aus der Landwirtschaft zustande kommen, der das Pflanzenwachstum so sehr fördert, daß weniger blüht als auf Mähwiesen.

Es gibt aber, wie wir inzwischen wissen, eine andere, höchst wirkungsvolle Quelle für den Stickstoffeintrag. Dieser Stickstoffdünger kommt auf dem Luftweg an. Er stammt hauptsächlich aus den Abgasen der Verbrennungsmotoren. Im großen Durchschnitt sind es 30 bis 50 Kilogramm Stickstoff pro Hektar und Jahr, die auf dem Luftweg ankommen und die Landschaft viel gleichmäßiger mit Dünger überziehen als der landwirtschaftlich eingesetzte. Auch wenn dort unter Umständen weit über 100 Kilogramm pro Hektar und Jahr zum Ein-

Abb. 19   Die bunte Vielfalt der Wiesenblumen gehört fast überall in Mitteleuropa der Vergangenheit an. Die Anreicherung von Nährstoffen (die Eutrophierung) begünstigte einige wenige Arten, welche die vielen anderen nach und nach verdrängten. Vielfalt entsteht bei Nährstoffmangel.

satz kommen, kann das keine so flächendeckenden Auswirkungen verursachen.

Für viele Pflanzenarten wird der Stickstoff in der modernen Kulturlandschaft zum «Erstickstoff», weil er einige Pflanzenarten und ihr Wachstum einseitig so sehr begünstigt, daß viele andere dadurch verdrängt werden. Blühen wird durch vegetatives Wachstum in starkem Maße ersetzt. Den Faltern werden dadurch jene Blüten entzogen, auf deren Vorhandensein sie während ihres Falterlebens angewiesen sind, aber auch die für die Eiablage geeigneten Futterpflanzen. Die Überdüngung, die Eutrophierung, gefährdet in zunehmendem Maß den Artenreichtum in der Kulturlandschaft. Auch wo nicht zusätzlich zum Nährstoffeintrag, der auf dem Luftweg ankommt, mit Mineraldünger gearbeitet wird, reicht der Eintrag schon aus, um längerfristig die Wachstumsbedingungen zu verändern.

Abb. 20 Einmal im Jahr, Anfang Mai zumeist, nimmt das Einheits-
grün der überdüngten Wiesen Farbe an, wenn der Löwenzahn blüht.
Sein sattes Gelb signalisiert den Überfluß an Nährstoffen.

Es liegt an der schnellen Ableitung des Niederschlagswassers
in den Städten, daß sich der Nährstoffzustrom dort weniger
massiv auswirkt als in der freien Landschaft. Oft sind in ihr
auch die Böden viel besser geeignet, die Nährstoffe aus der
Luft, die mit dem Niederschlag gelöst ankommen oder die als
Stäube eingeweht werden, aufzunehmen als die Böden in den
Städten. Auf jeden Fall fehlt in Siedlungen aber auf den meisten
offenen Flächen, auch auf Rasen in Parkanlagen, die massive
Mineraldüngung, wie sie die Landwirtschaft anwendet.

Die Chancen, Maikäfer zu finden, sind in einer kurzrasigen
Parklandschaft im Siedlungsbereich inzwischen viel größer als
draußen auf dem Land. Dort ist es nicht das Fehlen von Blüten
oder bestimmten Pflanzen, wodurch die Maikäferbestände beeinträchtigt werden, sondern das, was sich im Wurzelraum
abspielt. Die dicht und hoch aufwachsenden Bestände von

Löwenzahn und Gräsern, die mit den überdüngten Verhältnissen gut leben können, halten den Boden naßkalt. Sonnenwärme kann im Mai nicht mehr bis zum Boden durchdringen. Die Maikäfer verlieren dadurch sowohl ihren «Schlüsselreiz» für das rechtzeitige und gleichzeitige Ausschwärmen, als auch die passenden kleinklimatischen Verhältnisse für die Entwicklung der Engerlinge im Boden.

Das Verschwinden der Maikäfer deckt sich recht gut mit dem starken Rückgang eines Nachtfalters aus der Gruppe der Eulenfalter. Bei dieser Art, Wurzelfresser (*Parastichtis monoglypha*) genannt, leben die Raupen unterirdisch, ähnlich wie die Engerlinge der Maikäfer, an den Wurzeln von Wiesenpflanzen. Und wie die Maikäfer nahmen sie im Lauf der letzten zwei Jahrzehnte ganz stark ab. So fügt sich ein weiterer Mosaikstein zum Bild, das mit zwei weiteren Beispielen verdeutlicht werden soll: Mit dem Rückgang des Rebhuhns und mit den Schwierigkeiten, die Bestände von sogenannten Wiesenbrütern zu erhalten. Gemeint sind damit Vogelarten wie der Große Brachvogel, die Uferschnepfe, der Rotschenkel und einige andere. In den Lebensraum der Wiesen gehören auch die Wachteln oder so ungewöhnliche und so rar gewordene Arten wie der Wachtelkönig, den man vielerorts nur noch vom Hörensagen kennt.

Das Rebhuhn braucht «zu seinem Wohlbefinden... gut ausgebaute, wechselreiche Gegenden». So kann man es in *Brehm's Illustriertem Thierleben* von 1869 lesen. Schon damals stand es nicht mehr gut um diese Vogelart der Flur, denn einer der Altmeister der wissenschaftlichen Vogelkunde, Johann Friedrich Naumann, vermerkte vor fast 150 Jahren, daß die «einseitige Förderung des Ackerbaus den Vögeln zum Schaden geriet». Ein Jahrhundert später schrieb Günther Niethammer im *Handbuch der deutschen Vogelkunde,* daß das Rebhuhn zwar noch ein häufiger Brutvogel sei, aber er fügte hinzu, daß «im allgemeinen sein Bestand sehr zurückgegangen ist (infolge der Intensivierung der Landwirtschaft?)». Das Fragezeichen dürfte ein Zugeständnis an die Lage während des Zweiten Weltkrieges gewesen sein. Die Steigerung der landwirtschaftlichen Produktion war damals natürlich nicht in Frage zu stellen.

Die Jagd schöpfte vor 50 Jahren noch ziemlich aus dem vollen: Der durchschnittliche Jahresabschuß an Rebhühnern betrug in Deutschland noch weit über zwei Millionen. Im Jagdjahr 1969/70 war in der Bundesrepublik die Zahl auf weniger als ein Viertel zurückgegangen. Inzwischen sind die Rebhühner so selten geworden, daß sie für 1991 von den deutschen Vogelschutzverbänden zum «Vogel des Jahres» gekürt werden mußten. Bejagt werden sollten die Rebhuhnbestände eigentlich nirgends mehr in Mitteleuropa, weil die Restbestände keine weiteren Verluste mehr ertragen können.

Daß der Niedergang der Rebhuhnbestände nicht aufzuhalten war, überrascht um so mehr, als die Jäger mit Winterfütterung und Anlage von Wildäckern seit Jahrzehnten versuchen, dem Rückgang Einhalt zu gebieten. Es gelang ihnen nicht, und die Einstufung zum «Vogel des Jahres» hat dem Rebhuhn auch nichts genützt. Der Rückgang ist auf die gleichen Ursachen zurückzuführen, die das Verschwinden der Tagfalter und der bunten Blumen auf den Wiesen bewirkten.

Als unsere Untersuchungen im niederbayerischen Inntal Anfang der 70er Jahre erstmals einen Zusammenhang mit der Flurbereinigung wahrscheinlich machten, wäre vielleicht noch Zeit gewesen, wirkungsvollere Gegenmaßnahmen zu ergreifen. Damals zeigte sich, daß die Rebhuhnbestände in der flurbereinigten Landschaft des niederbayerischen Inntals zusammenbrachen und sich nicht wieder erholten – auch nicht, als günstige Witterungsverhältnisse dafür sorgten, daß die Bestände im unmittelbar angrenzenden, aber nicht flurbereinigten oberösterreichischen Inntal auf das frühere Niveau zurückkehrten. Die Entfernung der vielen Kilometer von schmalen Rainen zwischen den einzelnen Äckern, die die Flur wie ein engmaschiges Netz überlagert hatten, erwies sich als besonders nachteilig für die Rebhühner und für andere Tierarten der Feldflur. Auf diesen schmalen Rainen, die durch ihren viel schmaleren «Negativabdruck», eine tiefe Ackerfurche, ersetzt wurden, konnten zuvor die Ackerwildkräuter wachsen, von deren Samen sich die Rebhühner vorwiegend ernähren. Aber es gediehen an den unterschiedlichen Pflanzenarten der Raine auch die Kleininsek-

ten, welche die Rebhuhnküken als Nahrungsquelle benötigen.
Denn ihre Nahrung besteht zu 95 Prozent aus Kleininsekten,
während es sich bei den ausgewachsenen Rebhühnern genau
andersherum verhält: Sie sind fast reine Vegetarier.

Die Raine bewirkten aber noch etwas anderes: Sie ließen die
Sonnenwärme zwischen den Mauern, die das Getreide ausbil-
det, bis zum Boden hinabkommen. Auf den oft 10 bis 20
Zentimeter erhobenen Rainen wurde es in Schlechtwetter-
phasen schnell wieder warm und trocken. Die Rebhuhnküken
brauchen diese Wärme genauso wie die Jungen der Lerchen, die
Junghasen oder die größeren Insekten, die früher gleichfalls in
großer Zahl und Artenvielfalt die Fluren bevölkerten. Mit der
Entfernung der Raine wurde somit das «tragende Netz» in der
Kulturlandschaft entfernt, das für die Artenvielfalt wahrscheinlich viel wichtiger war als die Hecken und Feldgehölze, die der
Flurbereinigung anfänglich genauso zum Opfer fielen. Die
Nachpflanzungen bleiben auf Jahrzehnte ein unzureichender
Ersatz oder nicht viel mehr als Landschaftskosmetik, verglichen mit den in Jahrhunderten gewachsenen Strukturen. Deshalb trugen sie bislang auch in viel geringerem Maße zur Wie-
derbesiedlung der bereinigten Fluren durch Tiere und Pflanzen
bei als ihre Vorläufer, die entfernt wurden, um eine maschinen-
gerechte Landschaft herzustellen.

Mitte der 70er Jahre wollte die Flurbereinigung diese Befunde nicht wahrhaben. Nun gibt der Staat Millionenbeträge
für die «Ackerrandstreifenprogramme» aus, die dazu dienen
sollen, den Artenbestand in der Flur zu erhalten oder wieder zu
verbessern. Sieht man davon ab, daß eine rechtzeitige Reaktion
das nachträgliche Herumflicken an den Symptomen verhindert
hätte und daß viele Millionen, die für die Entfernung der
Strukturen in der Feldflur ausgegeben wurden, sowie die Fol-
gekosten für die unzureichende Wiedereinbringung von Strukturen zu sparen gewesen wären, so bleibt dennoch die Frage,
warum die Bestandserholung nicht mehr gelungen ist. An Bemühungen hatte es fürwahr nicht gefehlt.

Die Antwort deckt ein grundlegendes Mißverständnis auf.
Es kam mit der unzutreffenden Benutzung des Begriffs «inten-

siv» zustande. Die moderne Landwirtschaft wird ganz allgemein als «intensiv» eingestuft. Das mag in anderem Zusammenhang zutreffend sein – auf die ökologischen Prozesse und auf das Ausmaß der Nutzung der vorhandenen Produktionskapazitäten bezogen, stimmt es nicht. Die landwirtschaftliche Bodennutzung war früher, etwa im letzten Jahrhundert vor der umfassenden Einführung der Mineraldüngung, weit intensiver als die heutige. Sie entzog dem Boden mehr Nährstoffe als sie zurückgab. Großräumige Ausmagerung der Böden war die Folge. Sie griff auch in die Wälder mit der Streunutzung hinein. Auf diesen ausgeräumten, an Nährstoffen verarmten Flächen entwickelte sich die Artenvielfalt, die wir heutzutage als so erstrebenswert ansehen und mit einer Art «guten alten Zeit» gleichsetzen.

Inzwischen haben sich die Produktions- und Nutzungsverhältnisse längst umgekehrt. Den Böden, auch den Waldböden, werden fast überall in Mitteleuropa weit mehr Nährstoffe durch Düngung oder durch den Eintrag über die Luft zugeführt, als die Pflanzen bei ihrem Wachstum verwerten können und die über die Ernte wieder entfernt werden. Die Folge davon ist, daß sich Nährstoffe anreichern. Wir sehen das in der Stärke der Auswaschung von Nitraten in das Grundwasser, das fast überall in Deutschland Werte aufweist, die über den von der Weltgesundheitsorganisation empfohlenen 20 Milligramm Nitrat pro Liter liegen.

Die Nährstoffanreicherung entspricht – produktionsökologisch gewertet – einer «Unternutzung». Die Kapazitäten für die Produktion werden zu wenig genutzt. Die landwirtschaftliche Bodennutzung erfolgt nicht intensiv genug, um die eingetragenen Nährstoffe in vollem Umfang nutzen zu können. Sie stimulieren das Wachstum der Pflanzen. Die jährliche Wachstumszeit, die Vegetationsperiode, verschiebt sich zunehmend ins Frühjahr hinein. Gegenwärtig sind die Wiesen oder die Saatfelder im Mai, oft schon Ende April, so hoch und so dicht aufgewachsen, daß keine freien, offenen Bodenstellen mehr vorhanden sind. Das Kleinklima in diesen dichten Pflanzenbeständen wird entsprechend kälter und feuchter. Das beeinträch-

tigt die Entwicklung der Insekten. Gleichzeitig steigt der
«Raumwiderstand». Das heißt: Die Küken der Rebhühner ste-
hen im Mai an den Straßenrändern vor dicht geschlossenen
Mauern von Pflanzen, in die sie nicht hineinkönnen.

Unter der Pflanzendecke ist es kalt und naß; das Gefieder
verklebt. Offene, sonnige, sandige Stellen sind rar, denn die
Feldwege sind geteert worden. Ackerraine mit dürftigem
Pflanzenwuchs, die erhöht genug sind, um rasch abzutrock-
nen, wenn im Mai ein Platzregen alles durchnäßt hat, gibt es
nicht mehr. Wo sich noch Kleininsekten entwickeln, befinden
sie sich außerhalb der Reichweite der Schnäbel der Kleinen.

Die Strukturveränderung kam durch die Überdüngung in der
Landschaft, verstärkt durch die vereinheitlichende Flurbereinigung, zustande. Ein Ackerrandstreifenprogramm, so gut es
gemeint ist, bewirkt für den Artenreichtum wenig oder gar
nichts, wenn die Getreidefelder so dicht aufwachsen. Es reicht
nicht aus, den Einsatz von Düngemitteln und Pestiziden auf
diesen Randstreifen einzustellen, wenn die Böden schon stark
überdüngt sind und wenn auf dem Luftweg 40 bis 50 Kilogramm Stickstoff pro Hektar und Jahr ankommen. Die Flächen
müßten wirkungsvoll ausgemagert werden: Erst dann kann sich
die Vielfalt der Pflanzen und der Kleintiere wieder einstellen.

Aus dem gleichen Grund blieb das «Wiesenbrüterprogramm»
weit hinter den Erwartungen zurück. Wenn die Landwirte mit
Mitteln aus diesem Programm dafür bezahlt werden, daß sie erst
nach dem Schlüpfen der Jungen aus den Gelegen der Wiesenbrüter mit der Mahd beginnen, garantiert das selbst dann den
Bruterfolg nicht, wenn der Zeitpunkt genau passend gewählt
wird. Die Bilanz der Vogelschützer enthält dann zwar «erfolgreich geschlüpfte Gelege», aber ob die Jungen auch überlebten,
flügge wurden und bis zur Fortpflanzungsfähigkeit durch-
kamen, geht daraus nicht hervor. Auf Wiesen, die spät gemäht
werden, ist dann für die Jungen zwar reichlich Deckung vorhanden, aber den Kleinen nützt das wenig, wenn sie darin
steckenbleiben.

Wiesenbrüter, wie Brachvogel und Uferschnepfe, besiedelten
früher hauptsächlich jene Gegenden im Binnenland, in denen

ausgedehnte Viehweidewirtschaft betrieben worden war. Mit dem Rückgang der Weideviehhaltung gingen auch ihre Bestände zurück. Nicht beweidete Wiesen wachsen zu schnell und zu dicht auf.

Ähnliches gilt für die Hochmoore, die unter dem Einfluß des Nährstoffeintrags aus der Luft zunehmend verbuschen. Den dort noch brütenden Brachvögeln wird dadurch die Übersicht entzogen. Luftfeinde können zu nahe herankommen, und Bodenfeinden gelingt es, sich bis in nächste Nähe anzuschleichen. Ursprünglich blieb das nährstoffarme Hochmoor bis weit in den Frühling hinein noch kalt, und das Wachstum der Moorpflanzen verzögerte sich. Dadurch hatten sich offene Flächen erhalten, die bis in sichere Entfernungen von den Brutplätzen Sicht boten. Die Brachvögel und Uferschnepfen brauchen die freie Sicht, weil sie mit ihren schnittigen Flügeln zwar recht schnell fliegen können, aber nicht annähernd so wendig wie etwa der rundflügelige Kiebitz.

Kiebitze können es sich leisten, Luftfeinde nahe herankommen zu lassen, weil sie im letzten Moment mit einer blitzschnellen Wendung dem Angriff entgehen. Brachvogel und Uferschnepfe brauchen einen ziemlichen Vorsprung, um Fluggeschwindigkeiten zu erreichen, die ihnen dann auch schnelle Wendungen ermöglichen. Deshalb hatte es der Kiebitz ungleich leichter, aus seinem früheren Lebensraum in feuchte Wiesen und aus Hochmooren herauszukommen und neuentstandene Freiflächen zu besiedeln. Sie bietet der Maisanbau, gebietsweise auch der Kartoffelacker. Denn zu einer Zeit, in der die Wiesen heute schon längst waden- bis kniehoch dichtes Gras tragen, sind die Maisfelder Mitte bis Ende Mai noch immer nahezu vegetationslos. Allenfalls keimt der Mais gerade. Zwischen den jungen Maispflanzen kann sich der Kiebitz bequem bewegen; er verliert auch nicht die Übersicht. Seine Gelege setzt er schon, bevor der Mais richtig zu sprießen anfängt.

Die Offenheit des Maisfeldes könnte daher einen geradezu idealen Ersatz für die zu dicht gewordenen (Feucht-)Wiesen anbieten – und der Kiebitz nutzte diese neuen Strukturen auch bald! In den 60er und 70er Jahren, als sich der Maisanbau in

Mitteleuropa in großem Umfang ausbreitete und regional zur bedeutendsten landwirtschaftlichen Kultur wurde, kam es beim Kiebitz zum «Habitatwechsel». Die Bestände nahmen wohl anfangs auch zu. Aber die neue Struktur der hektargroßen Wüste oder Halbwüste im Frühling wurde dem Kiebitz zu einer «ökologischen Falle».

Angezogen von der günstigen Struktur des Lebensraumes, verlegten sich immer mehr Kiebitze auf das Brüten in Maisfeldern. Der Bruterfolg blieb aber schon bald weit hinter dem notwendigen Mindesterfolg zurück. Ursache für die zu hohen Verluste waren nicht Krähen oder Elstern, auch nicht Füchse, Marder und Wiesel oder andere natürliche Feinde, sondern das viel zu schlechte Nahrungsangebot. In den intensiv gespritzten Maiskulturen entwickeln sich zu wenige Kleininsekten, vor allem, wenn die Maisfelder groß sind. Den jungen Kiebitzen steht scheinbar alles in günstiger Kombination zur Verfügung, was sie für ein erfolgreiches Überleben brauchen: Wärme bis zum Boden, Deckung, Offenheit des Geländes und ausreichende Rundumsicht – aber sie finden keine ausreichende Nahrung.

Die Altkiebitze gingen mit ihrer Nistplatzwahl auf dem Maisfeld in die Falle. Die Raumstruktur paßt bestens, gerade so, wie in den Halbwüsten und kurzrasigen Steppen, wo die meisten Arten aus der Kiebitzverwandtschaft leben. Was aber die Maisfeldstruktur nicht verriet, war das unzureichende Nahrungsangebot. Wie sehr aber solche Strukturen die Wahl des Lebensraumes beeinflussen können und wie unzureichend vielfach unsere Vorstellungen von den «Lebensraumansprüchen» einer Vogel- oder Säugetierart sind, das zeigte sich auch, als vor einigen Jahren in Oberösterreich sogar Uferschnepfen damit begannen, auf Maisfeldern zu brüten.

Würde man gegenwärtig eine Einstufung des Kiebitzes im Binnenland vornehmen, dann wäre sicher nicht das Ergebnis, daß es sich bei dieser Art um einen Feuchtgebietsvogel handelt. Die hohe Bodenfeuchte war früher die Voraussetzung dafür, daß das Wachstum der Gräser zurückblieb und so während der Brutzeit und während der Jungenentwicklung die für die Kiebitze geeigneten Strukturen herrschten.

In dieser Sicht wird verständlich, warum ein gar nicht so ferner Verwandter des Kiebitzes, der kleine Flußregenpfeifer, nicht so an Flüsse oder Küsten gebunden ist, wie man meinte, sondern ohne weiteres, und oft sogar mit beachtlichem Bruterfolg, Kiesgruben und ausreichend große Flachdächer besiedelt. Der Reichtum an Spinnen und Kleininsekten, der sich auf offenen Kiesflächen einstellt, ist die Nahrungsgrundlage für den Flußregenpfeifer und seine Jungen. Was auf solchen Flächen gutgeht, klappt nicht mehr auf den Maisäckern. Der verdichtete, mit Nährstoffen überreich befrachtete Boden wird nicht schnell genug ausgewaschen, wenn es im Frühjahr heftig regnet. Und wenn der Mais auf etwa 30 bis 40 Zentimeter Höhe herangewachsen ist, beginnt das intensive Sprühen mit Pflanzenschutzmitteln. Die Kiesgrube daneben, so sie von den eingewehten Sprühmitteln nicht allzuviel abbekommt, unterliegt hingegen der Auswaschung. Sie bleibt nährstoffarm, und es dauert lange, bis sich Pflanzenbewuchs einstellen kann. Diese Zwischenzeit nutzt der Flußregenpfeifer.

Nach und nach entsteht in der Kiesgrube eine bunte Vielfalt von kleinen, oft nur einjährigen Pflanzen, die reichlich blühen. Die magere Kiesfläche wird artenreich! Sie enthält oft weit mehr seltene Arten als die «schön hergerichtete» Kulturlandschaft, die in dem Maße verarmt, in dem ihre landwirtschaftliche Produktivität ansteigt. Die Nährstoffanreicherung ist das Ende für sehr viele Arten der Kulturlandschaft. So unwahrscheinlich es auch klingen mag: Städte bieten heute eine größere Artenvielfalt von Tieren und Pflanzen als die moderne Kulturlandschaft.

Mitverursacher dieser Entwicklungen sind wir alle. Es wäre unfair, den Artenschwund allein der Landwirtschaft anzulasten. Gewiß hat sie den Hauptteil bewirkt, weil exzessiv gedüngt und gespritzt und weil die Landschaft fast völlig ausgeräumt wird. Aber daß nicht einmal mehr dort, wo keine landwirtschaftliche Nutzung stattfindet, der Artenreichtum erhalten bleibt, das liegt an uns allen. Mit jeder Autofahrt düngen wir empfindliche Schutzgebiete weitab von der Quelle der Stickstoffverbindungen. Diese entstehen in großen Mengen insbesondere bei höheren Fahrgeschwindigkeiten durch Verbrennung von Luftstickstoff im Motor. Dem Kraftfahrzeugverkehr muß daher ein erheblicher Anteil am Artenrückgang angelastet werden.

Artenreiche Schutzgebiete lassen sich längst nicht mehr nur noch damit erhalten, daß sie unter Naturschutz gestellt werden. Sollen die Tier- und Pflanzenarten, die darin leben, überleben, muß unter Umständen mit aufwendigen Pflegemaßnahmen der Anreicherung von Nährstoffen entgegengewirkt werden.

Es war der Mangel, der Vielfalt möglich gemacht hatte und vielen Tier- und Pflanzenarten ihre Chance in der mitteleuropäischen Kulturlandschaft gab. Der Überfluß wird sie stark dezimieren. Ist es nicht paradox, daß nun der naturferne Zustand der Landschaft, die Großstadt, zu einer Rettungsinsel für die Artenvielfalt wird?

10. Das Gleichgewicht in der Natur – eine Fiktion?

Dynamische Veränderung als Lebensprinzip

Von Bakterien, die im Wasser Rost erzeugen, bis zum Artenreichtum in den Städten, vom Blühen der Pflanzen bis zum eigentümlichen Leben des Kuckucks spannen sich die Themen wie hingeworfene Bausteine eines Mosaiks. Was für ein Bild ergeben sie? Die Themen handeln von Tieren und Pflanzen und vom «Funktionieren» der Natur. Doch es fehlt ihnen ein roter Faden oder ein durchgängiges Motto. Vielleicht ist die Natur einfach zu vielfältig, um in ein bestimmtes Konzept hineinzupassen? Es gäbe zwar für jedes Problem eine eigene Lösung oder bestimmte Lösungsmöglichkeiten, doch für die Lösung anderer Probleme ließen sich die Einzelergebnisse nicht weiter benutzen.

Die exakten Naturwissenschaften – Physik, Chemie oder Astronomie – suchen nach allgemeinen Gesetzmäßigkeiten. Wie steht es damit in der Ökologie? Keines der Beispiele führte exemplarisch zu einem ökologischen Gesetz. Im Gegenteil: Es wurden verbreitete Annahmen oder als gesichert geglaubtes Wissen widerlegt. Die Eisenbakterien zeigten, daß in der Natur nicht alles schön wiederverwertet wird und daß Ökosysteme keineswegs immer Kreislaufprozesse umfassen müssen. Den Rehen würde die Flur mehr zusagen als der Wald, und die Gräser der Fluren würden den Verbiß durch die Rehe ungleich besser vertragen als die Bäume im Wald.

Kleine Eingriffe, die quantitativ bedeutungslos erscheinen, erweisen sich bei näherer Betrachtung der Folgen als entscheidende Stellgrößen im Funktionsgefüge. Das ergab das Beispiel der Jagd auf Wasservögel. Die Traubenkirschen im Auwald vertragen durchaus den Kahlfraß, den die Gespinstmotten verursachen, und die vom Biber gefällten Bäume werden vom Bestand wieder ersetzt, ohne daß Schäden für den Baumbewuchs an den Flußufern entstehen. Im Revier des Bibers sind die Nahrungsgrundlage wie auch der Fortbestand des Auwaldes dauerhaft gesichert, während das Revier der Höckerschwäne Artgenossen vom Brüten ausschließt und die Überlebenschancen der Jungschwäne verbessert, die in diesen Revieren aufwachsen konnten. Und daß der Singvogelbrutbestand in Berlin größer als in naturnahen Waldgebieten ist, daß künstliche Stauseen für Wasservögel eine weit größere Bedeutung erlangt haben als Naturseen und Flüsse, mag manchem schier widersinnig erscheinen.

Man müßte Tiere und Pflanzen aus dem Repertoire der Bewertung streichen, um eine Vorstellung jener Natur zu retten, die den meisten Naturfreunden vorschwebt. Wilde, unerschlossene Berggipfel oder sturmtosende See: Sind sie Natur im Naturzustand? Ist Natur nur dort Natur, wo es keine Menschen gibt und wo der Mensch auch keine Veränderungen verursacht hat?

Wenn es um Vorstellungen und Begriffe geht, kann man endlos diskutieren. Was hier versucht wurde, ist eine andere Vorgehensweise. Die Beispiele vermitteln Befunde, und an diese Befunde wurden Überlegungen geknüpft. Soweit wie möglich wurde versucht, die Vorgänge unmittelbar zu beschreiben und die Schlußfolgerungen auf die beteiligten oder betroffenen Tiere und Pflanzen zu beziehen. Um deren «Urteil» geht es, nicht um eine vorgegebene Sichtweise des Menschen. Wenn in den Städten nachweislich viele Tier- und Pflanzenarten leben und der Zuzug eher noch anhält, dann sollten wir das zunächst einfach zur Kenntnis nehmen und nicht von vornherein als unwichtig abtun.

Es ist nicht wegzudiskutieren, daß es gegenwärtig in Bayern mehr Brutvogelarten als vor 100 Jahren gibt. Zahlreiche Arten haben in dieser Zeitspanne zugenommen. In Gebieten, in denen sich gegenwärtig bedeutende Vorkommen des Teichrohrsängers befinden und wo der Drosselrohrsänger noch vergleichsweise zahlreich brütet, wie etwa am unteren Inn, gab es diese

Arten vor einem guten halben Jahrhundert noch nicht. Der Bestand an Rehen ist in Mitteleuropa erst in den letzten Jahrzehnten auf eine nie dagewesene Höhe angestiegen. Andere Arten sind ganz neu eingewandert. Die Türkentaube gab es vor 1940, also vor gut 50 Jahren, noch an keinem Ort in Deutschland. Heute gehört sie zu den am weitesten verbreiteten und häufigsten Vogelarten. Nur einige kleine Singvogelarten übertreffen sie an Häufigkeit.

Der Karmingimpel war bis noch vor wenigen Jahren im Alpenvorland so gut wie unbekannt. Nun brütet er an zahlreichen Stellen. Ältere Vogelbestimmungsbücher für die mitteleuropäischen Arten enthalten diese Art nicht. In jüngster Zeit kam es zu Vorstößen der zentralasiatischen Zitronenstelze, zur Neuansiedlung von Weißkopfmöwen aus dem Mittelmeerraum, zu wiederholten Bruten von Bienenfressern und anderen in Deutschland höchst seltenen Arten. Die Liste ließe sich verlängern.

Das Hinzukommen ursprünglich nicht in Mitteleuropa beheimateter Arten gilt auch für Pflanzen. Die großen, rosa- bis fleischfarbenen Blüten des Drüsigen Springkrautes aus dem Himalaya sind heute vielerorts bekannter als die recht selten gewordenen Kornblumen. Doch wer diese einfach zum festen Inventar heimischer Pflanzen zurechnen möchte, das Drüsige Springkraut dagegen zum unerwünschten Neuankömmling abstempelt, übersieht, daß sehr viele Arten der Ackerpflanzen mit dem Vordringen des Ackerbaus aus dem südosteuropäisch-mediterranen Raum eingewandert sind. Sie gehörten genausowenig zum festen Inventar der heimischen Pflanzenarten wie die Neuankömmlinge aus unserer Zeit.

Ein besonders aufschlußreiches Beispiel ist die Bisamratte. Dieses Nagetier, das mehr eine große Wühlmaus als eine Ratte ist, stammt aus Nordamerika. Der böhmische Graf Colloredo-Mansfeld brachte fünf der Nager von einem Jagdausflug nach Nordamerika mit und setzte sie im Jahre 1905 an Teichen bei Prag aus. Die gut 30 Zentimeter langen, rund ein Kilogramm schweren Tiere gewöhnten sich gut ein, vermehrten sich und breiteten sich rasch aus. Da sie Dämme von Fischteichanlagen beschädigen können, wurden sie bald bekämpft. Das dämmte aber ihre weitere Ausbreitung nicht nur nicht ein, sondern es förderte sie sogar. Der ins Leben gerufene «Bisambekämpfungsdienst», dessen Aufgabe es war, den Fremdling aus Nordamerika wieder auszurotten, weil er die bodenständige Tierwelt unterwandere, mutet aus ökologischer Sicht fast wie eine Arbeitsbeschaffungsmaßnahme an. Denn die Bisamfänger dezimierten mit ihren Fallen die sich aufbauenden Bestände der Bisamratten immer wieder gerade so stark, daß die überlebenden Tiere in hervorragender Kondition durch den Engpaß Winter kamen und sich im nächsten Frühjahr besonders stark vermehren konnten.

Bei drei bis vier Würfen mit jeweils fünf bis acht Jungen im Jahr verträgt der Bisamrattenbestand eine ziemlich intensive Abschöpfung. Durch die Nachstellungen wurde die Ausbreitung gefördert, weil all jene Nachkommen am besten überlebten, die rasch abwanderten und neue, noch bisamfreie Gewässer aufsuchten. Daraus erklärt sich vielleicht, daß sich die Bisamratte in Österreich und südostwärts weit weniger rasch ausbreitete als in Deutschland: Sie wurde dort nicht systematisch bekämpft.

Der Vergleich mit den Rehen drängt sich geradezu auf. Zwar wurden die Bisamratten nicht, wie die Rehe, gefüttert, aber die durch den Phosphateintrag aus den Waschmitteln mit überreichen Nährstoffen versehenen Wasserpflanzenbestände wuchsen kräftig genug, um ein üppiges Nahrungsangebot sicherzustellen. Wo es keine entsprechenden Wasserpflanzenentwicklungen gab, ließ die Wasserverschmutzung meist große Muschelbestände entstehen. Die Bisamratten verstehen sich auf die Kunstfertigkeit, im Winter Teich- und Malermuscheln zu knacken. Die dünnschaligeren Teichmuscheln werden einfach aufgehebelt, so daß das Muschelfleisch verzehrt werden kann. Die Malermuscheln sind viel härter, und sie halten die beiden Schalenklappen über nut- und federartig ineinandergreifende Leisten fester zusammen. Die Bisamratten tauchen diese Muscheln im Winter heraus und legen sie an ihren Futterplätzen auf das Trockene, bis entweder der Frost die Schalen sprengt oder die

Muschel von selbst ihre Schalen öffnet. Stellenweise sammeln sich an den Futterplätzen Hunderte bis Tausende von Muschelschalen an.

Die Spuren der Tätigkeit von Bisamratten brachten viele Naturschützer noch mehr gegen den Fremdling auf. Sogar Resolutionen wurden beschlossen, die aus der Sicht des Naturschutzes festlegen, was eine «heimische Art» ist und daß «Faunen- und Florenfälschungen» abzulehnen sind. Der Bisamratte wurde das Wohnrecht in Europa abgesprochen. Selbst Naturschützer befürworteten die uneingeschränkte Vernichtung der Bisamratte. Nicht einmal während der Fortpflanzungszeit genießt sie «Schonzeit».

Nun ist die Bisamratte fast ausschließlich Verwerter von pflanzlicher Kost. Nur im Winterhalbjahr und nur in dafür geeigneten Gebieten nimmt sie Muscheln als Zukost. Deshalb war diese «Ratte» für die Jagd auch ziemlich uninteressant, obwohl das Fell einen beachtlichen Wert hat und Fangprämien vom Staat bezahlt wurden.

Anders sah es aus, als sich zwei kleinere Raubtiere in Mitteleuropa ausbreiteten. Weil sie (vielleicht) auch Gelege von Fasanen oder Junghasen erbeuten, erklärten sie Jagd und Naturschutz unisono zu unerwünschten Fremdlingen. Gemeint sind der aus Nordamerika stammende Waschbär und der aus Ostasien kommende Marderhund. Als «Raubtiere» waren und sind die beiden Neuankömmlinge noch verdächtiger als die Bisamratte. Wieder gelang es – zumindest im Fall des Waschbären – nicht, die Ausbreitung zu verhindern.

Sollten eingewanderte Tiere wieder ausgerottet werden? Man mag dazu stehen, wie man will. Tatsache ist, daß aus rein jagdlichen Gründen die gleichfalls völlig gebietsfremden Fasane eingebürgert wurden, Damhirsche in beträchtlichem Umfang in unsere Wälder kamen – und diese verbeißen – oder amerikanische Pflanzen, wie Topinambur, auf sogenannten Wildäckern angepflanzt werden, um dem Wild eine bessere Nahrungsversorgung zu gewährleisten. Kartoffeln und Mais, zwei der gegenwärtig flächenmäßig am weitesten verbreiteten Kulturpflanzen, stammen aus Amerika, der Weizen und andere Getreidearten aus dem Vorderen Orient. Im Flachland gäbe es kaum irgendwo natürlicherweise Fichtenbestände; auch diese Liste ließe sich beträchtlich verlängern.

Ob wir es wahrhaben wollen oder nicht: Mehr als 95 Prozent der mitteleuropäischen Landschaften tragen nicht mehr das natürliche, standortgemäße Pflanzenkleid. Die Wildbestände sind weit von so etwas wie einem natürlichen Zustand entfernt. Bei mindestens einem Viertel der größeren Tierarten haben sich allein in den letzten 50 Jahren die Bestandsverhältnisse nachhaltig verändert. Für die kleineren Arten, insbesondere für die Wirbellosen, lassen sich höchstens Vermutungen anstellen, weil es aus früherer Zeit keine entsprechend umfassenden Untersuchungen gibt.

Keine Wiese, die das EG-Hochleistungsgrün trägt, enthält noch die Pflanzenarten in dem Häufigkeitsverhältnis, wie es vor 30 bis 40 Jahren vorhanden war. In den Flüssen schwimmen Fische aus Nordamerika oder aus Fischzuchtanstalten. Wandermuscheln haben sich ausgebreitet, und zahllose Kleintierarten, die es früher hier nicht gab, traten in unserem Jahrhundert «neu» auf. Wer bei dieser Lage von einer Störung des natürlichen Zustandes von Flora und Fauna durch eingeführte Arten spricht, muß schon eine ziemlich wirklichkeitsfremde Vorstellung von unserer Natur hegen.

Sehen wir uns die Fremdlinge nochmals ein wenig genauer an. Gibt es Gründe für ihren Erfolg? Vielen von den eingeführten oder eingeschleppten Arten ist es nicht gelungen, sich zu etablieren. Was allein Jahr für Jahr an exotischen Vogelarten in Stadt und Land frei herumfliegt, würde ausreichen, um innerhalb eines Jahrzehnts die Zahl der Brutvogelarten Deutschlands zu verdoppeln. Geierfalken aus Südamerika kann man ebenso treffen wie Wellensittiche und Prachtfinken aus Australien, Hirtenstare aus Asien oder Kardinäle aus Nordamerika. Doch nur den Halsringsittichen aus Indien ist es bislang gelungen, in einigen Städten am Rhein ein freies Leben zu führen. Erfolgreicher waren die Kanadagänse aus den Stadtparks oder die Mandarinenten aus der Ziergeflügelhaltung. Woran scheitern die Exoten, und was führt bei einigen doch zum Erfolg?

Die Bisamratte führt beispielhaft vor, weshalb es in ihrem Fall klappte und warum bei ihrer Beurteilung wirtschaftliche Schäden zu «ökologischen» umfunktioniert werden konnten. Sie hat kein Gegenstück in der europäisch-nordasiatischen Tierwelt. Es gab hier – und es gibt ihn wieder – den Biber, der in einer sehr nahe verwandten Art in Nordamerika vorkommt. Und es gibt kleine Mäuse, die «Wasserratten». Dazwischen klafft in unserer Fauna eine Lücke, die die Bisamratte in Nordamerika einnimmt. So hatte sie keine Schwierigkeiten, bei uns jene Position einzunehmen, die sie auch in ihrer Heimat innehat. Hätte die Bisamratte es geschafft, während der Eiszeit, als der Meeresspiegel so tief abgesunken war, daß sich eine feste Landverbindung zwischen Nordostasien und Nordamerika ausbildete, über diese Landbrücke nach Asien zu kommen, hätten wir sie im Repertoire der «angestammten» Arten vorgefunden.

Wenn die Bisamratte in Nordamerika Wasserpflanzen und Muscheln nicht ausrottet oder nachhaltig schädigt: Warum sollte sie es dann in Europa tun? Eine Sichtung der Befunde ergibt denn auch, daß in keinem Fall, der der Bisamratte angelastet wird, von ökologischen Schäden gesprochen werden kann. Sie hat keine heimische Art verdrängt oder gar ausgerottet. Wo Schäden auftraten, handelt es sich um Schäden wirtschaftlicher Natur. Ein unterwühlter Damm eines Fischteiches kann ihn zum Auslaufen bringen. Aber die Nachfrage sei gestattet: Ist der Damm natürlich?

Schermäuse, mit Sicherheit ursprünglich hier heimisch, unterminieren auch und in viel größerem Umfang Dämme und Deiche. Anders als die Bisamratten, die häufig im Flachwasser freistehende «Burgen» aus Wasserpflanzen errichten und dann nicht wühlen, graben sich diese Nager immer unterirdische Wohnbaue. Zumindest Naturschützer messen hier mit zweierlei Maß, wenn sie die Wühltätigkeit und die Ernährungsweise der Schermaus in ihrer als Wasserratte bezeichneten Form für natürlich und rechtens erachten, die gleichen Tätigkeiten der Bisamratte aber als ökologische Schäden einstufen.

Wer so zwiegespalten bemißt, darf sich nicht darüber beschweren, daß Jäger oder Fischer das Gleichgewicht der Natur anders sehen wollen als die Naturschützer. Der Luchs wird schnell zur Störung des Gleichgewichtes, weil er Rehe fängt; der Kormoran, weil er sich von Fischen ernährt; der Wanderfalke oder der Habicht, weil diese Vögel Tauben jagen, unter denen sich auch Brieftauben befinden können – und so fort. Jeder definiert dann das «Gleichgewicht» auf seine Weise, gerade so, wie er das Verhältnis der Arten zueinander sehen will.

Um Mißverständnisse auszuschließen: Die Einbürgerung fremdländischer Arten ist in der Regel unnötig, nicht wünschenswert und mit Gefahren verbunden, weil beispielsweise Krankheiten eingeschleppt werden können, an die die örtlich vorkommenden Arten (noch) nicht angepaßt sind. Es geht hier um die Klarstellung, daß mit der leichtfertigen Anwendung von Begriffen, wie «ökologische Schäden» oder «Störung des Naturhaushaltes» in Wirklichkeit die Ökologie als Wissenschaft in Mißkredit gebracht wird. Man könnte auf Studiengänge für Ökologie an den Hochschulen verzichten, wenn bereits die erfolgreich bestandene Jäger- oder Fischerprüfung so viel ökologisches Grundwissen vermittelt, daß «Störungen des Gleichgewichtes» damit ausgemacht und beurteilt werden können.

Die Naturschützer haben ihren zweifellos begrüßenswerten Bemühungen, mehr für die Natur zu erreichen, keine guten Dienste geleistet, als sie Begriffe wie «Störung des Naturhaushaltes» ins Naturschutzgesetz einbrachten. Sie hätten wissen müssen, daß etwas, das sie selbst nicht durchschauen und das sie fachlich nicht einwandfrei begründen können, mehr Mißbrauch als Nutzen bringen würde. Von der Verteufelung der Bisamratte hätten sich gerade jene Naturschützer distanzieren müssen, die sich mit Vehemenz für die Erhaltung und Wiederausbreitung des (europäischen) Fischotters einsetzen. Denn in den Restvorkommen des Otters spielen Bisamratten eine wichtige Rolle als Nahrungsgrundlage an Gewässern, die längst zu wenige Fische enthalten, als daß davon ein Otter leben könnte. Selbstverständlich fangen und verzehren die Kanadischen Fischotter, die sich von den europäischen ähnlich geringfügig unterscheiden wie die kanadischen von den eurasiatischen Bibern, auch in beträchtlichem Umfang Bisamratten. Und wer vom Biber und seiner Lebensweise fasziniert ist, sollte sich näher mit der Bisamratte befassen, um einen in mancher Hinsicht vergleichbaren Lebensstil kennenzulernen. Manches Urteil zeigt sich dann rasch als Vorurteil.

Ziehen wir Bilanz. Die pauschale Verurteilung eingebürgerter Tierarten ist auf einer ökologisch-wissenschaftlichen Basis nicht zu rechtfertigen. Sie stellt eine Wertung dar. Im Naturschutz geht es häufig um Wertungen. Deshalb darf er nicht mit Ökologie gleichgesetzt werden. Ökologie wertet nicht; sie liefert Befunde. Ihre Fragestellung richtet sich danach, wie die Lebewesen in ihrem Zusammenwirken untereinander und mit der unbelebten Natur «funktionieren», und nicht danach, wie sie sein oder sich verhalten sollen.

Aber es ist nur allzuoft schwer, Wertungen und bestimmte Vorstellungen aus der Ökologie herauszuhalten. Dem Jäger wird man schneller unterstellen, daß er aus Überzeugung vorgibt, regulierend in die Wildbestände eingreifen zu wollen, obwohl es ihm in erster Linie um das Jagen als solches geht. Warum fällt es dem Naturschützer so schwer zuzugeben, daß der Schutz von Tieren, Pflanzen und Naturschönheiten seine Motivation ist? Warum meint er, eine ökologische Begründung dafür zu brauchen? Wer die Natur um ihrer selbst willen schützen will, sollte keine Angst vor Unterstellungen haben.

Wer beim Jagen oder Fischen Tiere tötet, hat sich zu rechtfertigen – nicht der Naturschützer, der ihnen nichts zuleide tut. Die Ökologie kann ihm für sein Anliegen keine Begründung oder Bekräftigung liefern. Und sie darf auch nicht im Interesse des Naturschutzes idealisiert werden. Denn nur allzu schnell bauen sich Fiktionen auf, die mit der Wirklichkeit nicht übereinstimmen. Aus den in diesem Buch gewählten Beispielen geht das klar genug hervor. Ihr gemeinsamer Nenner ist das Mißverständnis, das sich entwickelt hat: das Mißverständnis vom Naturhaushalt, vom «Gleichgewicht der Natur».

Daß jeder etwas anderes unter dem «Gleichgewicht der Natur» versteht, kommt daher, daß es dieses Gleichgewicht gar nicht gibt. Zwei Täuschungen und eine Wunschvorstellung

stecken im Begriff des «Gleichgewichts im Naturhaushalt».
Die eine Täuschung wurde schon ausführlicher behandelt. Sie
hängt mit dem Begriff «Ökosystem» zusammen. Bei einem
Ökosystem handelt es sich nicht um so etwas wie einen Super-
Organismus, sondern um einen Ausschnitt aus der Natur mit
willkürlich gezogenen Abgrenzungen. Der Ausschnitt kann
gar kein inneres Gleichgewicht haben, weil ihm eine zentrale
Fuktionssteuerung fehlt. Es gibt keine Instanz im «Ökosystem», die festlegt, wie die Vorgänge ablaufen sollen. Es gibt
keine festgefügte Struktur. Beliebig viele Zustände sind in diesem System möglich. Ökosysteme können nicht «zusammen-
brechen», wie Organismen sterben. Der gegenwärtige Zustand
ist nichts weiter als die Ausgangsbasis für den nächsten. Ob
dieser sehr ähnlich oder ganz anders ausfällt, ist für das betreffende Ökosystem gleichgültig.

Stoffkreisläufe und Energieflüsse sind keine festgeschriebe-
nen Größen; was sich abspielt, passiert im Rahmen der Möglichkeiten. Kein Zustand gleicht jemals genau einem anderen,
weil bei der Vielzahl beteiligter Komponenten die zufällige
Wiederkehr eines ganz bestimmten Zustandes gänzlich unwahrscheinlich wäre. Wenn sich überhaupt so etwas Ähnliches
wie ein Gleichgewicht einstellt, dann handelt es sich um ein
Fließgleichgewicht, vergleichbar dem eines Flusses, der eine
Zeitlang gleichartig aussieht, sich aber dennoch unablässig verändert.

Dieses Bild ist gut und schlecht zugleich. Gut, weil es verdeutlicht, daß der Eindruck von Beständigkeit entstehen kann,
obwohl sich unablässig alles verändert; schlecht, weil der Fluß
im wesentlichen von einer Substanz, dem Wasser, gebildet
wird. Im Ökosystem sind dagegen die verschiedenartigsten
Stoffe sowie zahlreiche, in ihrer Art und Lebensweise höchst
unterschiedliche Organismen beteiligt. Daß viele von ihnen
grundsätzlich austauschbar sind, zeigen die mehr als 90 Prozent
veränderter, vom Menschen gestalteter Natur in Mitteleuropa
wie überall auf der Erde. Daraus folgt, daß die ökologischen
Systeme keinesfalls so sein müssen, wie sie hier und jetzt gerade sind.

Es folgt auch, daß es geradezu unsinnig ist, daran die Erwartung zu knüpfen, daß sie so sein sollen oder bleiben sollten. Die Natur ist eine Natur offener Systeme. Es fällt uns schwer, sie zu verstehen, weil wir offenbar von unserer eigenen Natur her geneigt sind, auf Beständigkeit zu setzen. Wir wollen Vorhersagbarkeit und Sicherheit! Das ist vielleicht der Hauptgrund für unser Mißverständnis, das der Struktur und der Funktion von Ökosystemen so etwas wie menschliche Zwecke anmutet.

Die zweite Täuschung hängt mit unserem Empfinden für Zeit zusammen. Längst haben wir zwar eine «absolute Zeit» eingeführt, die wir nach Sekunden oder Stunden, nach Jahren oder Jahrmillionen bemessen. Objektiv fällt es uns nicht schwer, Nullen anzufügen und aus gerade noch überschaubaren Zeitspannen die Größenordnungen der geologischen Zeit zu filtern. Wirklich vorstellen können wir uns aber die Dauer von einer Million Jahre nicht. Dabei stellt diese Jahrmillion auch nicht viel mehr als ein kurzes Aufblitzen im Zeitmaßstab der Evolution dar.

Leben gibt es seit vielleicht dreieinhalb Milliarden Jahren, höhere Organismen seit einer halben Milliarde. Ein durchschnittliches Menschenleben währt 70 bis 80 Jahre. In dieser kurzen Zeit kann sich sehr viel abspielen, aber auch sehr wenig verändern. Das hängt am individuellen Zeitmaß der betrachteten Lebewesen. Für Elefanten und Menschen gilt in etwa die gleiche Zeit. Aber schon drei bis vier aneinandergereihte Generationen von Löwen oder fünf und mehr von Rehen passen in diese Spanne hinein. Viele der kleineren Tierarten und manche «einjährige» Pflanzen haben Jahr für Jahr neue Generationen. Ein Wissenschaftler, der sie so lange wie möglich untersuchen möchte, kann vielleicht 50 solcher Generationen erfassen. Bei Kleinstlebewesen, vor allem bei Bakterien und Viren, folgen die Generationen so schnell aufeinander, daß schon die knappe Zeit eines Forschungsstipendiums ausreicht, um genügend viele zusammenzubekommen.

In diesen offensichtlich selbstverständlichen Feststellungen verbirgt sich unser grundlegendes Unverständnis, den Wandel einordnen zu können. Ein Eichenwald ist für jeden Menschen

ein außerordentlich stabiles Stück Natur. Betrachten wir ihn als
Ökosystem, kommen und gehen die Generationen von Eichen-
wicklern und anderen Insekten, ziehen Stürme und Trocken-
perioden, Kälte und Nässe über ihn hinweg wie ein Gekräusel an
der Oberfläche eines großen Gewässers, das sich schnell wieder
verliert. Die Eichen können ein paar 1000 Jahre alt werden.
Haben sie erst eine Größe erreicht, die sie als «alte Eichen» aus-
weist, verändern sie sich innerhalb eines ganzen Menschen-
lebens so gut wie überhaupt nicht mehr. Verständlicherweise
halten wir einen solchen Lebensraum, wie ihn alte Eichen bilden, für sehr stabil.

Die Abfolge von Algen in einem Tümpel kommt uns entsprechend wie flüchtiges Auf und Nieder von Arten vor; ein instabi-
ler Zustand, und der Tümpel wird auch bald verschwinden. Daß
sich dasselbe Verhältnis einstellt, wenn wir einen von der Eiszeit
gebildeten See und einen nacheiszeitlich entstandenen Eichenwald miteinander vergleichen, muß man sich gedanklich klar-
machen. Die aufeinanderfolgenden Eichengenerationen haben
eine geringere Zahl als die Generationen bestimmter Algenarten
in einem Tümpel, der für ein oder zwei Jahrzehnte existiert. Die
eiszeitlichen Seen verlanden und werden verschwinden; viele
sind schon wieder zu Land geworden, bevor Menschen ihre
Umwandlung mitverfolgen konnten.

Dauerhaftigkeit und Wechsel sind Folgen der Betrachtungsweise und des subjektiven Zeitempfindens. Die Abfolge der
Waldformationen seit dem Ende der letzten Vereisung in Mitteleuropa verläuft langsamer als eine Neubesiedlung einer aus
dem Wasser aufgetauchten Sandbank oder eines Kiesabbau-
gebietes, weil die Lebensspannen der Bäume sehr viel größer
sind als die kleiner krautiger Pflanzen und der zahlreichen
Kleintiere, die mit ihnen die Pionierstadien besiedeln. Eichen
vermitteln uns das Gefühl natürlicher Dauer nur darum, weil
wir kürzer leben als sie.

Da nun aber die Lebensspannen der verschiedenen Organismen so unterschiedlich sind, daß sie von Minuten bis zu Jahrtausenden reichen, ist es völlig hoffnungslos, im Fluß der Zeit
einen stabilen Zustand zu erwarten. Genau diese nicht vorhan-

dene Stabilität möchten wir aber allzu gerne einführen, um
die zukünftigen Entwicklungen vorhersehbar zu machen. Das
war – man muß es betonen! – der Erfolg unserer eigenen Art.
Sie hat sich gegen den Strom der Zeit gestellt und in die Natur
steuernd eingegriffen. Wo uns das noch nicht so ganz gelungen
ist, zeigen «Naturkatastrophen» immer wieder eine von Menschen unerreichte Perfektion an. Einen Vulkanausbruch, eine
Überschwemmung, Lawinenabgänge oder Flächenbrände in
Wäldern hatte es immer schon gegeben. Für die Natur sind sie
alles andere als Katastrophen. Oft schaffen sie neuen Raum und
neue Startbedingungen.

Ein Beispiel aus neuerer Zeit war die «Brandkatastrophe» im
Yellowstone-Nationalpark in den Vereinigten Staaten. Die Prognosen während des Brandes waren düster: Der einzigartige
Yellowstone-Park wird ein Raub der Flammen! Solche und ähnliche Schlagzeilen verdeutlichten, wie sehr wir sogar in National-
parks, in denen die Natur sich selbst überlassen bleiben sollte,
mit unserem Menschenmaß messen. Ein paar Jahre danach kam
die niederschmetternde Bilanz – niederschmetternd allerdings
nur für die (Welt-)Untergangspropheten und «Macher». Yel-
lowstone war so schön wie kaum jemals zuvor!

Bergwiesen voller Blüten, Wapitis in bester Kondition, überall üppig sprießendes Grün – so möchte man gerne diesen Park
erhalten können. Aber das geht nicht; das kann nicht gelingen.
Denn die Entwicklung geht weiter. In kleinerem Maßstab
wurde diese Erkenntnis auch bei der Untersuchung der Inn-
Stauseen und ihrer Entwicklung deutlich. Ein bestimmter Zustand läßt sich nicht festhalten, es sei denn, ganz unnatürlich
starke und anhaltende Eingriffe würden getätigt. Genau das
macht die Landwirtschaft. Immer wieder versetzt sie die Böden
in den hochproduktiven Anfangszustand. Sie läßt nicht zu, daß
die Entwicklung weitergeht und den «stabileren», weil durch
viel längere Existenzzeiten der Bäume gekennzeichneten Wald
erreicht. Dann könnte sie keinen Ertrag mehr daraus schöpfen.

Die künstlich vereinfachten, vom Menschen gesteuerten Ökosysteme sind es, die unseren Vorstellungen von Beständigkeit
und Gleichgewicht entgegenkommen, nicht die naturnahen

oder natürlichen, in denen sich die Gegebenheiten mehr oder minder schnell verändern. Deshalb läßt sich auch aus einem momentanen Zustand keine Rechtfertigung für einen «steuernden Eingriff» ableiten.

Die Vorgabe muß anders sein: Wir wollen diesen oder jenen Zustand haben und der Natur nicht freien Lauf lassen. Genau das machen die Jäger, wenn sie aus ihrer Sicht wünschenswerte Wildbestände anstreben. Das fordern die Förster, wenn sie aus ihrer auf Wachstum und Ertrag bei den Bäumen ausgerichteten Sicht die hohen Wildbestände bekämpfen möchten. Die Landwirte definieren die von Insekten und anderen Tieren genutzten Anteile an «ihrer» Produktion als Schäden und bekämpfen die sie verursachenden «Schädlinge» mit letztendlich derselben Begründung: daß sich das «Gleichgewicht» zugunsten der Schädlinge verschoben habe.

In den Gärten gestatten wir bestimmten Pflanzen, die wir als Nutz- oder Zierpflanzen einstufen, das Wachsen und Gedeihen. Blau- und Kohlmeisen oder Rotschwänzchen dürfen schon mit dabei sein, weil diese ja die vielleicht schädlichen Insekten verzehren. Die Wühlmaus hingegen stört ungemein und wird mit Gaspatronen bekämpft, obwohl vielleicht nächtens die Schleiereule davon leben sollte. Wieder ließen sich die Beispiele endlos ausbreiten. Es gibt kein allgemein verbindliches Gleichgewicht, weder in den naturnahen Auwäldern, noch im völlig vom Menschen umgestalteten Kulturland; weder in den fernen Regenwäldern der Tropen, noch in der eisigen Einöde der Tundra. Gerade dort, das weiß man schon seit langem, schwanken die Tierbestände außerordentlich stark. Auf «Lemmingjahre» reagieren Füchse und Eulen, Raubmöwen und Falken, sogar Wölfe und indirekt auch fast alle anderen Tiere, weil die Lemminge die Vegetation nachhaltig beeinflussen.

Dauernd verschieben sich die Tierbestände über Raum und Zeit; alles ist in Fluß. Wo die Systeme überschaubar sind, weil sie nur wenige Arten enthalten, wird dieses beständige Fluktuieren leichter sichtbar als in den sehr artenreichen Lebensräumen. Und noch etwas kommt hinzu. Das Ausmaß der Dynamik hängt stark von den Nährstoffverhältnissen ab. Wo, wie in der Tundra, die uns dürftig erscheinende, in Wirklichkeit aber recht gehaltvolle Vegetation das Hundert- oder Tausendfache der Tiere ernähren kann, die in Mangeljahren vorhanden sind, schlagen die Schwankungen entsprechend stark durch. Ähnlich verhält es sich in den mit Nährstoffen stark angereicherten Lebensräumen in Mitteleuropa. Nicht selten liegt es nur an der Gunst oder Ungunst der Witterungsabläufe, ob es zu Massenvermehrungen bestimmter Arten kommt oder nicht.

Massenvermehrungen sind kein Zeichen dafür, daß irgendein Gleichgewicht gestört wäre, sondern sie sind nichts weiter als der Ausdruck einer günstigen Konstellation. In nährstoffarmen Lebensräumen können übermäßig starke Schwankungen schon deshalb nicht vorkommen, weil das enge Nährstoffbudget keine stärkeren Schwankungen erlaubt. Damit reduziert sich das Gleichgewicht auf den Mangel. Je größer und ausgeprägter er ist, desto «ausgewogener» und «stabiler» werden uns die Artenverhältnisse vorkommen. Der Artenreichtum, der die meisten Lebensräume kennzeichnet, in denen Mangel an Grundstoffen für die Lebensprozesse herrscht, ist die Folge dieses Mangels. Die Vielfalt der bunten Blüten auf mageren Wiesen drückt das ebenso aus, wie das Gegenteil, das einfarbig satte Gelb des Löwenzahns, den Überfluß an Nährstoffen anzeigt.

Mangel und Fülle stehen in einem Spannungsverhältnis zueinander. Die Fülle begünstigt die Schwankungen, der Mangel fördert die Beständigkeit. Kommen noch entsprechend lange Lebensspannen der beteiligten Organismen hinzu, ist die Täuschung perfekt. Der Lebensraum, das Ökosystem, scheint uns stabil, weil sich während unserer Beobachtungszeit wenig verändert. Daß Stabilität eine Folge von äußeren Bedingungen und nicht innere Eigenschaft eines solchen Systems ist, wird hingegen nicht klar. Deshalb schlugen so viele Versuche fehl, vorhandene Naturzustände in Schutzgebieten erhalten zu wollen. Deswegen werden Veränderungen mit Argwohn betrachtet oder grundsätzlich abgelehnt, obwohl sie sich vor unseren Augen vollziehen: Veränderungen am Landschaftsbild oder in der Artenzusammensetzung. Die fremde, bisher noch nicht hiergewesene Art wird von vornherein zum Störenfried abgestempelt, während die bodenständige die «gute» Art ist. Goodies contra Badies. Und der kanalisierte, aber noch «frei-fließende» Fluß wird höherwertig eingestuft als der artenrei-che, weitgehend selbständig sich renaturierende Stausee; und jeder «Eingriff in Natur und Landschaft» muß «ausgeglichen» werden.

Am schönsten wäre es offenbar, so hat man den Eindruck, wenn sich gar keine Veränderungen mehr vollziehen würden und die Natur ihre Dynamik einstellte. Dann wären morgen die gleichen Verhältnisse wie heute und in einem Jahr oder Jahrzehnt vorhanden. Aber die Natur ist nicht statisch – glück-licherweise! Wer das «Gleichgewicht der Natur» erhalten möchte, meint mehr seine eigene statische Sicht. Das Kommen und Gehen der Arten ist suspekt. Wer seltener wird oder gar gefährdet ist, gehört zu den «guten Arten», um die sich der Naturschutz bemühen muß. Die häufigen dagegen werden als die minderwertigen eingestuft, um die man sich nicht nur nicht zu kümmern braucht, sondern die sogar bekämpft oder zumin-dest «reguliert» werden müssen, damit sie nicht «überhand» nehmen.

Die Ausdrucksweise verrät die Haltung, die dahintersteht. Überhandnehmen bedeutet: aus der Kontrolle entgleiten. Diese Kontrolle lassen wir nach wie vor, was die größeren Tiere betrifft, von Jagd und Fischerei ausüben. Bei den kleineren Tier-arten ersetzt Gift Bleischrot, Kugel und Haken. «Überpopula-tionen» werden dann von Gruppen festgelegt, deren Ziel es ist, massiv zugunsten der von ihnen geschätzten Arten zu inter-venieren und andere zu dezimieren. Allein schon wegen dieser Folgen wäre es gewiß besser gewesen, die Vorstellung vom Gleichgewicht des Naturhaushaltes nicht in die Naturschutz-gesetze und -verordnungen hineinkommen zu lassen.

Ein weiterer Gesichtspunkt kommt hinzu: Gäbe es die an-genommenen Gleichgewichte im Naturhaushalt wirklich und würde bei ihrer Veränderung der Naturhaushalt zusammen-brechen, hätte sich keine Evolution vollziehen können. Weiter-entwicklungen erfolgen aus den Ungleichgewichten heraus. Wo die Natur in der Balance ist, wird sich nichts verändern. Aus der Veränderung, aus der Dynamik entsteht Neues. Bewährtes muß deswegen noch nicht auf der Strecke bleiben.

Ziehen wir doch den positiven Schluß aus der Vielzahl von Arten, die uns in den Siedlungsraum gefolgt sind. Sie zeigen, daß ein Miteinander möglich ist. Direkte Nachstellung und Vernichtung sind für die größeren Arten, insbesondere für Säugetiere, Vögel und Fische, die weitaus bedeutungsvolleren Einwirkungen im Vergleich mit Veränderungen in den Lebensräumen. Die falsche «tiergeographische Grenze» entlang dem früheren «Eisernen Vorhang» zeugt davon. Trotz schlimmer Umweltverschmutzung und gebietsweise katastrophaler Verhältnisse in den Ländern des ehemaligen Ostblocks, die frühere DDR eingeschlossen, überlebten dort Großtiere in gesicherten Beständen. Fisch- und Seeadler, Bär, Luchs und viele andere Arten hätten ihre Chancen auch im «Westen», wenn sie ihnen gegeben würden. Weil die Jäger daran interessiert waren, überlebten und entwickelten sich dagegen beachtliche Bestände des Rothirsches im dichtbesiedelten Mitteleuropa. Keine Frage, daß auch der Luchs hier gut leben könnte.

Der Erfolg bei der Wiedereinbürgerung des Bibers ist ein Lehrstück. Naturschützer dürfen sich nicht dadurch schachmatt setzen lassen, daß sie mit ihren eigenen Argumenten die zugkräftigsten Gegenargumente liefern. Es liegt nicht an der Naturferne unserer Landschaften, daß in ihnen nur noch so wenige größere Tiere vorkommen. Die Schuld tragen diejenigen, die alles daran setzen, ihre Wiederausbreitung zu verhindern. Wir brauchten keine Wiedereinbürgerungsprogramme für Fischotter, wenn die letzten nicht gefangen und geschossen worden wären; und wir könnten auch auf eine Wiederansiedlung ganz von selbst hoffen, wenn die zuwandernden Tiere bei uns leben dürften. Das gilt bis hin zu den großen unter den ursprünglich heimischen Arten: für Bär und Wolf.

Kleine Minderheiten in der Bevölkerung, vor allem die Jäger, verhindern, daß sich bei den größeren, den sogenannten jagdbaren Tierarten von selbst Zuwanderer erfolgreich etablieren. Diese Minderheiten sind der «Umweltfaktor», der Verbreitung und Häufigkeit der meisten größeren Säugetiere und zahlreicher

größerer Vogelarten bestimmt – nicht die wirklichen Umweltverhältnisse.

Der Luchs lebt in der Schweiz, und die Schweiz ist gewiß
kein rückständiges Land. Der Seeadler lebte gut in der mit
Umweltschäden so sehr belasteten DDR – ob er in zehn Jahren
an den Seen Mecklenburgs und Vorpommerns noch gut leben
wird, muß sich zeigen. Der Fischadler legte seine Horste dort
auf Hochspannungsmasten an; er ist kein Flüchtling vor der
Technik! Und daß eine der am dichtesten besiedelten und indu-
strialisierten Regionen Europas den größten regionalen Wan-
derfalkenbestand trägt, das Land Baden-Württemberg, liegt an
den Horstbewachungen engagierter Naturschützer. Nahrung
gab und gibt es genug für den Wanderfalken. Nahe Verwandte
von ihm brüten im südlichen Afrika auf Fenstersimsen von
Hochhäusern! Es liegt nicht allein an den Lebensumständen in
der modernen Welt, daß zahlreiche Arten abgenommen haben
oder verschwunden sind. Es lag und liegt an den Verfolgungen,
denen sie nach wie vor ausgesetzt sind, daß sie es nicht schaffen, produktive Bestände aufzubauen.

Die Belastung der Landschaften mit Nährstoffen, die Eutrophierung, ließe sich vermindern. Die Folgen der Überfrachtung mit Nährstoffen werden zwar noch auf Jahre hinaus am
Artenspektrum abzulesen sein, aber die meisten der «vertriebenen» Arten werden nicht aussterben, wenn wir nicht ähnliche
Entwicklungen, wie sie in Mitteleuropa, speziell in Deutschland, abgelaufen sind, auf alle anderen europäischen Länder
übertragen.

Was wir tun könnten und tun müßten, liegt in der Zwischenzeit auf einer anderen Ebene. Viele Arten sind immer noch viel
zu scheu; sie weichen dem Menschen aus und ziehen sich zurück,
weil jahrhundertelange Verfolgung sie scheu gemacht hat. Diese
Scheuheit kann überwunden werden. Es gibt kein Naturgesetz,
das den Tieren vorschreibt, sich vor dem Menschen besonders
in acht zu nehmen. Lange Zeit war es «vernünftig», daß sich die
größeren Tiere so verhalten haben. Deshalb sind bei vielen
Arten die Bestände weit von den tatsächlichen Möglichkeiten
entfernt, die ihnen die Umwelt bietet. Unsere Großstädte sind

voller Tauben, von denen Wanderfalken bestens leben könnten, und das Millionenheer der Rehe verträgt ohne weiteres den Luchs. Wenn er gegenwärtig untragbar erscheint, dann hätte es ihn nie geben dürfen.

In den Flüssen hat der Gehalt an Waschmittelrückständen stark abgenommen. Der Fischotter könnte hier durchaus wieder leben. Er brauchte nicht den Tag versteckt zuzubringen und heimlich nachts auf Fischfang zu gehen, wenn wir ihn gewähren ließen. Fischotter sind andernorts auf der Erde neugierige Wesen, die an den Menschen herankommen – wenn sie nicht verfolgt werden!

Wir müßten damit aufhören, die Landwirte dafür zu bezahlen, daß sie nichts mehr tun oder weniger als «üblich». Wir müßten sie umgekehrt angemessen dafür entlohnen, daß sie Landschaftspflege betreiben, die diese Bezeichnung verdient, so daß sie nicht treffender mit Landschaftskosmetik zu bezeichnen ist. Die mit Nährstoffen überlasteten Fluren sollten durch geeignete landwirtschaftliche Maßnahmen ausgemagert werden: Dann kommt die Vielfalt der Ackerwildkräuter ganz von selbst wieder, wie sie sich vor Jahrhunderten auch von selbst einfand und keine menschliche Hilfe brauchte.

Die Naturschützer könnten aufhören, die Menschenwelt zu verteufeln. Sie könnten ihre Aktionen mehr als bisher an der Wahl orientieren, die die Arten selbst vorgenommen haben, ohne von ihnen zu verlangen, daß sie sich so verhalten, wie der Naturschutz das gerne sehen möchte. Ein solches Vorgehen würde manche unselige Konfrontation verhindern, die ohne Ergebnis blieb. Naturschutz durch Biotopschutz ist keine Zauberformel. Oft genug bleibt sie eine Leerformel. Die wenigsten Arten brauchen einen ganz bestimmten Biotop.

Feuchtgebiete sollten nicht «für Blaukehlchen» gesichert werden, wenn diese doch auch in Kiesabbaugebieten oder auf Rübenäckern vorkommen. Feuchtgebiete sind an sich wert genug, erhalten zu werden. Aber da sie von Natur aus «kurzlebig» sind, müssen sie auch immer wieder neu entstehen. Allzuviel staatliche Steuerung, etwa beim Kiesabbau, kann sich schnell ins Gegenteil des Erstrebten kehren. Dann werden zwar

in Großabbauflächen schöne Baggerseen für den Erholungsbetrieb geschaffen, aber die Kleingewässer, auf die die Frösche
und Kröten angewiesen sind, gibt es bald nicht mehr in genü-
gender Zahl.

Zu viele und zu weitgehende Vorschriften und Planungen
erzeugen genau jene Zustände, mit denen eine dynamische Natur am wenigsten zurechtkommt, nämlich die Erstarrung in
einem bestimmten Zustand. Dynamische Entwicklungen sind
aber, zumindest mittel- und langfristig, viel wichtiger als kurz-
fristiges Konservieren eines noch so schönen Zustandes. Das
Trugbild vom Gleichgewicht wird hier zur Falle. Es legt allzu
schnell fest, wie die Natur sein soll, und degradiert sie damit
zum Freilichtmuseum, das alsbald Zerfallserscheinungen zeigen wird, wenn es sich selbst nicht mehr verändern und erneuern kann.

Was wir schließlich am wenigsten brauchen können, ist
Hoffnungslosigkeit. Viele – und nicht nur die Naturschützer –
fühlen sich durch die Vielzahl der Katastrophenmeldungen und
Niederlagen darin bestätigt, daß die Zerstörung der Natur un-
aufhaltsam fortschreitet. Die Erfolge, die Fortschritte, sehen sie
nicht oder wollen sie nicht zur Kenntis nehmen.

Gewiß gibt es viele seltene und selten gewordene Arten.
Seltenheit war immer ein natürliches Phänomen. Häufig gab es
stets nur wenige Arten; die große Mehrzahl war und blieb selten. Daß zahlreiche Arten in unserer Zeit abgenommen haben,
ist richtig und sicher auch ein Alarmsignal. Aber es darf nicht
übersehen werden, daß nicht wenige Arten auch zunahmen. Die
Lage ist nicht hoffnungslos; vielleicht braucht der Naturschutz
eine andere Strategie, um mehr zu erreichen.

Wenn viele Arten die Großstädte zu ihrem Lebensraum er-
koren haben, sollte gewiß nicht alles schon verloren sein! Wer
das Lied der Amsel nicht mehr schätzt, weil es in der Stadt
gesungen wird, hat zu viel Hoffnung aufgegeben.

Literaturverzeichnis

1. Kapitel

CORNER, E. J. H. (1972): Das Leben der Pflanze. Ed. Recontré, Lausanne.

HESS, D. (1983): Die Blüte. Ulmer Verlag, Stuttgart.

WILKINS, M. (1989): Physiologie der Pflanzen. Kosmos Verlag, Stuttgart.

WILLSON, M. F. (1983): Plant Reproductive Ecology. J. Wiley & Sons, New York.

2. Kapitel

FITZGERALD, T. D. und S. C. PETERSON (1988): Cooperative Foraging and Communication in Caterpillars. BioScience 38:20–25.

HANNEMANN, H.-J. (1977): Federmotten, Gespinstmotten, Echte Motten. Tierwelt Deutschlands. 63. Teil. G. Fischer Verlag, Jena.

REICHHOLF, J. (1972): Die Massenvermehrung der Gespinstmotte *Yponomeuta evonymellus L.* (Lepidoptera, Yponomeutidae) im Sommer 1971 am unteren Inn. Nachrichtenblatt der Bayerischen Entomologen 21:106–116.

REICHHOLF, J. (1984): Schmetterlinge beobachten. BLV Verlag, München.

3. Kapitel

BEIER, J. (1981): Untersuchungen an Drossel- und Teichrohrsänger (*Acrocephalus arundinaceus, A. scirpaceus*): Bestandsentwicklung, Brutbiologie, Ökologie. Journal für Ornithologie 122:209–230.

IMPEKOVEN, M. (1990): Verteilung und Siedlungsdichte des Teichrohrsängers *Acrocephalus scirpaceus* am Sempachersee. Der Ornithologische Beobachter 87:209–222.

LEISLER, B. (1975): Die Bedeutung der Fußmorphologie für die ökologische Sonderung mitteleuropäischer Rohrsänger (*Acrocephalus*) und Schwirle (*Locustella*). Journal für Ornithologie 116:117–153.

LEISLER, B. (1977): Ökomorphologische Aspekte von Speziation und adaptiver Radiation bei Vögeln. Vogelwarte 29:136–153.

LÖHRL, H. (1979): Untersuchungen am Kuckuck, *Cuculus canorus* (Biologie, Ethologie und Morphologie). Journal für Ornithologie 120:139–173.

MAKATSCH, W. (1955): Der Brutparasitismus in der Vogelwelt. Neumann Verlag, Radebeul und Berlin.

PAYNE, R. B. (1977): The ecology of brood parasitism in birds. Annual Review Ecology and Systematics 8:1–28.

REICHHOLF, J. (1982): Die Evolution des Brutparasitismus beim Kuckuck *Cuculus canorus*. Verhandlungen der Ornithologischen Gesellschaft in Bayern 23:479–492.

REICHHOLF, J. (1990): Der Tropische Regenwald. dtv, München.

SCHULZE-HAGEN, K. (1992): Parasitierung und Brutverluste durch den Kuckuck (*Cuculus canorus*) bei Teich- und Sumpfrohrsänger (*Acrocephalus scirpaceus, A. palustris*) in Mittel- und Westeuropa. Journal für Ornithologie 133:237–249.

SPRINGER, H. (1960): Studien an Rohrsängern. Anzeiger der Ornithologischen Gesellschaft in Bayern 5:389–433.

WYLLIE, I. (1981): The Cuckoo. Batsford Press, London.

4. Kapitel

BIRKHEAD, M. und C. PERRINS (1986): The Mute Swan. Croom Helm Publ., London.

LORENZ, K. (1963): Das sogenannte Böse. Borothra Schöler Verlag, Wien.

REICHHOLF, J. (1984): Über die Funktion des Reviers beim Höckerschwan *Cygnus olor*. Verhandlungen der Ornithologischen Gesellschaft in Bayern 24:125–136.

WELTY, J. C. (1975): The Life of Birds. W. B. Saunders Comp., Philadelphia.

WILSON. E. O. (1975): Sociobiology – the new synthesis. Belknap Press of Harvard University Press, Cambridge, Massachussetts.

5. Kapitel

EIBERLE, K. und H. NIGG (1986): Über den Einfluß des Rehes *Capreolus capreolus* auf die Walderneuerung. Säugetierkundliche Mitteilungen 33:21–35.

ELLENBERG, H. (1978): Zur Populationsökologie des Rehes (*Capreolus capreolus* L., Cervidae) in Mitteleuropa. Spixiana Supplement 2. München.

KURT, F. (1991): Das Reh in der Kulturlandschaft. Sozialverhalten und Ökologie eines Anpassers. Parey Verlag, Hamburg.

NESVADBODA, J. und J. ZEJDA (1989): Food Supply for Roe Deer (*Capreolus capreolus*) and Hare (*Lepus europaeus*) in Fields in Winter. Folia Zoologica (Brno) 38:289–298.

REICHHOLF, J. (1980): Jahreszeit- und Biotopabhängigkeit der Rudelbildung beim Rehwild (*Capreolus capreolus*). Spixiana 3:193–208.

STRANDGAARD, H. (1972): The roe deer (*Capreolus capreolus*) population at Kalø and the factor regulating its size. Danish Revue of Game Biology 7:1–205.

ZEJDA, J. (1978): Field Groupings of Roe Deer (*Capreolus capreolus*) in a Lowland Region. Folia Zoologica (Brno) 27:111–122.

6. Kapitel

DJOSHKIN, W. W. und W. G. SAFONOW (1972): Die Biber der Alten und Neuen Welt. Neue Brehm-Bücherei Band 437. Ziemsen Verlag, Wittenberg.

GEIERSBERGER, I. (1986): Der Lebensraum des Bibers *Castor fiber* L. in Bayern. Säugetierkundliche Mitteilungen 33:125–170.

HINZE, G. (1950): Der Biber. Akademie Verlag, Berlin.

KALLEDER, S. (1982): Die Wiedereinbürgerung des Bibers und ihr Einfluß auf den Auwaldbiotop am unteren Inn. Mitteilungen der Zoologischen Gesellschaft Braunau 4:1–42.

REICHHOLF, J. (1976): Zur Wiedereinbürgerung des Bibers (*Castor fiber*). Natur und Landschaft 51:41–44.

REICHHOLF, J. (1984): Geschicktes und ungeschicktes Baumfällen beim Biber *Castor fiber* L. Säugetierkundliche Mitteilungen 31:257–259.

WEINZIERL, H. (1972): Projekt Biber. Kosmos, Stuttgart.

7. Kapitel

ARTER, H. und V. LUBINI-FERLIN (1989): Die biologische Bedeutung des Klingnauer Stausees – Physikalische und biologische Entwicklung, Bewertung und Pflegevorschläge. Mitteilungen der Aargauischen Naturforschenden Gesellschaft 32:5–128.

ERLINGER, G. (1981): Der Einfluß kurz- bzw. langfristiger Störungen auf Wasservogelbrutbestände. ÖKO-L 3/4 (1981):16–19.

REICHHOLF, J. (1973): Die Bedeutung nichtbewirtschafteter Wiesen für unsere Tagfalter. Natur und Landschaft 48:80–81.

REICHHOLF, J. (1988): Auswirkung des Angelns auf die Brutbestände von Wasservögeln im Feuchtgebiet von internationaler Bedeutung «Unterer Inn». Vogelwelt 109:206–221.

REICHHOLF, J. (1988): Ökologische Bewertung von Stausee-Projekten: Möglichkeiten eines quantitativen Ansatzes. Mitteilung X der Senatskommission für Wasserforschung der Deutschen Forschungsgemeinschaft S. 123–139.

REICHHOLF, J. (1992): Kriterien für die ökologische Bilanzierung von Stauhaltungen. Akademie für Naturschutz und Landschaftspflege, Laufen. Seminarbeiträge 1/92:34–42.

REICHHOLF, J. und H. REICHHOLF-RIEHM (1982): Die Stauseen am unteren Inn – Ergebnisse einer Ökosystemstudie. Berichte der Akademie für Naturschutz und Landschaftspflege (Laufen) 6:47–89.

8. Kapitel

REICHHOLF, J. (1981): Verrostendes Wasser. Nationalpark (Grafenau) 31:41–43.

REICHHOLF-RIEHM, H. (1988): Verockerung von Altwässern. Abschlußbericht, Deutsche Forschungsgemeinschaft.

9. und 10. Kapitel

BAUER, S. und G. THIELCKE (1982): Gefährdete Brutvogelarten in der Bundesrepublik Deutschland und im Land Berlin. Bestandsentwicklung, Gefährdungsursachen und Schutzmaßnahmen. Vogelwarte 31:183–391.

BEZZEL, E. (1982): Vögel in der Kulturlandschaft. Ulmer Verlag, Stuttgart.

BEZZEL, E. (1992): Liebes, böses Tier. Artemis und Winkler Verlag, München.

BLAB, J. (1984): Grundlagen des Biotopschutzes für Tiere. Kilda Verlag, Greven, und Bundesforschungsanstalt für Naturschutz und Landschaftsökologie, Bonn.

BUNCE, R. G. H. und D. C. HOWARD, Hrsg. (1990): Species Dispersal in Agricultural Habitats. Institute of Terrestrial Ecology und Belhaven Press, London.

DÖRFLER, M. und E. (1987): Zurück zur Natur? Urania Verlag, Leipzig.

ELLENBERG, H. jun. (1985): Veränderung der Flora Mitteleuropas unter dem Einfluß von Düngung und Immissionen. Schweizerische Zeitschrift für Forstwesen 136:19–39.

HOFFMANN, M. (1958): Die Bisamratte. Akademische Verlagsgesellschaft, Leipzig.

JEDICKE, E. (1990): Biotopverbund. Grundlagen und Maßnahmen einer neuen Naturschutzstrategie. Ulmer Verlag, Stuttgart.

KAULE, G. (1986): Arten- und Biotopschutz. Ulmer Verlag, Stuttgart.

KLAUSNITZER, B. (1987): Ökologie der Großstadtfauna. G. Fischer, Stuttgart.

KOENIG, O. (1990): Naturschutz an der Wende. Verlag Jugend & Volk, Wien.

KUNICK, W. (1982): Zonierung des Stadtgebietes von Berlin-West – Ergebnisse floristischer Untersuchungen. Landschaftsentwicklung und Umweltforschung 14, Berlin.

OAG RIESELFELDER MÜNSTER (1976): Die Tundra ist mitten in Deutschland. Kilda Verlag, Greven.

REICHHOLF, J. (1973): Der Einfluß der Flurbereinigung auf den Bestand an Rebhühnern (*Perdix perdix*). Anzeiger der Ornithologischen Gesellschaft in Bayern 12:100–105.

REICHHOLF, J. (1975): Zur Nahrungsökologie der Bisamratte (*Ondatra zibethica,* Rodentia, Microtidae) am unteren Inn. Faunistisch-ökologische Mitteilungen 5:1–9.

REICHHOLF, J. (1977): Zur Ein- und Wiedereinbürgerung von pflanzenfressenden Säugetieren. Zeitschrift für Säugetierkunde 42:189–196.

REICHHOLF, J. (1986): Tagfalter – Indikatoren für Umweltveränderungen. Berichte der Akademie für Naturschutz und Landschaftspflege 10:159–169.

REICHHOLF, J. (1986): Gewinne und Verluste: Ein halbes Jahrhundert Veränderung in der Avifauna eines Gebietes im nördlichen Voralpenraum. Anzeiger der Ornithologischen Gesellschaft in Bayern 25:81–92.

REICHHOLF, J. (1989): Feld und Flur. Ökologie des Kulturlandes. Mosaik Verlag, München.

REICHHOLF, J. (1989): Siedlungsraum. Zur Ökologie von Dorf, Stadt und Straße. Mosaik Verlag, München.

REMMERT, H. (1980): Ökologie. Springer Verlag, Berlin.

REMMERT, H. (1990): Naturschutz. Springer Verlag, Berlin.

RÖSER, B. (1988): Saum- und Kleinbiotope. Ökologische Funktion, wirtschaftliche Bedeutung und Schutzwürdigkeit in Agrarlandschaften. ECOMED, Landsberg.

Sukopp, H., W. Kunick, M. Runge und F. Zacharias (1973): Ökologische Charakteristik von Großstädten, dargestellt am Beispiel Ber-
lins. Verhandlungen der Gesellschaft für Ökologie, Saarbrücken
1973.

Sukopp, H., H.-P. Blume, H. Elvers und M. Horbert (1980): Bei-
träge zur Stadtökologie von Berlin (West). Landschaftsentwicklung
und Umweltforschung 3, Berlin.

Zielonkowski, W., H. Preiss und J. Heringer (1986): Natur und
Landschaft im Wandel. Berichte der Akademie für Naturschutz und
Landschaftspflege 10, Laufen.

Bildnachweis